# Prénoms Bretons

Gilles et Bleuzen du Pontavice

# Prénoms Bretons

Illustrations de Nelly André

avec la collaboration
de Théodore

Editions OUEST-FRANCE

Dessins de couverture : Christophe Esnault

# INTRODUCTION

Qui lit les introductions ? Peu de monde, semble-t-il. Puisque cet ouvrage prend la forme d'un abécédaire, qu'on consulte comme un dictionnaire au gré de sa fantaisie, nous avons choisi d'y éparpiller les données générales plutôt que de les concentrer en quelques pages rébarbatives. Vous trouverez donc, en tête de chaque lettre, et agrémentés du crayon de Nelly André, artiste rennaise, des textes qui, mis bout à bout, expliquent notre démarche et donnent le cadre historique à ce catalogue des prénoms de Bretagne. Il faut pourtant bien aborder les données légales et la démarche du livre. Alors nous avons choisi de le faire sous la forme d'un

## DIALOGUE ENTRE LES AUTEURS ET DEUX JEUNES BRETONS, MERIADEC ET ANNA

### MERIADEC

— Est-ce que mon prénom est dans votre livre ?

### GILLES ET BLEUZEN

— Bien sûr. Il n'est pas très courant, mais il n'est pas non plus très rare. Nous avons mis dans ce livre tous les prénoms que nous avons rencontrés. Certains sont très connus, comme le tien, Anna, d'autres plus rares comme Mériadec ; d'autres encore ne sont sans doute portés par personne, mais ils pourraient l'être. Si on en parle, et si on explique leur origine, cela peut donner envie à des parents de les faire revivre.

### ANNA

— Et, des prénoms bretons, il y en a combien ?

### GILLES ET BLEUZEN

— Nous allons répondre à ta question par une autre question : un prénom breton, qu'est-ce que c'est ?

### MERIADEC

— Un prénom en langue bretonne !

**ANNA**
— Ou un prénom qui est connu en Bretagne !

**GILLES ET BLEUZEN**
— Voilà un bon départ. Prenons d'abord la réponse de Mériadec. Une fille qui s'appelle Sterenn, ce qui veut dire étoile en français, c'est bien un prénom breton. C'est un prénom moderne.

**MERIADEC**
— Pourquoi, moderne ?

**GILLES ET BLEUZEN**
— Parce qu'il n'est employé que depuis peu. Mais nous y reviendrons. Un autre exemple : Mériadec, c'est un prénom breton ?

**MERIADEC**
— Bien sûr que oui !

**GILLES ET BLEUZEN**
— Mais Mériadec ne veut rien dire… rien d'autre que Mériadec ! C'est en fait le nom d'une personne, qui est devenu un prénom.

**MERIADEC**
— Oui, c'est le nom de saint Mériadec. Ou son prénom.

**GILLES ET BLEUZEN**
— Disons que c'est les deux à la fois. Et ça aussi, nous y reviendrons. Nous avons donc comme prénoms bretons : ceux qui veulent dire quelque chose en breton, comme *Gwenn* = blanc ; ceux qui sont des noms de personnages célèbres, souvent des saints anciens. C'est la réponse d'Anna. Ces noms-là peuvent être de langues très diverses : le latin, parce que la Bretagne a été occupée par les Romains, et parce que la religion catholique, en s'implantant en Bretagne, a utilisé cette langue ; le celtique et les différentes langues celtes : il y a eu beaucoup d'échanges de populations, en particulier autour du VIe siècle, quand les Celtes sont arrivés en Bretagne armorique, la nôtre, fuyant la Grande-Bretagne envahie par les Saxons ; et aussi le gaulois de la Gaule, le germanique, et encore d'autres langues… Comme toutes les langues, le breton a puisé dans ces différents apports et les a

modifiés et adaptés. Mais les prénoms sont parfois restés comme à l'origine. C'est pourquoi ils sont parfois si déroutants. C'est pourquoi, aussi, ils ont des formes différentes suivant les époques et les terroirs de Bretagne.

### ANNA

— Alors, en fait, comment avez-vous choisi les prénoms qui sont dans votre livre ?

### GILLES ET BLEUZEN

— Voici quels sont nos critères : nous avons pris tous les prénoms des saints bretons, puisque ce sont les seuls qui pendant longtemps ont été autorisés. Enfin, ceux que nous avons pu répertorier, car beaucoup ont disparu des mémoires ; ces prénoms peuvent être de structure bretonne ou de structure française. Nous avons jugé que la Bretagne devait être traitée en entier, puisqu'elle est partagée en deux langues ; d'autant plus que nous sommes l'une, Bleuzen, quimpéroise, et l'autre, Gilles, du pays gallo.

### MERIADEC

— Il y en a beaucoup, des saints bretons ?

### GILLES ET BLEUZEN

— Beaucoup. On cite le nombre de huit cents. Bien sûr, il y en a plusieurs qui portaient le même nom. Et beaucoup ont été complètement oubliés. Et d'autres n'étaient pas de vrais saints. Mais cela s'est passé il y a très, très longtemps, et nous n'avons comme souvenir d'eux que des biographies rédigées bien après… et leurs noms, restés dans des noms de lieux, de paroisses, de chapelles.

### ANNA

— Et après les saints bretons ?

### GILLES ET BLEUZEN

— Après, il y a des prénoms d'autres langues, que nous avons voulu inclure dans le livre. Parce qu'ils ont été ou sont « à la mode » en Bretagne, ou parce qu'ils ont été portés par des Bretons célèbres. Et puis, il y a les traductions en langue bretonne de prénoms français.

### MERIADEC
Alors, ce n'est pas seulement un guide des prénoms bretons…

### GILLES ET BLEUZEN
—… mais un guide des prénoms de la Bretagne. Toute la Bretagne, depuis Brest jusqu'à Nantes, avec ses diversités, et les traditions de chaque village.

### MERIADEC
— Et vous les avez tous trouvés ?

### GILLES ET BLEUZEN
— Non, bien sûr ! D'abord, cela n'est pas possible : parce que c'est une matière vivante, qui évolue, comme évolue une langue, quoique différemment. Ensuite parce qu'on n'a jamais fini une recherche comme celle-là. Or il faut bien finir le livre !

### ANNA
— En fait, il y a combien de prénoms dans votre livre ?

### GILLES ET BLEUZEN
— Nous avons écrit près de cinq cents notices. Chacune donne l'origine du prénom, et si possible la vie de la personne à laquelle on le doit. Mais ces prénoms, nous l'avons déjà dit, ont des variantes, dans le temps ou l'espace. Au total, cela fait plus de mille huit cents prénoms possibles.

### MERIADEC
— C'est beaucoup !

### GILLES ET BLEUZEN
— C'est énorme ! Rien que pour ton prénom, nous donnons cinq variantes. Et la dernière, Mariadeg, je l'ai trouvée sur une statue, par hasard. Il en existe forcément d'autres… Et c'est une richesse appréciable. Bien sûr, tous ne sont pas très beaux ni très utilisables…

### ANNA
— C'est-à-dire ?

**GILLES ET BLEUZEN**

— Certains prénoms anciens ne sont pas adaptés à notre époque : ils ont pu prendre une signification ridicule ou grossière ; ils peuvent être trop longs ou trop courts. Nous avons reçu plusieurs lettres de parents qui nous disaient avoir choisi pour les enfants des prénoms « bretons, mais pas trop marqués… », de peur qu'ils ne soient gênants plus tard pour leurs enfants. Ou, plus simplement, de peur qu'ils ne soient refusés par l'état civil.

**MERIADEC**

— Justement. Mon père m'a dit qu'il avait failli ne pas avoir le droit de m'appeler Mériadec. Est-ce que c'est vrai ?

**GILLES ET BLEUZEN**

— Tout à fait. Nous vous donnerons le texte de la loi de 1993 – vous voyez, ce n'est pas vieux – qui définit les prénoms que l'on peut donner. Auparavant, s'appliquait toujours une loi du 11 germinal an XI (c'est-à-dire du 1er avril 1803) qui stipulait que « les noms en usage dans les différents calendriers et ceux des personnages connus dans l'histoire pourront être reçus comme prénoms sur les registres de l'état civil ».

**MERIADEC**

— Alors, où était le problème ? Si saint Mériadec était un saint, il était bien dans un calendrier !

**GILLES ET BLEUZEN**

— Autrefois, oui. Mais avant la Révolution, les registres paroissiaux, qui enregistraient les baptêmes, et servaient d'état civil, étaient tenus par les curés des paroisses. Ils acceptaient certains prénoms, et refusaient ceux qu'ils ne connaissaient pas, ou ceux tirés de saints dits « saints » par le peuple, mais non reconnus par l'Eglise.
Depuis la Révolution, ce sont les officiers d'état civil qui, dans chaque mairie, enregistrent les naissances. Ils devaient en théorie respecter cette loi. Mais très souvent ils refusaient d'inscrire des enfants parce qu'ils ne connaissaient pas le prénom. C'était alors aux parents d'apporter la preuve que ce prénom figurait bien sur un calendrier… preuve difficile, parfois impossible, et toujours source de tracas.

**ANNA**

— Comme quoi ?

**GILLES ET BLEUZEN**

— Tout simplement la non-existence des enfants, tant que le litige n'était pas réglé au tribunal. Il fallait de l'entêtement – et de l'argent – pour aller en justice pour faire accepter un prénom. Au début du XXe siècle, l'Etat français a décidé de faire mourir la langue bretonne…

**ANNA**

— Mais pourquoi ?

**GILLES ET BLEUZEN**

— C'est une question bien trop complexe pour qu'on te réponde en quelques mots. Beaucoup de bons livres ont paru sur le sujet. Toujours est-il que, voulant tuer le breton, la France s'est attaquée aussi aux prénoms. Comme les employés de mairie avaient le pouvoir d'accepter ou de refuser les prénoms bretons – heureusement, certains les acceptaient –, on est arrivé à une situation presque comique : on pouvait il y a trente ans appeler son fils John, Franck, Mohammed ou Wolfgang, mais pas Tugdual !

**MERIADEC**

— Curieux, en effet. Mais vous nous dites qu'il y a une nouvelle loi ?

**GILLES ET BLEUZEN**

— Une nouvelle loi qui date de 1993. Elle est très importante. Pour la résumer en une phrase, disons ceci : « Alors qu'auparavant, les parents devaient apporter la preuve que le prénom choisi était recevable, aujourd'hui c'est à l'état civil (donc la justice) d'apporter la preuve que le prénom n'est pas recevable. »

**ANNA**

— C'est-à-dire, concrètement ?

**GILLES ET BLEUZEN**

— Monsieur et madame X ont un enfant. Ils déclarent sa naissance à la mairie, et lui donnent ses prénoms. Ceux-ci sont obligatoirement inscrits sur le registre. Ce qui veut dire en fait qu'on peut donner à un enfant n'importe quel prénom possible.

### Meriadec

— Même s'il est ridicule ?

### Gilles et Bleuzen

— Non. Car la loi doit aussi préserver les droits de l'enfant, et de l'adulte qu'il deviendra. C'est pourquoi elle comporte cette disposition : « L'officier de l'état civil qui reçoit une déclaration de naissance [...] a désormais l'obligation de porter immédiatement sur l'acte de naissance les prénoms choisis par les parents, même si ceux-ci lui apparaissent contraires à l'intérêt de l'enfant ou au droit des tiers à voir protéger leur patronyme. Il doit toutefois, dans cette dernière hypothèse, informer sans attendre le procureur de la République qui appréciera si les prénoms signalés apparaissent contraires à la loi. Dans l'affirmative, celui-ci saisira la juridiction compétente, dans les meilleurs délais, afin d'ordonner la suppression des prénoms contestés sur les registres de l'état civil et de voir attribuer à l'enfant un ou des nouveaux prénoms choisis par les parents ou, à défaut, par le juge. »

### Meriadec

— Donc, on peut interdire un prénom.

### Gilles et Bleuzen

— Mais seulement s'il porte tort à l'enfant. Et c'est juste. Quelques exemples : dans ce livre, nous donnons, pour l'anecdote, quelques prénoms qui feraient forcément l'objet de la procédure du texte cidessus. Et c'est bien normal !

### Anna

— Par exemple ?

### Gilles et Bleuzen

— Anna, quand tu auras un fils, est-ce que tu aurais l'idée de le prénommer Pipi ?

### Anna

— C'est une blague !

### GILLES ET BLEUZEN

— Non, c'est une variante de Per, le nom breton pour Pierre. On peut donc estimer que ce prénom existe. Mais on doit surtout penser qu'il n'est pas un cadeau à faire à un enfant, parce qu'il signifie en français bien autre chose qu'en breton. La loi existe pour éviter que des parents irresponsables ne gâchent la vie de leurs enfants.

### MERIADEC

— Vous en avez beaucoup comme ça ?

### GILLES ET BLEUZEN

— Quelques-uns : Rien, ou Mieux, ou encore Mouran ! Si ces prénoms sont logiques et honorables en langue bretonne, ils sont importables en français. Or, nous parlons tous français, même les bretonnants. Mais c'est une toute petite minorité de nos prénoms.

### ANNA

— Donc, à part ces prénoms ridicules, on peut tout faire ?

### GILLES ET BLEUZEN

— Non. La justice peut aussi refuser les prénoms qui semblent anodins, mais qui, en association avec le nom de famille, peuvent donner des phrases bizarres…

### ANNA

— Je connais : Monsieur et madame Namarre ont un fils. Comment l'appellent-ils ?

### GILLES ET BLEUZEN

— ????

### ANNA

— Yann ! Yann Namarre ! Alors, c'est un prénom à refuser ?

### GILLES ET BLEUZEN

— Sans doute. Du moins si le secrétaire de mairie a le sens du calembour. Mais c'est juste : on ne peut pas risquer de gâcher la vie d'un enfant pour un jeu de mots. En voici quelques autres que nous avions préparés, des exemples de ce qu'il ne faut pas faire :

Monsieur et madame Toit de Cequiteregarde ont un fils. Comment l'appellent-ils ?
Monsieur et madame Devant Taporte ont un fils. Comment l'appellent-ils ?
Monsieur et madame Lagrosse ont une fille. Comment donc l'appellent-ils ?
Monsieur et madame Narien ont un fils. Comment l'appellent-ils ?
Monsieur et madame Haucartes ont un fils. Comment l'appellent-ils ?
Monsieur et madame Kiki ont un fils. Comment l'appellent-ils ?
Monsieur et madame Quirche ont un fils. Comment l'appellent-ils ?
Monsieur et madame Lipette ont un fils. Comment l'appellent-ils ?
Monsieur et madame Paledirre ont un fils. Comment l'appellent-ils ?
Monsieur et madame Hatord ont une fille. Comment donc l'appellent-ils ?
Monsieur et madame Césinssetain ont un fils. Comment l'appellent-ils ?
Monsieur et madame Brauzeur ont un fils. Comment l'appellent-ils ?
Enfin, monsieur et madame Derrenier ont un fils. Comment l'appellent-ils ?

**MERIADEC**
— C'est trop dur ! Allez, donnez les réponses !

**GILLES ET BLEUZEN**
— A chacun son tour de chercher, nous l'avons assez fait ! Toutes les réponses sont dans le livre. Elles sont signalées par ce petit code typographique : (**).

**ANNA**
— Si l'on résume : peuvent être interdits les prénoms grossiers ou ridicules ; et ceux qui peuvent l'être à cause du nom de famille. Est-ce que c'est tout ?

**GILLES ET BLEUZEN**
— Il reste une dernière catégorie. Mais qui est moins importante : si vous donnez à votre enfant, comme prénom, le nom de famille d'un homme célèbre, il peut être refusé. Car les noms de famille

bénéficient d'une protection légale, et on n'a pas le droit de les usurper. Mais les noms de famille sont bien plus récents que les prénoms.

### MERIADEC

— Et pourquoi ? Il n'y avait pas de noms de famille autrefois ?

### GILLES ET BLEUZEN

— Non. Ils sont même très récents au regard de l'histoire de notre pays. Jusqu'au XIVe siècle environ, les gens n'avaient qu'un prénom, parfois un surnom, et on les appelait comme cela. Puis des noms de famille sont apparus, on a repris les surnoms :
– des surnoms liés à la profession : boulanger, boucher, etc. ;
– des noms d'origine : Le Breton, Lenormand, etc. ;
– des prénoms accolés : Jean fils de Alain, devenu Jean Alain, ou Abalain (par l'utilisation du latin).
Et bien d'autres encore.
Bref, les prénoms que nous utilisons sont les noms uniques de nos lointains ancêtres.

### ANNA

— Mais ils sont au calendrier.

### GILLES ET BLEUZEN

— Pas forcément. Les calendriers connus sont ceux de l'Église. Mais ils ont dû choisir un saint, et un seul, pour chaque jour. Il n'y a pas de place pour tout le monde. Nous avons examiné plusieurs calendriers d'époques et de lieux différents – car les diocèses avaient chacun le leur – et nous y avons rajouté des fêtes très locales. Voilà pour les prénoms des saints anciens, qui sont la majorité des prénoms que nous connaissons aujourd'hui. Il faut y rajouter les prénoms modernes dont nous parlions tout à l'heure.

### ANNA

— Qui sont ?

### GILLES ET BLEUZEN

— De toutes sortes ; des noms de fleurs ou d'éléments naturels. Nous ne pouvions en dresser une liste complète, cela aurait fait un dictionnaire. Nous avons noté ceux qui sont effectivement portés, sachant que la fantaisie des parents peut en rajouter bien d'autres.

### ANNA

— Donc, quand j'aurai des enfants, je pourrai leur inventer des prénoms ?

### GILLES ET BLEUZEN

— Bien sûr. Tu en as le doit maintenant. Les bretons aiment bien donner des prénoms rappelant la nature. Mais pourquoi ne pas reprendre des prénoms existants ? Il y en a tellement que personne ne porte, et qui ont une histoire : ils évoquent un saint breton, réel ou imaginaire, un lieu-dit, peut-être là où tu habiteras...

### ANNA

— Mais, j'ai feuilleté la liste de la fin du livre ; et je trouve qu'il y a beaucoup plus de prénoms de garçons que de prénoms de filles.

### GILLES ET BLEUZEN

— C'est vrai. C'est bien dommage, mais cela tient à leur origine, celle des saints bretons, qui étaient majoritairement des hommes. Nous avons essayé de donner le plus possible de prénoms féminins originaux. Pour le reste, il faut savoir qu'en Bretagne il a toujours été fréquent de donner aux petites filles des prénoms masculins ; soit tels quels, soit en y rajoutant une marque distinctive du féminin : -a ou -ez ou -enn.

Ainsi Solen, qui semble être un prénom à l'origine masculin, est devenu plus courant dans son emploi féminin : Solen, Solenn, ou dans une forme féminisée Solena.

### MERIADEC

— Une autre question : je sais qu'on ne prononce pas partout le breton de la même façon. Comment avez-vous choisi les prononciations que vous proposez ?

### GILLES ET BLEUZEN

— Nous avons choisi de rejeter en annexe les prononciations des prénoms, qui sont inscrites en alphabet phonétique international, donc facilement lisibles par tous avec un minimum d'habitude. La prononciation utilisée est le breton moderne dit KLT (car il combine les parlers du Kerné, la Cornouaille, du Léon et du Trégor), celui qui est enseigné dans les écoles. L'accent de chacun donnera l'intonation, et le charme. Pour l'orthographe par contre, nous avons jugé utile de donner des écritures anciennes ou locales. La langue bretonne joue sa survie dans l'unification de son écriture et de sa prononciation. Mais les prénoms ne sont pas des pièces de vocabulaire : certains des plus fréquents sont incorrects du point de vue grammatical, mais consacrés par l'usage. Ils ne troublent pas la conduite de la langue. Nous avons veillé cependant à signaler les prénoms francisés de manière abusive, et à proposer l'équivalent breton correct.

### ANNA

— Mais, avez-vous étudié la langue bretonne pour cela ?

### GILLES ET BLEUZEN

— Bien sûr. Sans doute pas assez pour imposer des réponses. Gilles est un gallo, et ne connaît pas le breton. Bleuzen le comprend, sans être experte. Mais Gilles a étudié la sociologie, et Bleuzen la linguistique. Et dans ce livre nous avons aussi voulu montrer la Bretagne vivante et dynamique dont nous faisons partie.

### MERIADEC

— Et quelles sont les sources que vous avez utilisées ?

### GILLES ET BLEUZEN

—Vous trouverez en annexe une bibliographie succincte. Nous avons utilisé pour ce livre les travaux des linguistes, mais aussi des archives, des registres paroissiaux, les ouvrages de collectage de contes bretons et de chansons… enfin les lettres qui nous ont été adressées par de nombreux parents et enfants ; dont ceux des écoles Diwan auxquels notre fils Théodore a écrit une demande de renseignements. Tous témoignent de la vitalité de la culture bretonne, et nous les en remercions. Depuis la première édition de ce livre, les bases de données se sont multipliées sur Internet ; et pour cette nouvelle édition, nous avons pu consulter des données chiffrées. Nous avons constaté que l'emploi des prénoms bretons a énormément augmenté, ce qui est un signe de vitalité de la Bretagne. Donner à ses enfants un prénom breton, c'est déjà lui donner un ancrage dans sa vie, une référence à son origine. Nous pensons que cela peut lui donner aussi de la force, car, selon le dicton bien connu : « Pour être bien partout, il faut d'abord être de quelque part. »

## A COMME ANNA

« Comment feras-tu, quand tu arriveras au paradis, toi qui ne connais ni le français, la langue des instruits, ni le latin, la langue des savants, toi qui ne parles que la langue de ton village ? demandait l'évêque à un vieillard.
— Oh ! répondit le vieillard, je ne serai pas en peine. J'irai trouver sainte Anne. Celle-là me comprendra, car elle est du pays… »
(Emprunté à Charles Le Quintrec, dans *La Bretagne intérieure*.)

L'une des légendes les plus troublantes de la Bretagne – mais, au bout de vingt siècles, qui peut démêler l'histoire de la légende ? – est la revendication par cette terre de sainte Anne, épouse de Joachim et mère de la Vierge Marie. N'en cherchez pas trace chez les historiens ecclésiastes : l'histoire sainte est bien assez compliquée, sans qu'on doive y rajouter les Bretons ! Vous le lirez par contre souvent dans les récits populaires.
Une mise au point, tout d'abord : Ana était une déesse celte, la mère de tous les dieux, et l'on sait que le christianisme, pour s'imposer, a souvent récupéré, « retourné », les rites antérieurs. Ainsi des lieux de culte à la

déesse Ana ont-ils été consacrés, homonymie oblige, à sainte Anne. Ainsi s'est imposée la figure de la mère de la Vierge, ainsi sans doute s'est développée en Bretagne cette dévotion toute particulière. On voit parfois, comme dans l'église de Brennilis (Finistère), sainte Anne gestante, c'est-à-dire enceinte de la Vierge Marie. On voit aussi – rarement, car l'Eglise l'a considéré d'un œil suspicieux – des statues de sainte Anne tenant dans ses bras la Vierge, qui elle-même tient l'Enfant Jésus. Et, dans la chapelle Saint-Jacques en Lanleff (Côtes-d'Armor), trois statues gigognes d'Anne, de la Vierge et de l'Enfant Jésus. Sans doute cette irruption d'une maternité naturelle dans le mystère de l'Immaculée Conception a-t-elle dû choquer la doctrine. Mais on ne se débarrasse pas aisément d'un tel personnage. Sainte Anne est omniprésente en Bretagne, dont elle est, tout à fait officiellement cette fois, la sainte patronne.

On dit que Joachim aurait été le seigneur de Moëllien, près de Locronan, que sainte Anne aurait été conduite en Judée par un ange. On dit aussi que Joachim n'était pas vraiment un saint. On dit qu'après avoir élevé Marie, elle revint finir ses jours en Bretagne. On dit que Jésus-Christ vint la voir avant d'accepter son calvaire. On dit tant de choses...

En 1623, sainte Anne apparut à un paysan, Yves Nicolazic, au bourg de Keranna. Il la rencontrait sans cesse, et le racontait à tout le voisinage qui se moquait de lui. L'année suivante, sainte Anne précisa sa demande : elle voulait qu'on lui reconstruisît une chapelle qui lui était autrefois dédiée. Et, le 7 mars 1625, Yves Nicolazic, en creusant le sol sur les indications de l'apparition, mit au jour une très vieille statue de bois. On cessa alors de le moquer. On construisit une chapelle selon le vœu de la sainte, et le culte s'amplifia, jusqu'à devenir ce qu'il est aujourd'hui : le plus important centre de pèlerinage de Bretagne. La basilique de Sainte-Anne-d'Auray est remplie d'ex-voto, et contient des reliques de sainte Anne. Yves Nicolazic y est enterré.

Sainte Anne est honorée dans un autre grand pardon, celui de Sainte-Anne-la-Palud. Une église dressée face à la mer, selon le vœu de sainte Anne dit-on, accueille le dernier dimanche d'août un pardon populaire et coloré, empli de « veuves de la mer ».

Sainte Anne est aussi partie prenante de la Troménie, ce pèlerinage qui a lieu tous les six ans à Locronan. Celui de 1505 revêtit un faste particulier. Il s'y trouvait une pénitente particulière : Anne, duchesse de Bretagne et reine de France, venue parmi son peuple chercher le réconfort dans la tourmente qui devait se terminer par la fin du duché de Bretagne.

Ana mère du peuple, sainte Anne grand-mère du Christ, Anne dernière duchesse régnante, voici encore une trilogie, celle-ci bien ancrée dans nos traditions !
Sainte Anne est honorée dans d'innombrables églises et chapelles de Bretagne. Anna est un prénom très courant au début du XXe siècle, et revenu à la mode depuis une dizaine d'années, avec environ mille cinq cents petites Anna par an.

## Aanor

**Féminin** Voir Aenor.

## Aaron

**Masculin** **Fête le 22 Juillet.**

Ce prénom hébreu signifie « celui qui vient après ». En l'occurrence, saint Aaron vient avant : c'est le premier habitant d'un monticule désert et isolé dans les marais, qui devint la ville puis l'évêché d'Alet. Il y fit venir saint Malo. D'après Garaby, il était de naissance armoricaine. Un vieux prénom donc, revenu à la mode depuis quelques années, plus de mille nouveaux-nés par an.

## Abel

**Masculin** Voir Avel.

## Abélard

**Masculin**

Le nom de ce grand penseur est devenu un prénom, à vrai dire très rare. Pierre Abélard était philosophe, d'une famille noble de Nantes, mais s'éprit d'Héloïse, nièce d'un chanoine – et en eut un enfant. Cela lui valut d'être castré, on ne riait pas avec la morale des clercs au XIIe siècle. Plus tard, après avoir ouvert à Paris une école de philosophie, condamné à nouveau pour ses écrits théologiques, il dut se retirer. Il fut dix ans abbé de Saint-Gildas-de-Rhuys. On sait par ses Lettres à Héloïse ce qu'il en pensa : « Je n'ai commerce qu'avec une population brutale et sauvage, mes promenades sont les bords inaccessibles d'une mer agitée. Mes moines n'ont d'autre règle que de n'en pas avoir… »
Il semble que le pauvre Abélard n'eût même pas la consolation de l'esprit en Morbihan.

## Abibon

**Masculin** Voir Diboan.

## Adou

**Féminin** Voir Azou.

## Adrien

**Masculin** Voir Drien.

## Ael

**Féminin** **Fête le 5 Mai.**

Ce prénom rare vient du grec, et correspond au latin *angelus*, et au français ange. On en connaît le diminutif Aelig, les féminins Aela et Aelez.

## Aenor

**Féminin** **Fête le 2 Mai.**

Donné comme forme bretonne de Eléonore (de l'arabe *Ellinor* : Dieu ma lumière). Aussi Aanor. Et diminutif Norig. Un prénom jeune et rare.

## Aesa

**Féminin** **Fête le 22 Février.**

Forme bretonne pour Isabelle.

## Agapet

**Masculin**

Voir Egat.

## Agata

**Féminin** **Fête le 5 Février.**

Cité au XVIIIe siècle comme forme féminine pour Agathe.

## Agathon

**Masculin** **Fête le 10 Mai.**

Saint, éponyme de Saint-Agathon près de Guingamp. On le rapproche généralement de saint Gwenganton (voir ce mot). Prénom très rare porté par quelques personnes âgées.

## Agnan

**Masculin**

Voir Inan.

## Ahès

**Féminin** **Fête le 5 Août.**

Très rare.

L'imaginaire breton est assez pudique. Mais s'il y eut une cité aux mœurs dissolues, c'est bien Is, engloutie par la faute d'Ahès. Is, que l'on situe généralement au large de Douarnenez, était la plus belle capitale du monde, aux cent cathédrales et aux mille palais. Elle reviendra un jour :

*Pa vo beuzet Paris*
*Ec'h adsavo Ker Is*
« Quand Paris sera englouti
La ville d'Is ressurgira. »

En effet, on a débaptisé Lutèce pour en faire Paris et remplacer Is, la capitale du roi Grallon de Cornouaille*. Elle était protégée de la mer par une digue, fermée d'écluses dont seul le roi possédait la clef. Hélas, les habitants d'Is, malgré les reproches de saint Gwenole, se complaisaient dans la débauche, et au premier chef la fille du roi, la belle Ahès. Elle changeait souvent d'amant, et les faisait jeter dans un gouffre près d'Huelgoat. Le diable eut l'idée de se travestir en un beau jeune homme. Il fit la conquête d'Ahès, et la persuada de voler pour lui la clef d'or. Et il ouvrit les vannes à marée haute, au milieu de la nuit. Seul Grallon, averti par saint Gwenole, put se sauver. Il prit sa fille en croupe, mais la mer montait trop vite, et le cheval était trop lourd. Gwenole ordonna au roi de se séparer de sa fille fautive. Grallon jeta Ahès dans les flots et put ainsi sauver sa vie. Mais Ahès n'est pas morte. C'est une sirène, qu'on appelle aussi Dahut ou Marie-Morgane, et elle vit sous les flots. Il arrive que des marins rencontrent Ahès, et parfois se laissent tenter par elle, oubliant que ses baisers sont mortels.

* *Une autre ville de Bretagne fut, sur le papier, capitale de la France, et ce très récemment. Mais ceci est une autre histoire – et une belle « colle »...*

## Aignan

**Masculin** Voir Inan.

## Ailvin

**Masculin.**

Rare, quelques dizaines de jeunes enfants.

La chronique catholique le cite comme un des premiers saints de Bretagne venus sur le continent.

## Alain

Fête, en théorie, le 8 Septembre. Mais les dates sont variables selon les lieux et les personnes honorées. Prénom courant parmi les sexagénaires.

**Masculin**

Voir Alan.

Alain est un prénom illustré par plusieurs ducs de Bretagne :

Alain Ier le Grand, frère de Paskweten, reprit en 876 les prétentions de celui-ci à la couronne de son oncle Salaun. S'ensuivit une guerre civile contre Judikael, autre prétendant. A la mort de celui-ci en 888, Alain devint seul roi de Bretagne. Il mourut en 907.

Alain II Barbetorte, fils de Mathédoï comte de Poher, et petit-fils d'Alain Ier le Grand, s'enfuit avec son père en Angleterre pendant les invasions normandes, autour de 920. Il en revint en 936 et libéra la Bretagne. Il prit le titre de duc, mais son autorité resta assez incomplète. Il est mort en 952. Il n'est pas, à notre connaissance, sanctifié. Mais l'évêché de Nantes l'a honoré en le faisant figurer dans sa chapelle du monument *Breiz d'ha bugale*, « La Bretagne à ses enfants », qui commémore à Sainte-Anne-d'Auray les pertes en hommes de la Grande Guerre.

Alain III hérita du duché à la mort de son père Geoffroy Ier, en 1008, alors qu'il n'était âgé que d'une dizaine d'années. Sa mère Havoise exerça la régence. Alain III, après une défaite, dut se reconnaître comme vassal du duc de Normandie Robert le Magnifique. Après la mort de ce dernier, Alain III reprit son indépendance, mais fut tué en 1040 en Normandie.

Alain Cagnart, comte de Cornouaille, et mari de Judith, descendante d'Alain Barbetorte, devint aussi comte de Nantes, et ainsi seigneur d'un territoire très étendu. Il meurt en 1058. Alain IV Fergent, fils du duc Hoël, lui succéda en 1084. Il épousa Constance, la fille de Guillaume le Conquérant. Elle mourut en 1090, et Alain épousa alors Ermengarde, fille du comte d'Anjou. Il développa l'administration du duché. Il partit en croisade en 1096 et n'en revint qu'en 1101. Il se retira au monastère de Redon en 1112, et y mourut en 1116.

## ALAN

**Masculin** **Fête le 8 Septembre.**
**Mais d'autres saints sont fêtés après Noël.**

Une tribu, d'origine iranienne, les Alani, est à l'origine de ce prénom très répandu en Occident sous des formes diverses. En Bretagne, il prend une importance particulière du fait des nombreux dirigeants qui l'ont porté : c'est un peu l'équivalent, en politique, de Louis en France (voir Alain).
Dérivés : forme originelle latine Alanus ; la forme française est Alain.
Dérivés de forme bretonne : Alan, Alaon, Alon, Allan. Diminutifs : Lan, Alanig, Alanik, Lanig, Laïn. Formes francisées Alanic, Alain, Allain.
Féminin : Alana, Naig.
Ce prénom est très courant. Citons Alan Cochevelou, dit Alan Stivell, musicien. Mais aussi le musicien Alan Heusaff.
Les écrivains Alain-René Lesage, Lan Inizan, Alain Robbe-Grillet.

## ALAR

**Masculin** **Fête le 1er Décembre.**

C'est le célèbre saint Eloi. Ou, si ce n'est lui, il a été supplanté par le conseiller du roi Dagobert, qui sut terminer une guerre contre le roi Judikael, évitant les effusions de sang, tout en remplissant sa bourse. On a beaucoup d'estime pour lui en Bretagne. Il est le saint patron des orfèvres et des forgerons. On le représente parfois ferrant un cheval d'une manière qui lui était propre : pour ne pas se fatiguer, il détachait la jambe et la remettait ensuite en place ! A Paule (Côtes-d'Armor), il a une chapelle où on lui amène les chevaux, qu'on fait tourner trois fois ; même coutume au pardon de saint Eloi à Spézet (Finistère). Il est aussi honoré à Louargat (Côtes-d'Armor), comme à Montauban-de-Bretagne, anciennement Saint-Eloi.
Eloi a donné son nom à Saint-Eloy (Finistère), où un pardon le célèbre en mai ; on y bénit les chevaux, qui suivent ensuite la procession.
De Alar vient Saint-Alar en l'île de Batz. Dérivés : Aler, Elar, Eler, Alour (honoré sous ce nom à Tréméoc en Cornouaille). Féminin Alara, Lara, Alera.

## ALBAN

**Masculin** **Fête le 22 Juin.**

Sa fête se tenait naguère le premier dimanche de septembre. Le calendrier liturgique était alors d'une grande complexité : il ménageait l'honorabilité des grands saints et la susceptibilité des saints locaux. Nous le verrons souvent, les « grands » saints ont chassé les petits. Alban est un martyr anglais du IIIe siècle. Il est honoré en Bretagne, et notamment dans la paroisse de Saint-Alban, au nord des Côtes-d'Armor. Mais plus des trois quarts des « Alban » du mur de Sainte-Anne-d'Auray, les morts bretons de la Grande Guerre, venaient de la paroisse d'Elven. Féminin Albane.

## Albin

**Masculin**

Saint Aubin a une chapelle sous ce nom à Port-Launay (Finistère). Voir Aubin.

## Albina

**Féminin** Voir Aubin.

## Aler

**Masculin** Voir Alar.

## Alera

**Féminin** Voir Alar.

## Algon

**Masculin**

Très rare, voire inconnu. Un saint bien obscur, que cite Anatole Le Braz. Il avait une chapelle en Pleyben (Finistère). Aussi Dalgon.

## Alix

**Féminin. Assez courant.** **Fête le 9 Janvier.**

Fille de Constance et de Guy de Thouars, héritière du duché à la mort de son demi-frère Arthur en 1203, Alix fut mariée en 1212 à Pierre de Dreux, dit Mauclerc, un prince capétien. Il faudra ensuite trois siècles aux rois de France pour absorber le duché de Bretagne.

## Allan

**Masculin** Voir Alan.

## Allant

**Masculin** Voir Alman.

## Alman

**Masculin** **Fête le 4 Avril.**

Très rare, voire inexistant.

Saint Alman, aussi Allant, fut évêque de Nantes au IXe siècle. Sa statue se trouvait jusqu'à la Révolution dans l'église Saint-Jacques de Nantes. Ce prénom est proche de Alan.

C'est sans doute lui qu'on invoque à Rezé (Loire-Atlantique) pour faire marcher les enfants, sous le nom bien expressif de saint Allant-et-Venant.

## Alon

**Masculin** Voir Alan.

## Alor

**Masculin** **Fête le 26 Octobre.**

Très rare, voire inexistant.

Alor, Allore, serait l'un des premiers évêques de Quimper après Corentin et Konogan. On dit qu'il signa la paix avec l'Empire romain en l'an 440, ce qui semble plutôt invraisemblable. Il est le saint patron de Tréméoc (Finistère), honoré à Ergué-Armel, Tréguennec, Plobannalec (Finistère). On l'invoque pour la santé des chevau nous fait penser à Alar. Mais n'a-t-il pas plutôt été cannibalisé par l'orfèvre du roi Dagobert ?

## Alour

**Masculin** Voir Alar.

## Alwena

**Féminin** **Fête le 28 Janvier.**

Alwena, Alwenna, est un prénom couramment porté, qui ne semble pas ancien. C'est probablement une variation sur *gwenn* : blanc.

## Amand

**Masculin** **Fête le 6 Février.**

Saint Amand était évêque de Rennes au VIe siècle. Une chapelle rennaise conserve ses reliques. Avec d'autres saints, il représente l'évêché de Rennes dans le monument *Breiz d'ha bugale* de Sainte-Anne-d'Auray.

Prénom vieillissant. Amand : du latin *amans*, de *amare* : aimer. Aussi Aman (d'où l'île Aman ar Rouz, l'île d'Aman le Roux), Amanz bretonnisé.

## Ana

**Féminin** Voir Anna.

## Andrev

**Masculin** **Fête le 30 Novembre.**

Forme bretonne de André, l'un des douze apôtres (qui dérive du grec an*dreas* : viril). La croix de Saint-André, qui rappelle son martyre, a été adoptée par l'Ecosse dont il est le patron.
Andrev, aussi Andres, Andreo devenu patronyme. Féminin Andrea. Il est honoré à Saint-André-des-Eaux (Côtes-d'Armor).

## Anjela

**Féminin** **Fête le 27 Janvier.**

Marie-Ange Duval, dite Anjela Duval, a popularisé cette forme bretonne de Angèle (du latin). Née en 1905, cette paysanne a publié tardivement des poèmes en langue bretonne qui l'ont rendue célèbre. Et ont popularisé ce prénom aujourd'hui répandu en Bretagne. On trouve aussi Anjelina en diminutif.

## Anna

**Féminin** **Fête le 26 Juillet.**

La grand-mère des Bretons et leur sainte patronne méritait bien d'ouvrir ce livre. Voir donc « A… comme Anna » au début de ce chapitre.
Anna (se prononce ana), aussi Ana, est un prénom courant. Diminutif courant : Annaig, francisé en Annaïck. Abrégé Naig, Nannig.

## Annaeg

**Masculin**

Vieux saint honoré sur l'île d'Ouessant. Aussi Annaog et Annaec. Prénom rare, voire inusité.

## Anna-vari

**Féminin** **Fête le 26 Juillet.**

Prénom composé de Anna : Anne, et Vari : Marie. Anna, comme Mari, se prête bien aux prénoms composés. Celui-ci revêt en

Bretagne une importance particulière, puisqu'il associe la mère et la fille, la grand-mère et sainte patronne des Bretons, et la Vierge toujours très vénérée. C'est un prénom actuellement porté. Comme l'est son inverse Marianna.

## Annwenn

**Féminin** **Fête le 26 Juillet.**

Prénom, semble-t-il moderne, composé de Anna et de *gwenn* : Anne-Blanche. Les mutations des lettres en breton, ou l'effacement par exemple du « g » de *gwenn*, permettent une infinité de prénoms composés plus harmonieux qu'en français.

## Anton

**Masculin** **Fête le 17 Janvier.**

C'est la forme bretonne pour Antoine. Variante ancienne du vannetais : Antoën. Féminin Antona.
Rare, mais en progression.

## Aoda, aodez

**Féminin** Voir Eodez.

## Aodren

**Masculin, aussi féminin** **Fête le 7 Février.**

Ce prénom est illustré par un roi de Bretagne, fils du roi Salaun, et roi lui-même dans la seconde partie du Ve siècle. S'il régna longtemps, on en retint surtout sa lutte contre les Saxons et les Huns, qui s'avançaient jusqu'à Nantes. Il s'était établi à Kastell-Aodren, devenu depuis Châtelaudren (Côtes-d'Armor). Sa fille Azenor est la mère de saint Budog. Mais tout cela est bien controversé.
Aoldren, Aodren, vient du vieux breton *alt* : haut, et *roen* : royal. Ce prénom a dérivé en Audrain, Audren, Audran, comme prénom et surtout comme patronyme. Féminin Audrena, Audran.
Aodrenn est un prénom rare, mais donné actuellement.

## Aoldren

**Masculin** Voir Aodren.

## Aoperzh

**Masculin** Voir Aubert.

## Aotrom

**Masculin** Voir Votrom.

## Aouen

**Masculin, aussi féminin**

Voir Awen.

## Aouregan

**Féminin** **Fête le 15 Janvier.**

Aouregan, Aouregen, est composé sans doute de *aour* : or, et *gen* : né, de haute naissance. Mais on trouve aussi Aouregwenn, Aoureguenn, qui utilise *gwenn* : blanc. Aussi Aouregon, Auregan.

Quelques dizaines de porteurs seulement.

## Aoureguenn, Aouregwenn

**Féminin**

Voir Aouregan.

## Aourell

**Féminin** **Fête le 15 Octobre.**

Forme bretonne pour Aurélie.

On trouve Aourell de nos jours, quelques dizaines de porteurs. Au prénom d'origine se rajoute la joliesse de *aour* : or. Semble aussi employé au masculin.

## Aourgen

**Féminin**

Voir Aouegan.

## Arc'hantael, Arc'hantel

**Féminin**

Voir Argantel.

## Argantel

**Féminin** **Fête le 27 Octobre.**

C'est le nom de la femme du grand roi Nevenou, Nominoë. Aussi Argantael, Arc'hantel, Arc'hantael. Vient de *arc'hant* : argent, et *hael* : généreux.

Ce prénom, rare, est porté actuellement et utilisé dans la littérature.

## Armahel

**Masculin** **Fête le 26 Février.**

On donne saint Armahel, Armoel, comme un des premiers évêques de Dol.

Prénom rare, voire inusité.

## Armel

**Masculin et féminin** **(**) Fête le 16 Août.**

Armel est en Bretagne un prénom à l'origine masculin. Son étymologie est *arz* : ours, et *mael* : prince. Saint Armel vint de Galles au VIe siècle. Il est souvent représenté avec un dragon qu'il tient en laisse par son étole. La légende du dragon est fréquente en Bretagne, et on la retrouvera à propos d'autres saints. Il est le fondateur de Ploërmel : Plou-Armel. Il a aussi donné son nom à Saint-Armel (Ille-et-Vilaine), Saint-Armel (Morbihan), Ergué-Armel (Finistère). La forme bretonne du prénom est Arzhel, d'où Plouarzel qu'il aurait fondé (Finistère) où il aurait été supplanté par saint Eloi. L'évangélisation de la Bretagne n'était pas une chose facile : persécuté, Armel dut s'exiler un temps à la cour du roi franc Childebert Ier. Armel est honoré pour quelques dons : celui de faire sortir l'eau de terre, celui de guérir hommes et animaux. Il représente parmi d'autres saints l'évêché de Rennes dans le monument *Breiz d'ha bugale* de Sainte-Anne-d'Auray.

Féminin : Armel, Arzhela, Arzela, Arzhelenn, Arzhelez, Armela.

Armelle est un féminin de forme française. Nous avons aussi trouvé les formes Ermel et Hermet pour désigner saint Armel.

Ce prénom a toujours été porté, sa meilleure vogue étant le milieu du XXe siècle. Citons Armel Beaufils, sculpteur (1882-1952), l'écrivain Armel de Wismes.

## Armoel

**Masculin**

Voir Armahel.

## Arneg

**Masculin** **Fête le 11 Novembre.**

Saint Arneg est le patron de Trégarantec (Finistère). Il serait l'un des fils du roi de Domnonée Judikael, au VIIe siècle. On lui attribue la

fondation de Landerneau (Lan-Ernoc), dans le Finistère, et aussi, là où se trouve maintenant Trégarantec, un évêché « qui ne comptait que vingt ménages ».
Aussi Arnec.
Rare, voire inusité.

## Arthur

**Masculin** **Fête le 15 Novembre.**

Symbole de la résistance des Celtes à l'envahisseur saxon, le roi Arthur est devenu, grâce à Geoffroy de Monmouth au XIIe siècle, à Marie de France, et finalement à l'ensemble de récits appelés la Matière de Bretagne, le roi légendaire des Anglais comme des Bretons. On ne sait à vrai dire que très peu de chose sur sa vie, et il est – au moins – certain, qu'il a rassemblé sur son nom des batailles historiques et des épisodes que l'on peut situer plus sûrement en Ecosse et dans le pays de Galles qu'en Bretagne.
Mais les romans de la Table ronde, dont l'emplacement est toujours controversé, ont popularisé sa figure. Il est devenu le roi légendaire défenseur des Bretons, qu'ils invoquent avant chaque bataille contre l'envahisseur. Alors on voit défiler l'armée d'Arthur en haut des Montagnes Noires, « suivant les drapeaux que balance le vent de la mort ».
Le roi Arthur est enterré dans un lieu mal défini. Est-ce à Glastonbury, près du lieu de sa dernière bataille de Camlan, en Cornouailles anglaise ? Ou bien sous le menhir de l'île d'Avel, dans les Côtes-d'Armor ?
Arthur : du celtique *arzh* : ours. La forme bretonne courante est Arzhur. Aussi Arzhul, Arzur. Féminin Arzhula, Arzhurenn, Arzhulenn.
Le nom d'Arthur, ayant connu une très grande vogue, et très donné depuis quinze ans, a donné de nombreux dérivés. Dont Arzeur, Atzul, Artus (d'où le Camp d'Artus dans la forêt du Huelgoat).
Dérivé francisé Aubert, lequel fonda le Mont-Saint-Michel au VIIIe siècle. Par un juste retour, Aubert est devenu Ober, Oberon, nom mythologique.
Arthur est aussi un nom porté par des souverains bretons :
– Fils posthume de Geoffroy, de sang anglais, Arthur est né en 1187. En 1196, sa mère Constance le fit reconnaître comme duc. Il fut assassiné sur ordre de son oncle Jean sans Terre en 1203.

– Arthur II fut duc de Bretagne de 1305 à 1312, et Arthur III de 1457 à 1458.
Enfin, bien plus près de nous, le romancier Arthur Bernede (1871-1937) fut le créateur de Belphégor – une autre créature de l'ombre.

## Artus

**Masculin**
Voir Arthur.

## Arzela

**Féminin**
Voir Armel.

## Arzeur

**Masculin**
Voir Arthur.

## Arzhel

**Masculin, aussi féminin**
Voir Armel.

## Arzhela, Arzhelenn, Arzhelez

**Féminin**
Voir Armel.

## Arzhul, Arzhula, Arzhulenn, Arzhur, Arzhurenn, Arzur

**Masculin**
Voir Arthur.

## Aspasie

**Féminin**
Voir Koupaia.

## Atzul

**Masculin**
Voir Arthur.

## Aubert

**Masculin** **Fête le 2 Avril.**

Mais aussi le 10 Avril, le 18 Juin et le 6 Août.

Ces dates correspondent à des saints différents.

On attribue à saint Aubert, évêque d'Avranches au VIIIe siècle, la construction du premier oratoire du Mont-Saint-Michel. L'Eglise vénère aussi saint Aubert, chapelain de l'abbaye de Saint-Sulpice près de Rennes, au XIIe siècle. On trouve aussi la forme bretonne Aoperzh. Ce prénom, rare et vieillissant, serait une francisation de Arthur (voir ce nom), un bref passage dans la vie matérielle d'un nom qui repartit ensuite dans l'imaginaire comme Ober ou Oberon.

## Aubin

**Masculin** **Fête le 1er Mars.**

Cet évêque d'Angers du VIe siècle est originaire du Vannetais. Il fut proche de saint Tudal, le fondateur de l'évêché de Tréguier. Il a nommé la paroisse de Saint-Aubin en Rennes, mais aussi Saint-Aubin-d'Aubigné, Saint-Aubin-des-Landes, Saint-Aubin-du-Cormier (Ille-et-Vilaine), Saint-Aubin-des-Châteaux (Loire-Atlantique). Il est honoré à Port-Launay (Finistère), Callac (Morbihan). Il est aussi patron de Guérande, et à juste titre : Albert le Grand rapporte qu'en 909, la ville fut assiégée par les pirates normands. Les Guérandais implorèrent saint Aubin avant de lancer une sortie désespérée. Alors saint Aubin descendit du ciel, monté et armé, pour prendre la tête de leurs troupes, et défaire les assaillants. Modeste, il disparut dès la fin de la bataille.

Aubin vient du latin *albinus* : blanc. La forme bretonne est Albin, féminin Albina.

Une petite vogue récente.

## Aude

**Féminin**

Voir Eodez.

## Audrain, Audren, Audran

**Masculin, aussi féminin.**

Voir Aodren.

## Audran, Audrena

**Féminin**

Voir Aodren.

## Auffray

**Masculin**

C'est un prénom bien connu au Moyen Age. Auffrai était abbé de Bon-Repos au XIVe siècle. C'est aujourd'hui devenu un patronyme répandu, mais apparemment plus un prénom.

## Auregan

**Féminin**

Voir Aouregan.

## Austole

**Masculin** **Fête le 28 Juin.**

Il était religieux et prêtre, menant une vie édifiante au couvent de Gaël. Filleul et tendre ami de saint Méen, il fut si affligé de la perte de son parrain, son guide et son modèle, qu'il ne lui survécut que sept jours et mourut, le 28 juin 617, écrit le chanoine de Garaby.
Voici indubitablement un saint modeste et combien oublié : personne ne porte son nom !

## Autrom

**Masculin** Voir Votrom.

## Avel

**Masculin** **Fête le 5 Août.**

Avel est la forme bretonne pour Abel, le second fils d'Adam. Féminin Avela. On trouve un lieu-dit Saint-Avel en Coatreven (Côtes-d'Armor).
Prénom rare, voire inusité.

## Aven, Avénie

**Féminin** Voir Awen.

## Avit

**Masculin**

Voir Dewi.

## Avoye

**Féminin**

On sait peu de choses sur sainte Avoye. D'aucuns prétendent qu'il s'agit d'un homme. Mais c'est bien en l'honneur d'une femme que fut posée, en septembre 1554, la première pierre de la grande chapelle qui lui est dédiée, en Pluneret. Telle qu'elle se présente aujourd'hui, sol en terre battue, charpente apparente en carène renversée, beau jubé de bois polychrome, elle ne diffère guère d'il y a quatre siècles – si ce n'est que le porche est tombé, victime de la foudre. Sainte Avoye était venue d'Irlande dans une auge de pierre, qui est conservée dans la chapelle.

Prénom rare, voire inusité.

## Awen

**Masculin et féminin** **Fête le 21 Mai.**

Saint Aouen est l'un de ces innombrables saints dont on ne sait rien, ou très peu. Il est éponyme de Saint-Aouen en Plougonvelin et de Lann-Aouen (Finistère). Le prénom est connu et porté actuellement sous la forme Awen (féminin et masculin), Awena féminin est assez courant. Mais ce peut être aussi sainte Avénie, la sœur de saint Benoît, prénom bretonnisé en Aven, Awen.

## Axel

**Masculin, féminin** **Fête le 21 Mars.**

Un prénom scandinave mais d'origine hébraïque. Très en vogue depuis vingt ans, il est bretonnisé par le prénom féminin Axele.

## Aza

**Masculin** **Fête le le 1er Mai.**

Serait la forme bretonne de Adam. Plou-Aza, devenu Plouha (Côtes-d'Armor) a gardé son nom. Il y a en Galles un saint Ada au VIE siècle. Ses porteurs se comptent sur les doigts d'une main.

## Azenor

**Féminin** **Fête le 7 Décembre.**

La navigation fantastique d'Azenor est une des plus belles histoires des vies de saints bretons : fille d'un roi de Brest au VIe siècle, Azenor

avait épousé le roi du Goëlo Judael. Mais le père d'Azenor s'était remarié à une mauvaise femme qui voulait se débarrasser d'elle. Elle réussit à convaincre Judael que sa femme le trompait. Azenor portait alors un enfant. Sur l'accusation de Judael, elle fut néanmoins condamnée à être jetée dans l'océan enfermée dans un tonneau. Le tonneau ne coula pas, au contraire : il vogua cinq mois, pendant lesquels un ange veilla sur Azenor. Quand elle eut mis son enfant au monde, le tonneau s'échoua. On sut vite la nouvelle miraculeuse. Judael se repentit et retrouva sa femme et son fils, que l'on appela Budog, est qui est un saint célèbre.
Sainte Azenor est patronne d'une des tours du château de Brest, et honorée à Lesneven (Finistère).
Ce prénom a les mêmes racines que Aliénor et Eléonore. On l'écrit souvent Azénor. Diminutifs Enor, Enora illustré dans une chanson bretonne pour enfants. Mais *enor* en breton veut dire honneur. Et sainte Enora est une autre personne, qui elle aussi mérite un détour (voir ce nom).

## Aziliz

**Féminin** **Fête le 22 Novembre.**

C'est la forme bretonne correspondant à Cécile, sainte romaine de la famille des Cecilii, convertie au christianisme. Sainte Cécile est la patronne des musiciens, et particulièrement des très nombreux musiciens bretons... De Cécile dérive aussi Sheila ! Ce joli prénom féminin est assez porté en Bretagne depuis une vingtaine d'années.

## Azou

**Féminin**

Ce prénom féminin n'est pas connu, si ce n'est comme celui de la mère de saint Yves, Azou du Quinquis. C'est elle qui voua son fils à sainte Anne, et l'engagea à tout faire pour devenir un saint – ce qui fut fait. Aussi Azo, Adou. On trouve en moyen breton *hahdo* signifiant méritant, digne.

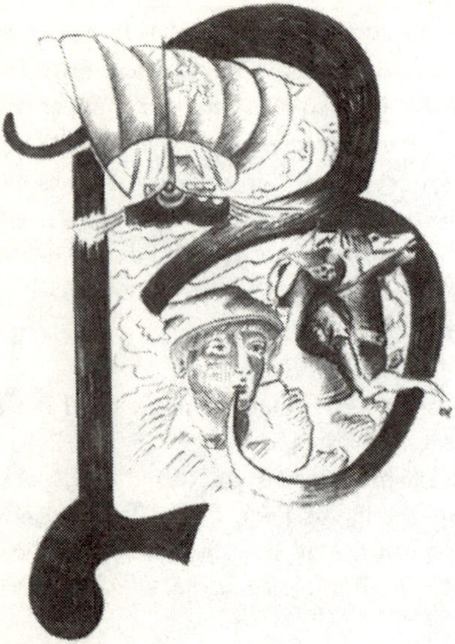

## B COMME BARZAZ BREIZ

Ce recueil de chants épiques ou intimes, publié en 1839 par Théodore Hersart de La Villemarqué, a durablement marqué la littérature bretonne, et même l'image que nous pouvons avoir de notre pays. Par la polémique qu'il a suscité, tout d'abord : les chants recueillis par La Villemarqué étaient à ce point différents de ceux collectés à la même époque qu'on l'accusa vite, sinon d'en avoir inventé, du moins de les avoir grandement romancés : c'était trop beau, trop riche pour la Bretagne. Ce n'est que récemment, grâce au travail de l'historien Laurent, qu'on a clos le procès, et reconnu leur authenticité. On peut maintenant savourer sans scrupules cette littérature ancestrale qui n'a rien à envier à celle des grandes nations.

### Bachla

**Masculin** Voir Ballay.

### Balae

**Masculin** Voir Ballay.

# Ballay

**Masculin** **(**) Fête le 4 Juillet.**

Saint Balay fut disciple de saint Gwenole à l'abbaye de Landévennec au VIe siècle. Il est l'éponyme de Ploubalay et Lanvallay (Côtes-d'Armor). Et sans doute aussi du Palais, en Belle-Ile-en-Mer. Michel Priziac (*op. cit.*) a relevé pour ce village l'appellation ancienne de Ballay ; et Pallay au XVIe siècle, tandis que les bretonnants continuaient au début de ce siècle à utiliser le nom Ballé.

Sous le nom de Valay, il a fondé Lanvallay (Côtes-d'Armor), et voici comment : alors qu'il s'était installé dans la région actuelle de Dinan, il se prit de bec avec les femmes du pays, justement à cause de leur mauvaise langue. Mais même un saint ne peut rien contre la fureur féminine, et Vallay dut se sauver devant une meute de femmes à sa poursuite ! Quand il arriva au bord de la Rance, il prit son élan de saint, sauta – l'on voit encore la marque de pied dans le rocher – et atterrit de l'autre côté, en un lieu plus accueillant, aujourd'hui nommé Lanvallay.

Ballay : aussi Bachla, Balae, Valay.

Apparemment non porté.

# Barban

**Féminin**

Voir Barba.

# Barba

**Féminin**

Sainte Barba (du latin *Barbari*), patronne des pompiers et martyre du IIIe siècle, est honorée au Faouët depuis qu'elle y sauva de la foudre un seigneur de la région : surpris par un ouragan, il se réfugia sous un amas de rochers. L'un d'entre eux se détacha. Le seigneur invoqua alors sainte Barba, et le rocher demeura suspendu dans l'air. En récompense, Jehan de Toulbodou, car c'était lui, fit élever cette curieuse chapelle à flanc de coteau, qui est dépourvue de nef. Le grand escalier qui y descend a été utilisé pour le film *Lancelot du Lac*. On trouve de beaux ex-voto dans cette chapelle, et une cloche bénéfique.

Sainte Barba, Barbe, était fille du roi Dioscore et avait embrassé la foi chrétienne. Son païen de père la livra au bourreau pour qu'elle abjure. On lui arracha les mamelles, mais elle ne cédait pas. Dioscore la foula aux pieds de son cheval, mais elle ne cédait pas. On la traîna par les cheveux, et enfin on lui trancha la tête. Ce martyre est relaté dans la chapelle de Lannellec en Brasparts (Finistère).

Elle est honorée à Moustoirac (Morbihan), et dans une chapelle de Roscoff (Finistère). Le pardon, en juillet, y était traditionnellement le signe du départ pour les « Johnnies », qui partaient chaque année vendre sur les routes d'Angleterre les oignons du Léon. Mais sainte Barbe est bien connue partout en Bretagne, où son intercession s'étend aux véhicules maritimes et routiers. On la fête le 4 décembre.

Dérivé breton féminin : Barban. Du français Barbe, comme lui rare et vieilli.

## Barnabas

**Masculin** **Fête le 11 Juin.**

Luzel cite cette forme, variante bretonne pour Barnabé. Aussi anciennement Bernabé, Bernabas.

Apparemment non porté.

## Bartele

**Masculin** **Fête le 24 Août.**

Forme ancienne pour Barthélemy. Aussi Bertele, Bertel.

## Bastian

**Masculin** **Fête le 20 Janvier.**

C'est une forme bretonne pour Sébastien. Le martyre de saint Sébastien, percé de flèches, se retrouve souvent dans les églises bretonnes. La chapelle Saint-Sébastien en Saint-Ségal (Finistère) lui est dédiée.

Une petite vogue récente.

## Beatris

**Féminin** **Fête le 18 Janvier.**

Forme bretonne pour le prénom Béatrice.

## Bedan

**Masculin**

Voir Brendan.

## Benead

**Masculin** **Fête le 22 Octobre.**

C'est la forme bretonne pour Benoît. Saint Benoît d'Aniane unifia au IXe siècle les règles des monastères de l'Empire de Louis le Pieux. Il rassemblait en cela sous un commandement unique l'éparpillement d'abbayes qui résultaient de celle du Mont-Cassin, fondée en 529 par saint Benoît de Nursie, et celles d'Irlande sous la règle de saint Colomban. Les abbayes bénédictines, et leurs filles cisterciennes, eurent un grand prestige en France et en Bretagne.

Saint Benoît de Massérac, lui, est breton, du IXe siècle. Son tombeau se trouve dans cette ville de Loire-Atlantique. On lui a élevé un monument à Penbuh, où se trouvait son premier ermitage, qu'il quitta pour fuir le vacarme des grenouilles des marais des bords de la Vilaine.

Benead, comme Benoît en français, vient du latin *benedictus* : béni. C'est un prénom porté actuellement.

## Benedig

**Masculin**

Voir Benniged.

## Benniged

**Masculin** **Fête le 21 Mars.**

Benniged signifie béni en breton. Il a donc la même racine que Benoît, et les lieux dits Benniged sont souvent traduits ainsi : l'Aber-Benoît pour Aber-Benniged. Par contre, l'île de Beniguet et l'île Biniguet ont gardé leurs noms bretons.

Binidig était abbé de Landévennec au Xe siècle, et mit en sécurité les reliques de saint Gwenole en Picardie, lors des invasions normandes.

Aussi Benedig, cité dans le cartulaire de Redon.

Apparemment pas porté.

## Benoît

**Masculin**

Voir Benead.

## Bénone

**Sans doute féminin**

Voir Bénoni.

## Bénoni

Un prénom que nous aurions sans doute négligé, si un Bénoni de Josselin ne nous avait écrit pour nous signaler que ce prénom était naguère répandu autour de Josselin. Il pense être parmi les derniers. Gageons qu'il y en aura bientôt d'autres !
Bénoni signifie benjamin en français, et vient de l'hébreu, où ce prénom est actuellement célèbre : Benyamin. Nous avons aussi trouvé Bénone en Bretagne au XVᵉ siècle.

## Berc'hed

**Féminin** **Fête le 1ᵉʳ Février.**

C'est la forme bretonne de Brigitte. Sainte Brigitte est la patronne de l'Irlande, elle fut abbesse de l'important monastère de Kildare au Vᵉ siècle. Mais, il y a bien plus longtemps, les Celtes vénéraient la déesse Brigitte, que la sainte a remplacée. En plusieurs lieux de Bretagne comme à Plomodiern (Finistère), le culte de Marie a supplanté celui de Brigitte.
Berc'hed est aussi, et voici pourquoi, la patronne des femmes en couche. Quand l'Enfant Jésus naquit, la Vierge Marie n'eut pas la force de l'emmailloter. Joseph courut chez l'hôtelier le plus proche pour demander une aide. Celui-ci, par moquerie, lui donna Brigitte, sa première fille, née sans bras. Or dès qu'elle fut en présence de l'Enfant Jésus, elle se trouva munie de bras et de mains et put le soigner.
Berc'hed : du celtique *bri*, ou irlandais *bregait* : élevé. Aussi Brec'hed, Berhed. Diminutif porté actuellement : Berhedig.
Elle a donné son nom à Sainte-Brigitte (Morbihan), Loperhet (Finistère). Et aussi à la commune de Berhet (Côtes-d'Armor), dont la paroisse s'appelle Confort-Berhet : l'Eglise a chaperonné en 1911 la sainte locale par Notre-Dame-de-Confort. On représente Berc'hed suivie d'une petite vache.
Ce prénom semble ne pas être porté.

## Bérenger

**Masculin** **Fête le 26 Mai.**

C'est le nom d'un comte de Rennes, sans doute fils de Gurwant et frère du roi Judikael, mort en 907.
Une petite vogue dans les années 1980.

## Bergat

**Masculin** **Fête le 3 Août.**

Il semble avoir été un évêque usurpateur. Lorsque Tudal, évêque de Tréguier, sentit la fin arriver, il rassembla les ecclésiastiques de son diocèse pour trouver un successeur digne de lui. C'est Ruelin qui fut choisi. Mais Bergat était sur les rangs, et réussit à se faire nommer évêque par une partie des clercs. Ce mini-schisme fut réglé par une apparition miraculeuse de feu saint Tudal lui-même, qui ordonna à Bergat de se démettre.
Bergat finit ses jours en pénitence à Pouldouran, près de La Roche-Derrien. Les paroissiens l'y ont quand même représenté en costume épiscopal, et l'Eglise, qui n'est pas rancunière envers ses aînés, l'a sanctifié.
Bergat, aussi Pergat, Pergad et Pergobat.

## Berhed, Berhedig

**Féminin**

Voir Berc'hed.

## Bernabas, Bernabé

**Masculin**

Voir Barnabas.

## Bernez

**Masculin** **Fête le 29 Décembre.**

Forme bretonne correspondant au français Bernard, venant du germanique *bern* : ours, et *hard* : fort. Saint Bernard, premier abbé de Clairvaux, fut le chef spirituel des moines cisterciens, dont on connaît l'importance en Bretagne. Bernez est un prénom porté actuellement. Citons Bernez an Nail, récemment décédé, directeur de l'Institut Culturel de Bretagne, auteur de nombreux ouvrages, et aussi éditeur.

## Berta

(**) **Féminin** Voir Bertet.

## Bertel, Bertele

**Masculin**

Voir Bartele.

## Bertet

**Féminin** **Fête le 4 Juillet.**

Bertet est la forme bretonne de Berthe, citée par Anatole Le Braz. Aussi Berta. Vous trouverez ci-dessus l'histoire de Brigitte, qui emmaillota l'Enfant Jésus, quoique étant née sans bras. Anatole Le Braz donne aussi la même histoire à propos de sainte Berthe. Y aurait-il confusion entre Bertet et Berhed ? Il semble le penser.

Berthe, fille du duc Conan III le Gros, était la femme d'Alain le Noir de la maison de Penthièvre, mort en 1046. A la mort de Conan III en 1048, elle assura la régence du duché pour son fils Alain, avec son second mari Eudes de Porhoët. Apparemment pas porté.

## Bertram

**Masculin** **Fête le 16 Octobre.**

C'est la forme bretonne pour Bertrand. Aussi Bertrom.
Apparemment pas porté.

## Beuzec, Beuzeg

**Masculin**

Voir Budog.

## Beuzy

**Masculin**

Voir Bieuzi.

## Biabile

**Masculin** **Fête le 14 Février.**

Albert le Grand le donne pour abbé de Landévennec au Ve siècle. Il assista aux funérailles du grand roi de Cornouaille Grallon. Puis il se retira en ermite près du Faou (Finistère), où il mourut sans qu'aucun lieu-dit ne vienne recueillir sa mémoire. En breton, on l'appelle Biavili.

Ce curieux prénom ne semble pas être porté.

## Bienvenue

**Féminin** **Fête le 30 Octobre.**

Le lecteur nous pardonnera l'intrusion de notre famille dans ce guide des prénoms. Fulgence Bienvenüe né à Uzel en 1852, fut ingénieur des Ponts et Chaussées. Il fut chargé de la conception de la première ligne du métro de Paris. La station Montparnasse-Bienvenüe est toujours la porte d'entrée des Bretons de Paris. C'est sans doute en son honneur que ce prénom fut choisi dans les années 1920. Et Bienvenue est depuis 1991 le second prénom de notre fille.

## Bieuzi

**Masculin** **Fête le 23 Novembre.**

Bieuzi est un saint martyr d'origine insulaire, disciple de saint Gildas. Vers l'an 550, alors qu'il célébrait la messe dans son ermitage, devenu depuis la paroisse de Bieuzy-les-Eaux dans le Morbihan, le seigneur local lui ordonna de guérir ses chiens atteints de la rage. Car Bieuzi est un saint guérisseur de la rage, et aussi, vous saurez bientôt pourquoi, des maux de tête. Le saint homme refusa d'interrompre son office. Furieux, le seigneur lui planta sa hache dans le crâne. Bieuzi partit aussitôt, ainsi coiffé, faire ses adieux à saint Gildas sur la presqu'île de Rhuys, puis y mourut (on dit aussi qu'il y fut suivi par une foule sans cesse grandissante). Quant au méchant seigneur, ses chiens le dévorèrent.

Bieuzi vient de *buhezeg*, qui signifie : plein de vie. De fait, il ne manquait pas de vitalité. Il est aussi l'éponyme de Bieuzy-Lanvaux (Morbihan).

On utilise plus fréquemment la forme francisée Bieuzy. Le Scouëzec cite Bihui. Aussi, anciennement, Buzy, Beuzy.

## Bihui

**Masculin** Voir Bieuzi.

## Bili

**Masculin** **Fête le 23 Mai.**

Saint Bili fut évêque de Vannes au IX^e^ siècle, et martyrisé par les Normands. Il est honoré en Trédion (Morbihan), et, sous le nom de Bily, à Plaudren (Morbihan). Il a sans doute donné son nom à la vieille famille de Lambilly. Apparemment non porté. Le breton *bili* se traduit en français par galet. Et l'on trouve même un saint Galet, traduction littérale.

## Binidig

**Masculin**

Voir Benniged.

## Bizien

**Masculin**

C'est actuellement un patronyme. Il est cependant cité comme prénom au XIVe siècle. Jean-Marie Plonéis le cite comme prénom porté récemment dans les monts d'Arrée, et le rapproche du vieux breton *bit* : nature, monde.

## Bleas

**Masculin**

Bleas est donné par Grégoire de Rostrenen comme l'équivalent breton de Blaise. Aussi Blaes. Voir aussi Bleiz.

## Bleiz

**Masculin** **Fête le 3 Février.**

Ce prénom est à tort confondu avec le prénom français Blaise, bien que nous ayons relevé Blésin utilisé au XVe siècle. On lui donne deux origines différentes, qui sans doute se superposent :

– Utilisation comme prénom du titre de Charles de Blois, adversaire de Montfort puis duc de Bretagne au XIVe siècle, et tué à Auray en 1364.

– Ou traduction littérale de Loup en son équivalent breton Bleiz, et utilisation de ce prénom pour désigner saint Loup ; Loup, qui vint en Grande-Bretagne en 429, fut évêque de Troyes et éponyme de Lanloup (Côtes-d'Armor). La fête de la Saint-Loup, autrefois à Pabu, s'est déplacée depuis à Guingamp. C'est une grande et vraie fête bretonne…

On n'a que peu d'exemples de ce genre de traduction d'un prénom. Gwenole Le Menn le rapproche du prénom féminin ancien Plezou, aussi Blezou.

Bleiz est un prénom employé actuellement. Voir aussi Bleas.

## Blenlived

**Masculin** **Fête le 7 Novembre.**

Rien à voir avec le pur malt : saint Blenlived était évêque de Vannes vers le Xe siècle. La chronique religieuse ne nous renseigne pas plus sur lui, sinon en nous apprenant qu'on le nomme aussi Blevileguet, et qu'il fut associé à la création du prieuré de Batz-sur-Mer (Loire-Atlantique).

Apparemment non porté.

# Blésin

**Masculin**

Voir Bleiz.

# Bleuzen

**Féminin** **Fête le 24 Novembre.**

Ce prénom féminin vient du vieux breton et signifie fleur blanche (si on le fait dériver de *bleun gwenn*), ou seulement fleur. Sainte Bleuenn est honorée à Peumérit (Finistère).

Bleuzen, aussi Bleuzenn, Bleuenn, Bleunvenn, Bleunienn. Prénom porté.

Citons Bleuzen du Pontavice, « cuisinalyste » bretonne contemporaine.

# Blezou

**Masculin**

Voir Bleiz.

# Bodoc

**Masculin**

Voir Budog.

# Bodmael

**Masculin**

Bodmael, c'est, comme lieu-dit, la demeure du prince : *bod* : demeure, résidence, et *mael* : prince. Voir Budog.

Apparemment non porté.

# Bodvael

**Masculin**

Voir Budog.

# Bolcan

**Masculin**

Voir Olcan.

# Bon

**(**) Masculin, donné comme surnom de Yves.**

Voir ce nom.

# Bona

**Féminin** **Fête le 26 Octobre.**

Forme bretonne ancienne du prénom français, lui aussi ancien, Bonne.

# Bonus

**Masculin**

Voir Maden.

# Bozael

**Masculin**

Voir Budog.

# Bran

**Masculin** **Fête le 20 Novembre.**

Une petite vogue récente.

« Sur le champ de bataille, à Kerloan, il y a un chêne qui domine le rivage, Il y a un chêne au lieu où les Saxons prirent la fuite devant la face d'Even le Grand.

Sur ce chêne, quand brille la lune, chaque nuit des oiseaux s'assemblent ;

Des oiseaux de mer, au plumage noir et blanc, une petite tache de sang au front.

Avec eux, une vieille Corneille grisonnante, avec elle un jeune Corbeau.

Ils sont bien las tous deux, et leurs ailes sont mouillées ; ils viennent de par-delà les mers, de loin.

Et les oiseaux chantent un chant si beau, que la grande mer fait silence.

Ce chant-là, ils le chantent tout d'une voix, à l'exception de la Corneille et du Corbeau.

Or le Corbeau a dit : Chantez, petits oiseaux, chantez,

Chantez, petits oiseaux du pays, vous n'êtes pas morts loin de la Bretagne. »

Quand, au Xe siècle, les chevaliers d'Even livrèrent bataille aux envahisseurs saxons sur la côte du Léon, ce fut une grande bataille, et une grande victoire pour les Bretons. Défaits, les Saxons durent rembarquer. Ils laissaient sur la terre bon nombre de morts. Les Bretons aussi avaient perdu beaucoup d'hommes : ce sont ces oiseaux blancs et noirs qui chantent encore sur le rivage de Kerlouan. Ils sont morts au combat chez eux. Mais il y a plus triste sort que le leur : celui des chevaliers faits prisonniers, et morts loin de leur terre. Comme Bran, le corbeau, dont la ballade est une des plus belles du *Barzaz Breiz*.

## Brandan

**Masculin**

Voir Brendan.

## Branwalatr

**Masculin**

Voir Brevalaer.

## Brecan

**Masculin**

Un des quelque vingt enfants du premier roi de Bretagne Conan Mériadec. Pas de plus amples renseignements à son sujet. Il est donc difficile de savoir si ce saint a vraiment existé, mais il a néanmoins une fête, le 6 avril. Et même une seconde le 8 juillet. Aussi Brec'han. Apparemment non porté.

## Brec'hed

**Féminin**

Voir Berc'hed.

## Brendan

**Masculin** **Fête le 16 Mai.**

La navigation de saint Brendan, largement relatée dans un ouvrage du X^e^ siècle, est un voyage initiatique et mystique, à la recherche du paradis, au-delà les mers connues. Brendan et ses compagnons, dont saint Malo, y visitent l'Islande, les Antilles, les Açores, mais aussi des îles merveilleuses et toujours inconnues.

Brendan naquit en Irlande, à la fin du V^e^ siècle. Il fut abbé de Llancarvan, au pays de Galles. Il vécut aussi vingt-cinq ans en Bretagne : au Yaudet près de Lannion, et à Alet, la future Saint-Malo. Il est mort en Irlande.

Brendan : *brand* est un terme celtique pour « corbeau ». Il est le patron de Kerlouan (Finistère), associé à la légende de Bran (voir ce nom) ; Lanvollon et Trégrom (Côtes-d'Armor). Aussi Brandan d'où Saint-Brandan (Côtes-d'Armor) : il y a dans cette paroisse un manoir de Saint-Bedan, et l'on peut supposer que Brendan y a supplanté un vieux saint oublié.

Aussi Vedan. Brendan est assez porté depuis trente ans, ainsi que Brendam.

Féminin : Brendana, Brenda donné en 1965.

Voir aussi Brevalaer, Brewal.

## Bretoch

**Masculin** **Fête le 1er Décembre.**

Moine du VIIIe siècle au prieuré de Dinan. Il fut ensuite envoyé à l'abbaye de Redon pour y suivre l'enseignement de Konvoyon. Il est mort à Redon. Saint Bretoch est aussi appelé saint Briton.

Apparemment non porté.

## Brevalaer

**Masculin** **Fête le 19 Janvier.**

Nous n'avons pas de renseignements sur cet évêque ancien. Le vieux breton donne Branwalatr : peut-être de *bran* : corbeau, et *uualatr* : prince. Ou, en suivant Joseph Loth, de *Walatr*, le père des guerriers morts. Ce nom a évolué en breton en Brevalaer, Brevaler, sans doute Brewalen, et Brewal, Brewalan, Breval. Féminin Brevala.

Quant à la forme de Haute-Bretagne, elle est devenue Brôladre, Brolade, aussi Brévalaire. D'où Loc-Brévalaire (Finistère), Saint-Broladre (Ille-et-Vilaine).

On a souvent confondu Brevalaer avec saint Brendan, qui l'a parfois supplanté comme saint patron.

Prénom apparemment non porté.

## Brévin

**Masculin**

Voir Brewen.

## Brewal, Brewalan, Brewalen

**Masculin**

Voir Brevalaer.

## Brewen

**Masculin** **Fête le 27 Juillet.**

Ce prénom porté actuellement est sans doute la forme bretonne correspondant à Brévin. Saint Brévin a donné son nom à l'église de Berné (Morbihan), Saint-Brévin-les-Pins et Saint-Brévin-l'Océan (Loire-Atlantique).

## Briac

**Masculin**

Voir Briag.

## Briag

**Masculin** **Fête le 17 Décembre.**

*Bri* est un mot celtique qui veut dire estime, considération. Briag est un saint insulaire du VIe siècle très renommé en Bretagne. On le représente avec un chien. Il guérit l'épilepsie, et la rage. Disciple de Tudual, il a fondé un monastère près de Guingamp : son tombeau, qui est vide, se trouve dans l'église Bourbriac (Côtes-d'Armor). Mais il est aussi l'éponyme de Saint-Briac (Ille-et-Vilaine), Guerbriac en Plouagat (Côtes-d'Armor), Lan-Briac en Taulé (Finistère), et d'autres lieux.

Dérivés : la forme la plus connue est la francisation Briac. Mais aussi Brian, courant depuis une trentaine d'année, mais prononcé à l'anglaise. Féminin : Briaga, Briagez.

Une petite vogue récente.

## Brian

**Masculin**

Voir Briag.

## Briant

**Masculin**

Voir Brient.

## Briavel

**Masculin**

Voir Brieg.

# Brice

**Masculin**
Voir Brizh.

# Briec

**Masculin**
Voir Brieg

# Brieg

**Masculin** **Fête le 1er Mai.**
Ce disciple de saint Iltud est l'un des sept saints fondateurs de la Bretagne. Venu de Grande-Bretagne, il débarqua à la fin du Ve siècle avec près de deux cents hommes d'Eglise. Brieg fonda un monastère autour duquel s'est développée la ville de Saint-Brieuc, chef-lieu des Côtes-d'Armor. Il y mourut, et on le vit alors monter au paradis, sur une échelle d'or. Et à l'emplacement de son tombeau, on a construit la cathédrale. Brieg avait une réputation de générosité qui l'a fait choisir comme patron par… les fabricants de bourse ! Il est l'éponyme de Saint-Brieuc-des-Iffs (Ille-et-Vilaine), Saint-Brieuc-de-Mauron (Morbihan). Aussi patron de Cruguel (Morbihan).
De Brieg, Briog, anciennement Briek, on trouve Brio-Maglus, qui a donné Brimael, Brivael, Brivaël, Briwal, peut-être Briavel.
La forme francisée est Brieuc. Sous les formes Brieg et Brieuc, aussi Briec, c'est un prénom assez fréquent depuis trente ans. Nous avons trouvé en 1963 un Pierre-Brieuc original.
Féminin : Briega, Briegenn.

# Brient

**Masculin**
Ancêtre de l'écrivain François-René de Chateaubriand, le seigneur Brient vivait au XIe siècle. Sa forteresse, Castellum Brient, donna la ville de Châteaubriant en Loire-Atlantique. Un autre de ses descendants célèbres est Brient de Châteaubriant, qui délivra le Mont-Saint-Michel des Anglais au XVe siècle. Mais avant cela, un autre seigneur Brient avait participé à la prise de l'Angleterre par Guillaume le Conquérant.
Dérivé : Briant, assez courant depuis trente ans, avec une pointe à cinq cents autour de l'an 2000.

## Briek

**Masculin**
Voir Brieg.

## Brieuc

**Masculin**
Voir Brieg.

## Brigitte

**Féminin**
Voir Berc'hed.

## Brimael

**Masculin**
Voir Brieg.

## Briog

**Masculin**
Voir Brieg.

## Bristok

**Masculin**
Ce roi aurait fondé la ville de Brest. Il est aussi cité comme seigneur de ce qui deviendrait le Léon, à l'époque où les saints Derhen et Neventer débarrassèrent la terre d'Elorn d'un dragon et sauvèrent la vie du jeune Riog.

## Briton

**Masculin**
Voir Bretoch.

## Brivael

**Masculin**
Quelques dizaines de jeunes garçons. Voir Brieg.

## Brizh

**Masculin** **Fête le 13 Novembre.**
C'est saint Brice. On le dit enfant trouvé, élevé par saint Martin de Tours auquel il succède comme évêque de Tours (siège alors

d'autorité, au moins théorique, sur la Bretagne). Il est mort en l'an 444.
Brizh vient de *bri* : estime. Aussi Briz, et l'équivalent français de Brice. Il est l'éponyme de Saint-Brice-en-Coglès (Ille-et-Vilaine).
Apparemment non porté.

## Brolade, Brolадre

**Masculin**
Voir Brevalaer.

## Budic, Budig

**Masculin**
Voir Budog.
Budic est une variante de Budog. Mais on peut aussi citer le roi Budic, qui aurait régné sur la Bretagne à la fin du V^e^ siècle. Il aurait accueilli à sa cour Uter-Pendragon, prince anglais et père légendaire du roi Arthur.
Apparemment non porté.

## Budog

**Masculin** **Fête le 9 Décembre.**
Notre histoire de Budog débute là où se terminait celle de sa mère Azenor. Né dans un tonneau sur la mer, Budog a une existence aussi peu ordinaire que sa naissance. Mais on lui prête tant qu'il doit s'agir de plusieurs saints différents, que la chronique a mélangés. On l'a dit irlandais né en 540, mais l'épisode du tonneau est plutôt situé en Armorique (cela est controversé, d'autant que les témoins manquent. Per-Jakez Hélias le donne pour archevêque-roi d'Irlande). Il fonda un monastère sur l'îlot de Lavret, qui fait partie de l'archipel de Bréhat. Y furent formés, entre autres, les saints Jacut, Gwezheneg, Gwenole… Il a construit l'église de Plourin (Finistère), qui conserve un de ses bras en relique. Il fut, lui ou un autre Budog, évêque de Dol. Et, surtout, il est allé à Jérusalem, d'où il aurait ramené rien moins que le Saint-Graal !
Budog vient de *bud* : victorieux. Mais Hersart de La Villemarqué lui attribue un sens bien plus poétique, en rapport à la légende de sa naissance : le noyé. Aussi : Bodoc, Budoc, Budig, Budic (un comte de Cornouaille au X^e^ siècle).

Aussi Buvael, Bodmael, Bodvael, Bozael, tous prénoms qui accolent le breton *mael* ; prince.
Aussi Buzig, Beuzeg, Beuzec (Beuzec-Conq, Beuzec-Cap-Sizun dans le Finistère).
Il est le saint patron des mariniers bretons. Patron aussi de Porspoder, Ploudalmézeau, Trévargan, Plourin (Finistère) et autres lieux. A Beuzec-Cap-Caval, doyenné supprimé au XIIIe siècle, aujourd'hui dans la paroisse de Plomeur (Finistère), le pardon de Saint-Budoc a toujours lieu chaque année en août.
Mais le prénom ne semble pas être porté.

## Buvael

**Masculin**
Voir Budog.

## Buzig

**Masculin**
Voir Budog.

## Buzy

**Masculin**
Voir Bieuzi.

## C COMME COIFFES

Les coiffes bretonnes, on ne les porte plus guère. Une comptabilité sans espoir tient à jour le nombre des bigoudènes. Pour le reste, les coiffes s'épanouissent uniquement lors des fêtes et des défilés. Elles sont la dernière survivance vestimentaire de la division de la Bretagne en d'innombrables terroirs :
« Lorsqu'on rencontre à la ville un cultivateur, homme ou femme, on peut dire, à la seule inspection de son ajustement, de quelle commune il est. » Le XIXe siècle fut l'âge d'or des costumes bretons, d'une curieuse richesse pour un peuple qu'on disait sans grâce. Il signait l'appartenance à un métier et à une classe sociale. Quand il s'effaça, restèrent les coiffes. Aériennes à Pont-Aven, noires à Sein, de plus en plus hautes en pays bigouden, partout passeports de paroissiennes.

## Cado, cadoc, cadou

**Masculin**

Voir Kado.

## Cadoan, caduan

**Masculin**
Voir Coulaouen.

## Caduad

**Masculin**
Voir Kado.

## Cadvaladyr

**Masculin** Voir Segal.

## Candida

**Féminin**
Voir Canita.

## Canita

**Féminin** **Fête le 3 Octobre.**
Canita, aussi Candida, est une sainte honorée par sa chapelle à Tourc'h, ainsi qu'à Scaër, tous deux dans le Finistère. A-t-elle vraiment existé ? On la rapproche de sainte Ninnog, et plus sûrement de Gwenola (voir ce nom).
Prénom apparemment non porté.

## Caradec

**Masculin**
Voir Karadeg.

## Caradoc

**Masculin**
Caradoc, dont on ne sait rien, est donné comme père de Conan Mériadec, et donc auteur de la dynastie bretonne. Son existence est mise en doute – encore plus que celle de son fils.
Prénom apparemment non porté.

## Carantec

**Masculin**
Voir Karanteg.

## Carreuc

**Masculin**

Voir Kerrien.

## Cast

**Masculin**

Voir Kado.

## Catherine

**Féminin**

Voir Katell.

## Catwallon

**Masculin** **Fête le 20 Avril.**

Abbé du monastère de Redon au XIe siècle, Catwallon fut un des religieux illustres de son temps. Ce prénom, dont on peut citer les formes anciennes Catuuallon, Cauallon, signifie valeureux au combat (*kad* : combat, vieux breton).

Apparemment non porté.

## Cécile

**Féminin**

Voir Aziliz.

## Cedval

**Masculin**

Voir Segal.

## Chaoua

**Masculin**

Voir Jaoua.

## Charlez

**Masculin**

C'est la forme bretonne pour Carolus, d'où le français Charles.

On trouve logiquement Charleza comme féminin de ce prénom.

Ce prénom est illustré en Bretagne par le bienheureux Charles de Blois, protagoniste un peu forcé de la guerre de Succession de Bretagne au XIVe siècle.

A la mort du duc Jean III éclata la guerre de Succession de Bretagne, entre le parti des Blois et celui de Jean de Montfort, une guerre dont on a dit qu'elle coûta plus de 200 000 hommes, engagés en 1 500 combats.
Jean de Montfort était le demi-frère du duc défunt, Charles de Blois le mari de sa nièce Jeanne. Charles vivait comme un pénitent, et l'Eglise l'a fait bienheureux, en 1904. On lui doit une *Vie* de saint Yves.
Engagé dans cette guerre comme alibi du roi de France Philippe auquel le liaient des liens familiaux, Charles essuya d'abord quelques revers, puis réussit à s'emparer de la majeure partie de la Bretagne.
Mais l'aide du puissant roi d'Angleterre rendit l'avantage aux Montfort. En 1347, Charles de Blois, fait prisonnier à La Roche-Derrien, fut emprisonné dans la Tour de Londres. Il fut libéré en 1356 contre le paiement d'une énorme rançon réunie par sa femme Jeanne de Penthièvre, qui continuait la guerre en l'absence des deux prétendants à la couronne ducale.
Neuf ans plus tard, Jean, fils de Jean de Montfort, débarqua à la tête d'une armée anglaise. Le 29 septembre 1364, eut lieu la bataille d'Auray : la victoire des Anglo-Bretons fut totale sur les Franco-Bretons, et Charles de Blois fut tué, son lieutenant Bertrand du Guesclin fait prisonnier.
Charles de Blois est enterré dans l'église de Grâces, près d'Uzel. On le fête le 29 septembre.

## Cheun

**Masculin**
Voir Yves.

## Chil

**Masculin**
Voir Gilles.

## C'hlaoud

**Masculin**
Voir Glaode.

## C'hlaouda

**Féminin**
Voir Glaode.

## Chonober

**Masculin**

Un chef du pays de Vannes, qui aurait été l'allié de Chramne contre le Mérovingien Clotaire Ier au VIe siècle. Aussi Conoberz, Conober, Conobre.

## Cieux

**Masculin** Voir Sieuc.

## Citaw

**Masculin** Voir Guido.

## Clair

**Masculin** **Fête le 10 Octobre.**

Ce serait l'un des premiers saints bretons. Clair (nom qui vient du latin *clarus*), vint de Rome comme premier évêque de Nantes moins de cent ans après la mort du Christ – mais la date est disputée. On le situe plus sûrement au IIIe (ou au IVe) siècle, à Rennes, puis à Vannes. Les reliques de saint Clair furent âprement disputées entre Réguiny (Morbihan), lieu de sa sépulture, et Nantes, qui eut tout, sauf le crâne – ou est-ce l'inverse ?

L'évêché de Nantes l'a honoré en le faisant figurer dans sa chapelle du monument *Breiz d'ha bugale*, « La Bretagne à ses enfants », qui commémore à Sainte-Anne-d'Auray les pertes en hommes de la Grande Guerre.

Clair est le saint patron de Saint-Clair, Guénouvry (Loire-Atlantique). Il est honoré en Limerzel (Morbihan). On l'invoque pour la guérison des maladies des yeux.

Dérivés de forme bretonne : Kler, Sklaer.

Ce prénom est en régression depuis un siècle.

## Claude, Claudig

**Masculin** Voir Glaode.

## Cléden

**Masculin** **Fête le 7 Avril.**

Un saint peu connu qui a une chapelle en Plogoff, et a laissé son nom à Cléden-Cap-Sizun et Cléden-Poher (Finistère). Il serait venu du pays de Galles. La forme bretonne connue est Kleden, mais ni l'une ni l'autre ne semble être portée.

## Clervie

**Féminin** Voir Klervi.

## Clet

**Masculin** **Fête le 26 Avril.**

Saint Clet, aussi Anaclet, est le troisième pape de Rome, de 76 à 88. Il patronne l'église de Cléden-Cap-Sizun (Finistère). Le prénom Clet, diminutif Cletig, est porté en Bretagne, mais chez une population âgée. Klet est aussi porté.

## Coledoc, Coletoc, Colledoc, Collodan, Collodon

**Masculin**

Voir Ke.

## Colomban

**Masculin**

Saint Colomban fut moine irlandais et grand voyageur. Né au milieu du VIe siècle, il vint en Armorique : Saint-Coulomb (Ille-et-Vilaine) en garde le témoignage. On le retrouve ensuite en Bourgogne, où il établit trois monastères, dont celui très renommé de Luxeuil. Après quelques démêlés avec la cruelle reine Brunehault, il fonde un monastère sur les rives du lac de Constance, puis, enfin celui de Bobbio où il meurt en 615. En Bretagne, il est le saint patron de Locminé (Morbihan) où sont conservées ses reliques. Son pèlerinage de juillet y était l'occasion de présenter les aliénés, qu'on enchaînait neuf jours dans la chapelle du Mal.

La règle de saint Colomban, imprégnée des usages celtes, a influencé l'ordre bénédictin, bien que ce monachisme irlandais, plus rigoureux, ait été dilué au fil du temps. On lui doit cependant la diffusion sur le continent de la confession privée, qui vient d'Irlande. Une Société missionnaire de Saint-Colomban a été créée en 1918. On le fête le 21 novembre selon les calendriers du siècle dernier. Mais la date semble variable.

Saint Colomba fut l'évangélisateur de l'Ecosse au VIe siècle, et y mourut en l'an 597.

Bien qu'il s'agisse de deux saints bien identifiés et distincts, les prénoms, qui ont la même origine latine (de *columba* : colombe), se sont mêlés dans leurs dérivés :

Colomban (une petite vogue récente), Colomba, Colombin, Coulm, Coulomb, Coloumban.
Koulm et ses dérivés Koulmig, féminin Koulma, Koulmez. Voir aussi sainte Koulm.
Koulman, Kolomban, Koulban.
Plougoulm (Finistère), Saint-Coulomb (Ille-et-Vilaine), Saint-Colomban (Loire-Atlantique), parmi d'autres nombreux lieux-dits, ont repris ce nom.

## Comméan

**Masculin** **Fête le 27 Septembre.**

Comméan était évêque de Vannes au VIII^e siècle. Il semble que tous les évêques de cette époque aient été sanctifiés par la ferveur populaire – d'où sa place dans cet ouvrage.
Apparemment non porté.

## Comorre

**Masculin** Voir Conomor.

## Conamor

**Masculin**

Voir Conomor.

## Conan

**Masculin**

Voir Konan.

## Conan Mériadec

Conan Mériadec est donné comme le premier roi de Bretagne, à la fin du IV^e siècle. On l'a aussi doté d'une grande quantité d'enfants, presque tous saints. La revendication nationale et les justifications de l'Eglise lui ont taillé une dimension de fondateur de la nation bretonne. Il serait venu d'Angleterre pour conquérir la presqu'île, peu peuplée et désertée par les Romains. Des généalogies apocryphes ont souvent été publiées, dans lesquelles il est le fondateur de la plus ancienne dynastie d'Europe.
Ce curieux nom double nous rappelle que Conan Mériadec, s'il a existé, venait d'Angleterre avec un Romain du nom de Maxime, pour prendre possession de l'Armorique.

# Conao

**Masculin**

Conao serait un fils du roi Hoel, au VIe siècle, et comte de Vannes. Aussi Conoo.

Apparemment non porté.

# Condeloc

**Masculin**

Lorsque, au IXe siècle, saint Konvoyon dirigeait l'abbaye Saint-Sauveur de Redon qu'il avait créée, il prit comme intendant de ses jardins un notaire, aussi clerc, nommé Condeloc. Celui-ci fit merveille dans son ouvrage, car il avait obtenu de Dieu que ses légumes fussent préservés des insectes. Saint Condeloc travaillait sans relâche, et ne se reposait que le jour du Seigneur. D'ailleurs, rapporte le chanoine Garaby :

« Il était né un dimanche, il avait été baptisé un dimanche, il avait reçu la prêtrise un dimanche, et ce fut un dimanche qu'il mourut. » Et c'est le 6 novembre qu'on le fête.

Condeloc : aussi Condelu.

Apparemment non porté.

# Conmaël

**Masculin** Voir Gonval.

# Conober, conoberz, conobre

**Masculin** Voir Chonober.

# Conogan

**Masculin**

Voir Konogan.

# Conomor

**Masculin**

Il ne semble pas que le prénom de Conomor, ou Comorre, soit porté de nos jours. Il faut dire que le personnage n'est pas flatteur. Commençons par le pire : Conomor est le Barbe-Bleue breton, et d'aucuns disent qu'il est le seul et vrai. Vous lirez, bien plus loin, l'aventure de la pauvre Trifina, donnée au tyran par son père le comte Gwereg. Comment elle découvrit que Conomor n'avait qu'une peur dans la vie, mais combien grande : d'avoir un fils, qui selon une prophétie devrait le tuer. Comment elle résolut de s'enfuir. Comment les quatre femmes précédentes de Conomor l'y aidèrent. Comment Conomor la rejoignit et la tua. Comment saint Gildas la rendit à la vie. Reprenons l'histoire : saint Gildas était fort mortifié d'avoir favorisé un mariage qui s'était soldé par la mort. Pour se racheter, il résolut de faire condamner Conomor. Ce n'était pas chose facile dans la Bretagne d'alors, où chaque seigneur était maître chez lui. Certes, il avait détruit la forteresse de Castel-Finans, refuge du monstre surmontant un méandre du Blavet, mais Conomor avait d'autres demeures et bien des ressources. Seuls les évêques disposaient d'un pouvoir suffisant pour juger un tel homme, et tâcher de faire appliquer la sentence. Mais l'individualisme bien connu des Bretons ne facilitait pas la tâche. Certains voulaient que le concile eût lieu à Tréguier. D'autres à Quimper. D'autres enfin ne voulaient entendre parler que de Dol.

Il fallait un arbitre. Ce fut saint Hervé, l'ermite aveugle dont la sagesse était reconnue de tous.

Il désigna la cime du Menez-Bré :

« Si la sentence est prononcée du haut de cette montagne, elle atteindra plus sûrement le coupable. »

Ainsi fut fait. Les évêques se réunirent en haut du Ménez-Bré. On avait bien sûr invité Hervé à faire partie du tribunal. Et Conomor fut excommunié.

Carhaix, capitale de Conomor et du Poher, n'en garde guère le souvenir. Pourtant, comme toute médaille, si sombre soit-elle, a son avers, il faut lui reconnaître une action politique positive. Il fut tué au Relecq par Judual, prince de Domnonée, en 555. Judual était le fils (d'un premier mariage) de Iona, autre épouse assassinée de Conomor.

Conomor, aussi Conamor, Comorre, Conomore, vient de *cuno* : élevé, et *mor* : grand.

# Conon

### Masculin

C'est, selon Albert le Grand, le père du saint Konvoion, qui vivait au VIIIe siècle près d'Alet.

Prénom apparemment non porté.

## Conoo

**Masculin**

Voir Conao.

## Constance

**Féminin** **Fête le 23 Septembre.**

La duchesse Constance, fille du duc Conan IV, fut mariée trois fois : d'abord à Geoffroy, fils du roi d'Angleterre Henri II, qui recueillit la couronne de Bretagne. Puis à un seigneur anglais. Enfin, ce mariage annulé, à Guy de Thouars, seigneur français. Une alliance précieuse, et âprement disputée entre l'Angleterre et la France.

Une autre Constance était la femme d'Alain III de Rohan, qui fonda en 1184 l'abbaye de Bon-Repos.

Prénom répandu il y a un siècle, et revenu en faveur depuis vingt ans, cinq cents par an environ.

## Conval, Conveld

**Masculin**

Voir Gonval.

## Convoion, Convoyon, Conwoïon

**Masculin**

Voir Konvoion.

## Coralie, Coraline, Coralise

**Féminin**

Voir Corentin.

## Corbase

**Masculin** **Fête le 19 Mars.**

Saint Gouesnou mourut dans l'église de Quimperlé, d'une pierre qu'un maître maçon lui avait jetée, ou peut-être du marteau de ce même maçon : alors que Gouesnou visitait l'église de Quimperlé en construction, il loua fort l'architecture de sa propre église, dans le monastère aujourd'hui appelé Gouesnou, ce qui rendit furieux l'architecte qui travaillait en haut du bâtiment. Il laissa tomber son marteau sur le saint, qui en mourut bientôt. Le religieux qui faisait

construire cette nouvelle église, et la fit visiter à Gouesnou, s'appelait Corbase. L'histoire lui a pardonné en le sanctifiant.
Mais le prénom ne semble pas être porté.

## Corentin

**Masculin** **Fête le 12 Décembre.**

On oublie trop souvent le vrai nom de la belle ville de Quimper : Quimper-Corentin, en breton Kemper-Kaourintin. Corentin est l'un des sept saints fondateurs de la Bretagne : son monastère s'est développé jusqu'à entraîner la création de cette cité. Corentin aurait été nommé évêque par le roi Grallon, qui avait été frappé par son miracle quotidien lorsque le saint habitait dans la forêt sacrée de Névez : Corentin vivait alors près d'une fontaine où il pêchait chaque jour le même poisson. Il en coupait une tranche, et rejetait à l'eau le poisson qui se régénérait. Grallon le nomma (car à l'époque les évêques bretons dépendaient du pouvoir temporel) évêque de Quimper. On conserve un bras du saint dans cette cathédrale, qui présente la particularité d'être de plan coudé.
Corentin est le patron de Quimper, bien sûr, mais aussi du Vieux Bourg et de Saint-Connan (Côtes-d'Armor). Il est honoré dans des chapelles à Briec, Plomodiern où il serait né, Le Trévoux (Finistère), enfin à l'île de Sein : dans la chapelle qui lui est dédiée, il est représenté en évêque, portant sa crosse qui est orientable. Selon la position de la crosse des évêques statufiés, on sait s'ils sont « dans leur diocèse » ou non. Mais ici, la crosse est orientée par les marins sur le départ, pour bénéficier de vents favorables.
Corentin fait bien sûr partie des saints choisis par l'évêché de Quimper pour figurer dans sa chapelle du monument *Breiz d'ha bugale* à Sainte-Anne-d'Auray.
Corentin vient du celtique *korventeen* : ouragan.
La forme bretonne de ce prénom régulièrement donné (l'état civil pouvait difficilement rejeter le patron de Quimper), et fréquent depuis vingt ans est Kaourintin, Kaourantin, qui est aussi donné au féminin. Diminutif Kaourant, Kaour, cité par Anatole Le Braz, Tin. Nous avons aussi relevé parmi les élèves de Diwan un petit Kawrantin et quelques Kaou, qui en est le diminutif.
Féminins : Kaourintina, Kaourantina, Kaoura, Tina, Tinaig qui est « le diminutif d'un diminutif ».

Il existe de nombreux prénoms dérivés de forme française : Corentin, et au féminin Corentine, Coralie, Coraline, Coralise. Citons le novelliste Korantin Riou.

## Cornély

**Masculin** **Fête le 16 Septembre.**

La vie de saint Cornély est relatée sur les lambris de l'église de Carnac. Il s'agit de Corneille, qui fut brièvement pape en 251. Il aurait été martyrisé en 253. Mais on dit aussi qu'il réussit à s'enfuir de Rome, poursuivi par des soldats. Arrivé près de Carnac, il avait encore la troupe sur ses talons. Alors il se retourna, leva la main en prononçant une malédiction… et voilà l'origine des alignements de Carnac.

Cornély est aussi, son nom l'y destinait, patron des bêtes à cornes. Le pardon de La Chapelle-des-Marais, en Brière, qui a lieu en septembre, lui est consacré. On y fait défiler des bœufs par paires, qui sont bénis par le recteur. Cornély est aussi honoré à Pluméliau (Morbihan).

Le pape Corneille a bien existé. Le reste est un peu trop beau pour être vrai. *Karn* est le mot breton pour corne, *karreg* veut dire rocher, et Cornély veille sur Carnac – mais Corneille aussi ! Notons encore que Cornély ressemble étrangement au dieu cornu Cernunnos honoré par les Celtes. Enfin, on a trouvé dans un tumulus à Carnac des restes humains et bovins datant de six millénaires. Dieu reconnaîtra les saints !

Dérivés bretons : Cornoli, Korneli. Apparemment aucun n'est porté.

## Coulaouen

**Masculin**

Un saint obscur, comme on en rencontre beaucoup en Bretagne. On le rapproche de saint Cadoan, Caduan. Vous lirez dans l'œuvre d'Anatole Le Braz le récit de la vie de ce pauvre saint, pourtant très ancien, puisqu'il précéda saint Jaoua, le neveu de saint Pol. Sa chapelle en Brasparts est en ruines, et il tourne encore autour en attendant que quelqu'un la lui reconstruise.

## Couleth

**Masculin** **Fête le 10 Décembre.**

Ce saint irlandais du VI^e^ siècle est le patron de Saint-Coulitz dans le Finistère. On le rapproche de saint Conleth, Konlez, évêque de Kildarre en Irlande.

Couleth : aussi Couletz, Coulitz, et Kouled, Kouli, Koulizh.

# Coulm

**Masculin**
Voir Colomban.

# Coulma

**Féminin**
Voir Colomban.

# Coulomb

**Masculin**
Voir Colomban.

# Coupaïa

**Féminin**
Voir Koupaia.

# Cristoc'h

**Masculin** **Fête le 25 Juillet.**
C'est une forme bretonne pour Christophe, citée au XVIIIe siècle.

# Cunwal

**Masculin**
Voir Gonval.

# Cyr

**Masculin** **Fête le 16 Juin.**
C'est un enfant martyr, arrêté avec sa mère sainte Julitte sous Dioclétien. On jeta Cyr contre un mur et sa mère eut la tête tranchée. Saint Cyr et sainte Julitte sont souvent associés dans la statuaire bretonne. Il a une église à Ambon (Morbihan). Et une belle fontaine à Remungol (Morbihan), où il aide les autres petits enfants.
Enfin, il est bien connu des élèves officiers de la forêt de Paimpont. Le prénom est en régression depuis un siècle.

## D COMME DIWAN, DIV YEH ET DIHUN

Diwan (le germe, en breton) est une école, ou plutôt un groupement d'écoles, fondé en 1977 avec l'objectif de donner aux enfants un enseignement en langue bretonne, et d'essayer ainsi de sauver cette langue ancienne que la France a tenté de supprimer au début de ce siècle avec un acharnement qui semble incompréhensible, et des méthodes que l'on doit bien qualifier de totalitaires. Auparavant deux maigres tentatives avaient été faites pour enseigner à quelques enfants en langue bretonne : à Plestin en 1942, puis à Plouézec en 1957. En 1977 ouvre la première école maternelle Diwan à Ploudalmézeau, avec le principe d'immersion dans la langue bretonne à l'école. En 1980 c'est la première école primaire, en 1988 le premier collège, en 1994 le premier lycée, en 2004 la première maternelle à Paris. Avec ferveur, les enseignants et les parents ont développé cette école dans des conditions difficiles, frôlant souvent la faillite. L'effectif des élèves dépasse en 2008 le chiffre de 3 000, avec des résultats au bac impressionnants. Parallèlement se développent deux autres filières : Div Yeh dans l'enseignement public, une association de parents d'élèves fondée en 1979, et dont les premières classes ont ouvert en 1983. L'enseignement est donné en français et en breton. En 2009, ces classes scolarisent 5 400 enfants. Dans l'enseignement privé catholique, Dihun Breizh agit sur le même modèle depuis 1990 et compte 4 400 élèves en 2009. De quelques dizaines en 1977, on arrive donc en 2009 à 13 000 élèves qui reçoivent un enseignement totalement ou partiellement en breton, et qui parlent aussi un bon français ! Les vertus du bilinguisme sont une évidence à peu près partout dans le monde, et il est malheureux qu'une tradition jacobine et centralisatrice ait tant privé la France des trésors de ses langues régionales, et accessoirement des retombées économiques de leur usage. Il faut espérer qu'il n'est pas trop tard.

Pour la première édition de cet ouvrage parue en 1999, nous avions relevé les prénoms bretons des enfants Diwan, *a priori* les plus concernés par le soutien de la culture bretonne. Depuis les choses ont changé, et les prénoms bretons sont largement répandus. Nous gardons cependant cette liste à titre de souvenir. Voici donc les prénoms bretons les plus fréquents des enfants Diwan en 1995 :

Prénoms de garçons :

Axel, Brendan, Brieg, Corentin, Dewi, Divi, Efflam, Edern, Envel, Erwan, Ewan, Ewen, Gireg, Glen, Goulc'hen, Goulven, Gurvan, Gweltas, Gwengal, Gwenole, Hoel, Ildut, Ivi, Iwan, Kaou, Kenan, Klet, Konogan, Loeiz, Lomig, Mael, Malo, Mélaine, Meriadeg, Meven, Mikael, Riwall, Ronan, Tangi, Tual, Tudi, Tugdual, Yann, Yoann, Yoran, Youenn.

Prénoms de filles :

Anjela, Anna, Aourell, Awena, Bleuenn, Bleunienn, Elen, Enora, Erell, Fiona, Gael, Gwenn, Gwenola, Katell, Klervi, Lena, Lenaig, Liza, Madalen, Maela, Maëla, Maï, Maïlis, Maïna, Maina, Maïwenn, Maiwenn, Mari, Marivon, Mona, Morgan, Morwenna, Naig, Nolwenn, Riwana, Riwanon, Rozenn, Soazig, Solenn, Sterenn, Tifenn, Trifin, Yuna, Youna.

Autres prénoms portés en 1995 par des garçons :

Alan, Alan-Gwenn, Aodren, Aourell, Armel, Awen, Benead, Bernez, Brendan, Brewal, Brewalan, Brewen, Dergat, Dominig, Eliaz, Elouan, Eneour, Erle, Ewan, Fanch, Fanchig, Fulup, Gael, Gaëlig, Glenn, Goulwen, Guilhom, Gunevel, Gwenael, Gwenc'hlan, Gwenhael, Hélaury, Herle, Iannis, Ildud, Joran, Jord, Jorj, Juluan, Kaourintin, Kawrantin, Konstantin, Lizig, Lug, Maël, Maodan, Maodez, Matéo, Maven, Melen, Mériadec, Merlin, Milig, Modez,

Morvan, Neven, Nolig, Olwenn, Owen, Paol, Paolig, Per, Peran, Perig, Preden, Renan, Riwan, Semyon, Sezni, Soig, Stefan, Téo, Thelo, Tieri, Tomaz, Tremeur, Tudual, Tudwal, Trestan, Vark, Yannig, Yoan, Yohann, Youen.
Autres prénoms portés en 1995 par des filles :
Ana, Anaelle, Annaig, Ael, Aëla, Aela, Alwenna, Alwena, Anjelina, Annwenn, Armel, Arzhela, Audran, Aziliz, Anna-Vari, Beatris, Brewalenn, Channig, Dahud, Denez, Dunvael, Elena, Eliza, Envela, Errel, Gaela, Gaêlle, Gaïdig, Giulia, Goulvena, Gwen, Gwenan, Gwenna, Gwennaïg, Gwennaig, Gwenva, Hervelina, Irena, Ivona, Koulm, Koulma, Koupaia, Kristen, Kristina, Levenez, Lisa, Liz, Lizig, Loeiza, Loïca, Luca, Luzmila, Maeldan, Maëlenn, Maelwenn, Maïa, Maria, Mariam, Marianig, Marianna, Marijo, Marivonig, Marwine, Metig, Mevena, Mekela, Monna, Moran, Morgane, Morvana, Nina, Ninog, Nonna, Saig, Soizic, Solen, Solena, Uriell, Vefa, Venaig, Yeuna, Yvanna.
On connaît le dicton : « Pour être bien partout, il faut être de quelque part. »
Nos enfants bretons, fiers de leur vieille nation, seront de bons européens et de bons citoyens du monde. Beaucoup portent un prénom breton en bannière ; et le prénom accompagne chaque personne durant sa vie, et signale son appartenance à une culture.

## Dahud

**Féminin**

Dahud, Dahut, est l'autre nom donné à Ahès (voir ce prénom), la fille du roi Grallon qui précipita la cité d'Is dans l'océan. Dahud (vraisemblablement de *da* : bon, et *hud* : magie) est un prénom rare, mais porté actuellement. Le peuple breton, qui n'est pas rancunier, lui a donné une fête, le 6 août.
Voici maintenant une curiosité sur laquelle nous n'avons pu obtenir de renseignements précis : l'abbé de Rostrenen, vers 1730, cite la paroisse de Pol-David, près de Quimper, comme étant à l'origine Pol-Dahuth, la mare de Dahut, laquelle serait morte en ce lieu.

## Dalerc'ha

**Féminin** Voir Darérea.

# Dalgon

**Masculin**
Voir Algon.

# Dan

**Masculin**
Diminutif breton pour Daniel. Fête le 11 Décembre.
Voir aussi Deniel.

# Darérea

**Féminin** **Fête le 22 Mars.**

Cette jeune sœur de saint Patrick, patron de l'Irlande, fille de roi, fit un beau mariage puisqu'elle épousa Conan Mériadec, premier roi de Bretagne, auquel elle donna vingt-quatre fils qui devinrent presque tous des saints. Aussi Dalerc'ha.

Les travaux récents des historiens ont à peu près ruiné toute l'histoire de Conan Mériadec. Restent des prénoms à la croisée de l'histoire et de la légende, mais celui-ci semble encore inusité.

# David

**Masculin**
Voir Dewi.

# Deï

**Masculin** Voir Dewi.

# Démet

**Masculin**

Nous n'avions connaissance de ce saint que par le nom de Plozevet. Le recteur de cette paroisse du pays bigouden (célèbre pour avoir été il y a trente ans le cadre d'une volumineuse enquête sociologique) a bien voulu nous éclairer :

« Saint Démet a sûrement existé.

La paroisse de Plozévet a pour éponyme saint Démet = *plo Démet*. Le nom de ce vieux saint breton revêt une double forme : Démet et Dévet ou Tévet.

On trouve la première au IX^e siècle dans le cartulaire de Landévennec : *in vicario Demett*, et encore en 1468, puis dans la prononciation de *chapel Sant-Demet*, à Plozévet.

La seconde se réalise à Esquibien : *chapel Sant-Tévètt*, à Guissémy, dans le nom d'un village : Landévet, et encore à Plozévet dans le hameau de Keristévèt = *Kerilis-Tévèt* (proche de l'église de Démet).
Notre vieux saint breton est honoré au pays de Galles, en la paroisse de Saint Dyved, dans le Pembrokeshire.
A part des statues, il n'y a aucune trace de saint Démet. »
Pour notre part, nous avons trouvé une centaine de Démet âgés de dix à trente ans… mais il s'agit de filles.

## Denez

**Masculin** **Fête le 9 Octobre.**

C'est la forme bretonne correspondant au français Denis, qui vient du grec Dionysos, le dieu de la vigne et de la belle vie. Saint Denez est puissant : chaque jour et chaque nuit, il a le pouvoir de délivrer une âme du purgatoire – notion que l'Eglise doit aux Celtes – pour la conduire au paradis. C'est donc le saint des morts, auquel on offre du blé noir.
Ce prénom est actuellement illustré par le chanteur de *gwerzoù* Denez Prigent.
Assez rare, il connaît une certaine montée depuis dix ans. Féminin porté : Deneza. On trouve aussi l'orthographe Dénès.

## Deniel

**Masculin** **Fête le 11 Décembre.**

C'est la forme bretonne pour Daniel. Vivant sans doute au VI^e^ siècle, il a donné son nom à Pleudaniel, Trédaniel (Côtes-d'Armor), Ploudaniel (Finistère).
Deniel : de l'hébreu (*dan* : juge, et *El* : dieu). Aussi Denoel. Féminin Denielez.

## Denig

**Masculin**

Voir Maden.

## Denoal

**Masculin**

Voir Denoual.

## Denoel

**Masculin**

Voir Deniel.

## Denoual

**Masculin** **Fête le 24 Décembre.**

Saint-Denoual, près de Lamballe, tiendrait son nom d'un saint gallois venu en Armorique. Aussi Denoal, mais aucune des formes ne semble portée. Ce prénom vient du vieux breton *dumuual* (gaulois *dumno* : monde, et vieux breton *uual* : valeur).

## Derhen

**Masculin** **Fête le 7 Février.**

Saint Derhen est surtout connu pour avoir été le compagnon, ou le frère, de saint Neventer. Il aurait accompli un pèlerinage en Terre sainte au VIe siècle. En tout cas, sa présence en Bretagne est attestée : il débarrassa la terre d'Elorn d'un dragon ; il a laissé son nom à Saint-Derrien (Finistère). Il est aussi le saint patron de Commana (Finistère). La Roche-Derrien (Côtes-d'Armor) aurait été construite au XIe siècle par un seigneur du même nom.

Derhen, plus connu sous la forme française Derrien, est porté par une cinquantaine d'enfants nés autour de l'an 2000.

## Deroc'h

**Masculin**

Il serait au VIe siècle le fils de Riwal, et à sa suite roi de Domnonée. Mais la Domnonée armoricaine – vaste territoire qui englobait le Léon, le Trégor et le Penthièvre – est décalquée du royaume de Domnonée insulaire, ce qui complique les attributions.

Deroc'h, aussi Derog, était un cousin de saint Tudal.

Ce prénom semble ne pas être porté.

## Derrien

**Masculin**

Voir Derhen.

## Dévet

**Masculin**

Voir Démet.

## Devi

**Masculin**

Voir Dewi.

## Dewi

**Masculin** **Fête le 1er Mars.**

C'est la forme bretonne pour l'hébreu David. Saint Dewi est patron du pays de Galles. Il est venu en Armorique, et l'on dit qu'il y serait né de sainte Nonn, en un lieu aujourd'hui appelé Dirinon (Finistère). Il est l'éponyme de Brandivy (Morbihan), Saint-Divy (Finistère) dont l'église est illustrée des scènes de sa vie. A la fontaine Saint-Divy en Terlgruc-sur-Mer (Finistère), il soulage les maux de reins – mais il faut pour cela s'allonger dans une auge de pierre traversée d'eau bien fraîche !

Dewi (cinq ou six garçons par an depuis trente ans), aussi Devi, Divi, sans doute Deï, peut-être Ivi, ce qui semble une confusion avec saint Ivy. On rencontre aussi la forme Avit.

## Diana

**Féminin** **Fête le 9 Juin.**

C'est la forme bretonne correspondant au français Diane. Diana était la déesse romaine de la chasse et de la forêt.

## Diban

**Masculin**

Voir Diboan.

## Diboan

**Masculin** **Fête le 3 Juillet.**

Littéralement, c'est le « Saint sans douleur ». On l'invoque donc pour se débarrasser de maux divers, et particulièrement de la surdité. Saint Diboan est souvent représenté portant ses mains aux oreilles. Malheureusement, c'est aussi un « tu-pe-du », « d'un côté ou de l'autre » : il abrège le destin : si on lui demande d'agir pour un proche malade, on en a la réponse en rentrant à la maison… bonne ou fatale. Il y a ainsi plusieurs saints avec lesquels on peut jouer à pile ou face. Bonne illustration des rapports particuliers que les Bretons entretiennent avec la mort… Diboan a des statues dans les églises de Kergloff et de Gouézec (Finistère), de Lanrivain (Côtes-d'Armor), et une chapelle en Plévin (Côtes-d'Armor). Et aussi à Leuhan (Finistère)

Dérivé : Diban. Aucun des deux ne semble être porté. D'après Anatole Le Braz, on l'appelle aussi Abibon. Et Grégoire de Rostrenen, au XVIIIe siècle, donne Abibon comme traduction française de Diboan. Mais Abibon est un docteur de la Bible. On sait que souvent les saints bretons ont été remplacés par d'autres personnages plus illustres ou mieux considérés en cour romaine. Est-ce une revanche ? Toujours est-il que saint Abibon partage avec Nicodème et Gamaliel les trois fontaines de la très belle chapelle Saint-Nicodème en Pluméliau (Morbihan). Ils y protègent les troupeaux.

## Dider

**Masculin** **Fête le 18 Septembre.**

C'est la forme bretonne pour Didier (du latin *desiderius* : désir). Saint Didier fut évêque de Rennes au VIIe siècle, et renommé pour faire parler les jeunes enfants.

Saint-Didier (Ille-et-Vilaine) est un centre de pèlerinage. Aussi éponyme de Plouider (Finistère).

## Didier

**Masculin** Voir Dider.

## Dilek

**Masculin** Voir Kireg.

## Dinan

**Masculin** **Fête le 21 Février.**

Une fois n'est pas coutume en Bretagne : saint Dinan était un pirate viking. Converti au catholicisme, il fonda au IXe siècle un monastère, d'où vient la ville de Dinan. Cette thèse est cependant discutée.

## Divi

**Masculin** Voir Dewi.

## Diwan

**Masculin**

Diwan, c'est le germe, et le nom de cette école qui depuis1977 tient le pari de faire survivre la langue bretonne. Car on en est là.

Logiquement, ce nom est devenu un prénom. Pas très répandu certes, mais qui concerne une centaine d'enfants depuis dix ans.

## Doetval

**Masculin** **Fête le 22 Janvier.**

Serait un des nombreux frères de saint Judikael, donc saint lui aussi, qui aurait voyagé avec son autre frère saint Judoc. Voir l'article consacré à Hoel, sur cette fratrie unique : vingt-deux enfants dont une vingtaine sont saints. Qu'avaient fait les autres pour être exclus de la canonisation collective ? L'Histoire ne le dit pas. A vrai dire, elle ne nous dit pas grand-chose sur cette famille régnante de Domnonée, qui allait du Léon à l'embouchure de la Rance. Plus puissant royaume de Bretagne, la Domnonée fut aussi le premier à disparaître.

Doctval : du vieux breton *doeth* : sage, et *uual* : valeur. Aussi Dozhwal, Doezwal, Doezval.

## Dogmael

**Masculin** **Fête le 14 Juin.**

Ce saint gallois du VI^e^ siècle est honoré à Pommerit-Jaudy et Rospez (Côtes-d'Armor).

Dogmael. Emploie *mael* : prince. Aussi Dogmeel, féminin Dogmaela. Saint Toll serait la même personne.

Ce prénom semble inusité.

## Dominig

**Masculin et féminin.** **Fête le 8 Août.**

Forme bretonne usitée pour Dominique, venant du latin *dominicus* : consacré au seigneur.

Saint Dominique est cité comme évêque de Vannes au VIe siècle, et premier successeur sur ce trône de saint Patern. On le fête le 7 Janvier.

## Donan

**Masculin** **Fête le 14 Avril.**

Saint Donan fut un disciple de saint Brieg, dit aussi Brieuc. Il est patron de Saint-Donan (Côtes-d'Armor) et Esquibien (Finistère). On connaît aussi un saint Donan, prêtre en Ecosse massacré pendant la messe par des barbares.

Donan vient sans doute de *da* : bon, et *nin* : hauteur. Aussi Tonan.

Ce prénom ne semble pas être porté.

## Donatien

**Masculin** **Fête le 24 Mai.**

Saint nantais, martyr au IIIe siècle en compagnie de son frère Rogatien. On les appelle les Enfants Nantais, et leur tombeau est dans l'église Saint-Donatien de Nantes. Deux croix rappellent leur martyre dans la rue Dufour, à Nantes.

L'évêché de Nantes a honoré Donatien en le faisant figurer dans sa chapelle du monument *Breiz d'ha bugale*, « La Bretagne à ses enfants », qui commémore à Sainte-Anne-d'Auray les pertes en hommes de la Grande Guerre.

Donatien vient du latin *donatio* : don. Féminin : Donatienne. Ce prénom a toujours été porté ; il n'est pas l'apanage de Nantes, mais y est très bien représenté. On trouve aussi sa forme bretonne Donasian.

Citons l'ethnologue Donatien Laurent, par qui s'est close une bataille d'un siècle et demi : en retrouvant dans un grenier les carnets de collectage de Théodore Hersart de La Villemarqué, il a établi l'authenticité des sources du *Barzaz Breiz*.

## Dozhwal

**Masculin**

Voir Doetval.

## Drenan

**Masculin**

Voir Drien.

## Drien

**Masculin** **Fête le 8 Septembre.**

C'est la forme bretonne pour saint Adrien, attestée par Luzel et Anatole Le Braz. Il guérit les maux d'estomac. A sa chapelle près de Baud, on se frotte pour cela le ventre contre un « lech » près d'une fontaine dont on boit l'eau bienfaisante. Aussi Drîn anciennement. La chapelle de Saint-Drenan, en Plougastel-Daoulas (Finistère), est devenue Saint-Adrien. Faut-il y voir l'existence d'un ancien saint Drenan, ou plus probablement une francisation du nom ?

Drien est aussi confondu avec saint Rien, qui est aussi saint Rion.

Ce prénom semble inusité.

# Dunvel, Dunvael

**Féminin**

Voir Tunvel.

# Dylan

**Masculin**

« Ce prénom n'est pas particulièrement breton, nous écrit Virginie, mais il vient de la mythologie celte, où Dylan eil Mor est, d'après mes souvenirs, un demi-dieu, et surnommé donc « le fils de la mer ». » Dont acte, Virginie. Nous citons Dylan, un prénom que l'on retrouve parfois en Bretagne, outre sa qualité de patronyme illustre !
Il apparaît vers 1980, connaît un pic de sept mille enfants vers 1990, et régresse depuis.

## E COMME EGLISES

Au palmarès des monuments religieux d'Europe, la Bretagne l'emporte haut la main. Par la quantité… et sans doute par la sincérité. Les cathédrales bretonnes ne sont pas les plus imposantes – on les qualifie souvent de provinciales –, mais les églises, les chapelles, les calvaires sans nombre gardent le souvenir des huit cents saints dont nous n'avons relevé qu'un petit nombre. Le plus étonnant est sans doute de découvrir des monuments de grande richesse et de grande taille dans de tout petits hameaux. Ils nous rappellent que les Bretons sont de grands marcheurs, et que ces lieux de prière ou de pèlerinage étaient aussi les organisateurs de la vie marchande.

# Edern

**Masculin** **Fête le 30 Août.**

Saint Edern, clerc irlandais, est toujours représenté accompagné de son cerf familier. Il vint en Bretagne armorique au IXe siècle, et fonda son ermitage en un lieu devenu Lannedern (Finistère). Il y vécut une vie pieuse et ascétique, avec pour compagnie sa vache miraculeuse : là où elle avait brouté l'herbe, poussait le meilleur blé. Un jour, un cerf poursuivi par des chasseurs vint trouver refuge dans son ermitage, et ne le quitta plus. C'est monté sur ce cerf qu'il fixa les limites, qui sont étendues, de la paroisse de Lannedern. Edern est saint patron d'Edern, Plouédern (Finistère). Il guérit les affections des yeux. Il serait le frère de sainte Gwenn et le fils de Nuz, un héros gallois et pas très catholique. Le nom d'Edern se rapporte à la saga des saints bretons, mais aussi au cycle arthurien.

Ce prénom a été – avec éclat – illustré par l'écrivain Jean-Edern Hallier, originaire de la commune d'Edern.

Edern vient de Eterni. On peut le rapprocher d'un mot gallois ancien signifiant « très grand ».

Edernez est un féminin employé. Comme Edern (une douzaine d'enfants par an depuis trente ans), nous l'avons trouvé chez des enfants de l'école Diwan.

# Ediltrude

**Féminin** **Fête le 23 Juin.**

Sainte Ediltrude est connue dans le Léon sous le nom de Ventroc, Gwentroc. Elle y est patronne de Tréflez. L'eau de sa chapelle soigne les rhumatisants.

Ce curieux prénom n'est pas porté.

# Eenn

**Masculin**

Voir Yves.

# Efflam

**Masculin** **Fête le 6 Novembre.**

« Efflam nous plaisait beaucoup par sa force, sa consonance, son côté “chevalier combattant un dragon” » (Virginie).

La vie d'Efflam est bien caractéristique des saints bretons du début de l'évangélisation : des « fous de Dieu », ermites mais non pas misogynes. Efflam, fils d'un roi d'Irlande en Hibernie, était d'ailleurs marié, à Enora, fille d'un roi saxon. C'est du moins ce que rapporte la tradition, et c'est étonnant, car les Saxons qui s'étaient emparés de l'Angleterre n'ont jamais pu envahir l'Irlande (d'autres sources font d'Efflam un Anglais, ce qui serait plus logique, ou mieux encore, d'Enora une princesse galloise. Dans le *Barzaz Breiz*, elle est irlandaise). Mais le mariage est sûr. Ce mariage ne fut jamais consommé, car Efflam et Enora décidèrent de se consacrer à Dieu. Dès le lendemain, il s'embarqua pour l'Armorique où il s'établit sur une grève, devenue aujourd'hui Plestin-les-Grèves, dans le Trégor. Enora le rejoignit quelque temps après et construisit son ermitage près de celui d'Efflam. Le monachisme celte accepte tout à fait la cohabitation des sexes.
Efflam débarrassa la contrée d'un dragon en lui ordonnant de se jeter dans la mer. Il aurait à cette occasion rencontré le roi Arthur, en lutte contre cet animal. On lui attribue bien d'autres hauts faits. En plus, il console les maris jaloux. Et il exerce une autre fonction moins connue à sa chapelle de Plestin : détective ! Si vous avez été volé, jetez dans l'eau de cette fontaine de petits bouts de pain en donnant à chacun le nom d'un de vos suspects ; le premier qui tombe au fond de l'eau, c'est lui !
Efflam mourut en 512. Il est patron de Plestin-les-Grèves (Côtes-d'Armor) où son gisant est habillé en roi, Kervignac (Morbihan).
Efflam, Efflamm, vient du celtique *elf* : étincelle. Le prénom est porté de nos jours, une quinzaine d'attributions par an depuis vingt ans. Féminin Efflamez. Anatole Le Braz cite Efflamina, et Efflamine qui est une terminaison française.

## Egarec

**Masculin** **Fête le 14 Mars.**

Saint Egarec, aussi Hegareg, est honoré dans une chapelle du Finistère qui porte son nom. On l'invoque pour la guérison de la surdité. Le prénom est porté actuellement.

## Egat

**Masculin** **Fête le 20 Septembre.**

On n'a que peu de renseignements sur ce saint, qui a laissé son nom à la paroisse de Saint-Egat, mais aussi à Plouagat (Côtes-d'Armor)

Plouégat-Guerand et Plouégat-Moysan (Finistère). Et qu'on appelle aussi, semble-t-il, saint Agapet.
Il semble que personne ne perpétue son nom.

## Eginer

**Masculin** **Fête le 14 Décembre.**

C'est le fils d'un roi d'Irlande, converti par saint Patrick, qui au Ve siècle refusa de reprendre la couronne et vint évangéliser la Bretagne. Il semble être retourné en Bretagne insulaire, où il périt décapité avec un grand nombre d'autres prêtres ; mais son corps aurait été rapporté en Armorique.
Entre-temps, il s'installa dans le Vannetais. Il est patron de Pluvigner (Morbihan) sous le nom de Guigner. Une chapelle lui est dédiée dans la cathédrale de Vannes. Il est l'éponyme de Loc-Eguinec et Loc-Eguiner-Saint-Thégonnec (Finistère).
Eginer : connu en Irlande sous le nom de Fingar (en irlandais *fin* : blanc, et *car* : ami), fêté le 8 décembre. Forme bretonne : Eginer. Féminin Egina. Eguiner est une graphie francisée. Aussi Guigner. Voir aussi Venier. Citons Eguiner Baron, juriste breton au XVIe siècle.
Ce prénom ne semble plus être porté.

## Egoneg

**Masculin** Voir Tegoneg.

## Egreas

Un fils de Conan Mériadec, sanctifié par l'Eglise, après avoir vécu en ermite. Comme tous les saints inconnus ou trop modestes, on le fête le 31 décembre.
Et, semble-t-il, personne ne porte son nom.

## Ehoarn

**Masculin** Voir Ehouarn.

## Ehouarn

**Masculin** **Fête le 11 Février.**

Saint Ehouarn est un moine de l'abbaye Saint-Gildas-de-Rhuys, qui fut massacré par des bandits. Ce prénom vient du vieux breton Euhoiarn : *eu* : bon, et *houarn* : fer. Aussi Ehoarn, Eoarn.
Une petite dizaine d'enfants par an depuis 2000.

## Elar

**Masculin**

Voir Alar.

## Elen

**Masculin**

Saint Elen, Helen, gallois du VIe siècle, est le patron de Saint-Hélen (Côtes-d'Armor), honoré aussi à Lanhélin (Ille-et-Vilaine). Aussi Hélin, Hélen francisé.

## Elen

**Féminin** **Fête le 18 Août.**

Sainte Hélène, mère de l'empereur Constantin, est honorée en Bretagne. La forme bretonne Elen a donné Elena, et les diminutifs Lena, Lenaig.

Hélène vient du grec *hele* : soleil. Ce prénom n'est pas rare. Citons Lena Louarn, directrice de la revue en langue bretonne Breman.

## Eleobane

**Féminin**

Voir Elibouban.

## Eler

**Masculin**

Voir Alar.

## Eleran

**Masculin**

Voir Tenenan.

## Elfen

**Masculin**

Voir Elouan.

## Eliaz

**Masculin** **Fête le 16 Février.**

C'est la forme bretonne correspondant au français Elie (fête le 20 juillet), qui vient de l'hébreu (*El-Yah* : seigneur). C'est un prénom ancien qui fut très en vogue, et est aussi devenu un patronyme, illustré par l'écrivain Per-Jakez Hélias. Il est toujours régulièrement donné, surtout depuis dix ans. Aussi Eliez.

## Elibouban

**Féminin** **Fête le 28 Octobre.**

Sainte Elibouban est la mère de saint Goneri, qui depuis quatorze siècles lui rend visite chaque printemps, sur l'île de Loaven où elle est enterrée. Chapelle près de Tréguier. Elle est la protectrice du premier âge. En avril 1839 encore, un enfant qui n'avait jamais pu marcher, porté par sa mère, quitta son tombeau sur ses pieds.
Ce prénom est à rapprocher de Elisabeth. Aussi Libouban. La forme francisée est Eliboubane d'où Eleobane.
Mais il ne semble pas être porté.

## Elier

**Masculin**

Voir Hélier.

## Eliez

**Masculin**

Voir Eliaz.

## Elouan

**Masculin** **Fête le 28 Août.**

Saint Elouan est sans doute un disciple irlandais de saint Tudal, élevé dans l'abbaye de Banchor qui produisit des milliers de moines, passé en Armorique au VIe siècle. Il établit un ermitage dans la forêt qui recouvrait alors une grande part de la Bretagne intérieure, près du Blavet. Le roi Judikael l'appela à sa cour, mais l'ermite n'y resta pas longtemps, préférant la solitude. Son tombeau se trouve dans une chapelle qui lui est consacrée en Saint-Guen (Côtes-d'Armor), avec cette inscription :
« Ici dessous où voyez l'eau
De saint Elouan c'est le tombeau.
Priez Dieu en sa maison,
De vos maux aurez guérison. »
Elouan est particulièrement vénéré dans le sud des Côtes-d'Armor, à la lisière du moderne lac de Guerlédan : à Saint-Gelven, où il porte

le nom de Gelven (en breton Jelven) ; à Laniscat, où il patronne la belle chapelle de Rosquelfen : ici il porterait le nom d'Elven (fête le 4 mars), Elfen ; et aussi à Quelven, où il serait à l'origine de cette « cathédrale », aujourd'hui dédiée à la Vierge, et qui est l'une des plus belles chapelles de Bretagne.
On lui attribue de nombreux miracles, dont celui-ci d'une simplicité domestique : un jour que saint Sezni était venu le visiter, il s'inquiéta, car il avait promis à ses convers de les rejoindre avant la tombée du jour. « Qu'à cela ne tienne », répondit Elouan, qui prolongea le jour jusqu'à ce que l'évêque fût rentré chez lui.
Saint Elouan connut une nouvelle notoriété lors des missions du père Maunoir, au XVIIe siècle.
Elouan, un prénom en vogue depuis 2000 : sans doute de *lou* : lumière. Aussi Elouen, Louan (d'où l'île de Kerlouan), Luan, Luhan, Louen. Mais encore Elvan (une dizaine par an depuis trente ans), Elven (une dizaine par an depuis dix ans), nom d'une commune célèbre par son donjon, le plus haut de France. Et peut-être Lugil, Moluan.

# Eltud

**Masculin**
Voir Ildut.

# Elud

**Masculin**
Voir Ildut.

# Elvan, Elven

**Masculin**
Voir Elouan.

# Emeran

**Masculin** **Fête le 22 septembre.**
Ce Poitevin fut évêque en Bretagne ; ou en Poitou, on ne sait pas trop bien. Le chanoine Garaby n'en a cure, considérant que le Poitou est, historiquement, bien lié à la Bretagne. Emeran finit ses jours à Ratisbonne, où on lui coupa les deux bras et les deux jambes. On l'appelle aussi Emeren.
Une quarantaine d'enfants de moins de dix ans portent ce prénom.

# Emilion

**Masculin** **Fête le 22 Août.**

Emilion patronne la plus riche paroisse de France ! Il serait né à Vannes au VIIe siècle, et aurait été ermite en Bretagne. Il est le patron de Loguivy-Plougras (Côtes-d'Armor). On l'a surnommé *Tad ar bara* : le père du pain, mais c'est son installation en Gironde qui a fait sa gloire. Avec lui, nous préférons le vin d'ici à l'eau de là ! Aussi Milion, Milian. Un prénom rare, mais régulièrement donné depuis dix ans.

# Enémour

**Masculin**

Voir Eneour.

# Eneour

**Masculin** **Fête le 4 Mai.**

Un saint venu de Grande-Bretagne dans une auge en pierre. Cela est légendaire, mais techniquement possible : une barque en granit moderne est exposée à Saint-Jacut-de-La-Mer ; et elle flotte ! Contrairement à ses condisciples qui allaient au plus court, Eneour débarqua en pays bigouden : un menhir de quatre mètres à Plonéour-Lanvern passe pour le mât de son (lourd) esquif. Saint Eneour a aussi baptisé Plounéour-Ménez et Plounéour-Trez (Finistère).
Eneour : du vieux breton Eneuuor (*uuor* : homme), des prénoms correspondants existent en gallois et en brittonique ancien.
Mais Virginie, qui a bien voulu nous parler des prénoms de ses enfants, l'a choisi pour sa musique : « J'ai associé ce prénom aux mots *ene*, âme, et *our* à *aour*, or : une âme d'or. Je ne crois pas que ce soit sa véritable signification étymologique, mais c'est celle que je lui donne. »
On choisit aussi les prénoms pour leur belle sonorité. Voici une variante de Eneour sans doute inconnue et tout à fait charmante : Enémour.

# Ener

**Masculin**

« A Guerlesquin, on invoquait autrefois saint Maudez, saint Ener et saint Thégonnec. Les parents conduisaient leurs bambins à la chapelle de Saint-Ener pour les fortifier parce qu'en breton, *tener* signifie tendre, d'où la tendresse particulière du saint envers les enfants. » Certes... Cette dialectique, que nous avons tirée d'un très fouillé *Guide des pardons et pèlerinages* d'Eléonore Brisbois, on la retrouve souvent dans les vies de saints : le nom du saint lui donne des vertus homonymes, ou parfois, si l'on nous excuse le terme, la fonction crée l'organe, et le besoin de guérison crée le saint adéquat. Car nous sommes ici dans le registre des saints méconnus parmi les huit cents que les Bretons s'attribuent. Qui est saint Ener ? Dieu seul le sait. Nous n'en avons pas trouvé d'autre trace. Le prénom ne semble pas être porté.

## Enogat

**Masculin** **Fête le 13 Janvier.**

Saint Enogat fut évêque d'Alet au VII^e siècle ; et auparavant abbé du monastère de Saint-Méen (Ille-et-Vilaine). Il a laissé son nom à Saint-Enogat, Saint-Enogat-en-Plumaugat (Ille-et-Vilaine). Il est le patron de Dinard.

Enogat vient sans doute de *enor* : honneur, et *cat* : combat. Aussi Enogad.

Une centaine de personnes portent ce prénom, âgées de quatre-vingts ans environ.

## Enora

**Féminin** **Fête le 14 octobre.**

Sainte Enora est la chaste femme de saint Efflamm, venue peu après lui de Grande-Bretagne. Efflam était un « fou de Dieu » de l'époque, mais il dut accepter un mariage pour des raisons politiques. Enora était si belle, qu'à sa vue il s'évanouit. Le mariage fut célébré, mais ne fut jamais consommé :

« Au milieu même de la nuit des noces, comme tout le monde était couché et dormait d'un profond sommeil, il se leva d'auprès d'elle, et sortit de la chambre sans faire de bruit [...] ; et le jour n'était pas levé, qu'il était sur le point d'arriver en Bretagne » (*Barzaz Breiz*).

Enora rejoignit son mari en Bretagne. Elle éleva son ermitage près du sien. Ils moururent à la même heure. Enora est la patronne des nourrices.

On peut voir des statues de sainte Enora à Plestin-les-Grèves et Trézény (Côtes-d'Armor). A Plogastel-Saint-Germain (Finistère), on

honore saint Enored, et c'est peut-être une masculinisation du prénom. L'Eglise l'a, au siècle dernier, fortement assimilée à sainte Honorée.
Enora (de *Enor* : honneur, correspondant au prénom français Honoré). C'est un prénom actuellement porté : il apparaît vers 1980, et culmine à sept cents en 2005, et aussi sous le diminutif Norig.
Aussi anciennement Enory, Henory, correspondant à Honorée. Et masculin Enore, Enorat.
On donne aussi Enor, Enora, comme diminutif de Azenor.

## Envel

**Masculin** **Fête le 11 Décembre.**

Aussi le 3 Décembre. Cette dualité est expliquée ci-dessous.
Saint venu de Galles au VI^e^ siècle. Certaines sources citent deux saints jumeaux prénommés Envel tous deux. Ils auraient construit leur ermitage l'un à *Koat an noz* qui est la forêt de la nuit, l'autre à *Koat an hay*, qui est la forêt du jour. Mais l'iconographie n'en présente en général qu'un seul, patron de Loc Envel près de ces deux forêts. Lequel ? Dieu reconnaîtra le sien. La gémellité a la vie dure : une jeune fille de Belle-Isle-en-Terre (voir Maï), ayant épousé un magnat américain, revint vers 1930 au pays pour y acheter le château de ses rêves de jeune fille et en construire un autre. Selon d'autres sources, Envel serait venu avec sa sœur Jûna. Ils auraient construit leurs ermitages jumeaux, et y vécurent sans jamais se revoir.
Envel vient sans doute du vieux breton *uuin* : blanc, et *mael* : prince.
Féminin : Envela.
Ce prénom est cité par Anatole Le Braz. Il est donné depuis 1990.

## Eoarn

**Masculin**

Voir Ehouarn.

## Eoc

**Masculin**

Un des nombreux frères du saint roi Judikael, et sanctifié comme toute la famille. Voir Hoel.
Ce prénom ne semble pas être porté.

## Eodez

**Féminin** **Fête le 28 Novembre.**

Eodez et Tangi étaient les enfants du seigneur de Trémazan, au VIe siècle. Tangi fut envoyé à la cour du roi des Francs Childebert. Eodez resta. Mais leur mère était morte, et le père s'était remarié à une marâtre qui détestait Eodez. Elle fit informer Tangi de calomnies sur la pureté de sa sœur. Tangi revint de France, et décolla la tête de Eodez. Eodez remit elle-même sa tête sur son corps, pardonna à son frère égaré, et mourut en sainte femme.

Eodez : ce prénom est à rapprocher de sainte Aude au Ve siècle.

Variantes : Heodez. Aoda, Aodez.

Aucun de ces prénoms ne semble être porté.

Variantes et cousinages français : Aude, Eode, Haude.

## Eol

**Masculin**

Eol signifie en breton soleil. C'est un prénom employé. Aussi Heol.

## Eon

**Masculin** **Fête le 19 Mai.**

Ce prénom fréquent aux XIVe et XVe siècles est illustré par un chevalier breton, Eon de l'Etoile. Au XIIe siècle, il vivait en ermite dans la forêt de Paimpont, lorsque Merlin lui apparut et lui annonça la fin du monde prochaine. Eon se mit à prophétiser, attirant autour de lui de nombreux disciples. Il fut finalement jugé, à Reims, et mourut en prison, laissant l'image d'un illuminé un peu naïf.

Nous avons aussi trouvé au XVe siècle le diminutif Eonet. Eon est sans aucun doute une variante de Yves (voir ce nom).

Ce prénom n'est apparemment pas porté.

## Eosen

**Masculin**

Voir Eozenn.

## E'ouann

**Masculin** **Fête le 19 Mai.**

Ce prénom ressemble fort à Ehouarn. Mais il est donné comme équivalent de Yves au XVIIIe siècle. Voir Yves.

# Eozenn

**Masculin** **Fête le 19 Mai.**

Saint authentique, ou variation cousine de saint Yves ?
« Ce saint a été confondu avec saint Yves », dit Gwenole Le Menn. On le fête d'ailleurs le même jour. Il a donné son nom à Saint-Eozen en Rosnoen (Finistère). C'est une forme bretonnisée de Eudes, Eudon, prénom porté en Bretagne (aussi Eudo) dès le XIVe siècle. Aussi Eozen, Euzen. Diminutif Eozennig, Eozennou. Féminin Eozena, Eozenez.
Dans son article cité à la notice « Yves », F. Falc'hun nous donne une liste de prénoms relevés dans des actes du XVIIe siècle : Euzen, Ezen. Eosen, Esoen, Esoan, Esoain, Eusen, Usen.
Ce prénom semble inusité.

# Erell

**Féminin** **Fête le 15 Septembre.**

*Ereell* signifie lien. Un prénom à la mode (de Bretagne) : une dizaine par an en 1980, une soixantaine en 2010. Il était déjà connu au XIIe siècle. Nous le trouvons aussi orthographié Errel.

# Ergat

**Masculin** **Fête le 11 Août.**

Voilà un saint dont la vie est peu connue, mais dont l'action bénéfique s'est prolongée fort tard. Il est le patron de Tréouergat (Finistère), qui conserve divers débris de son crâne. Ergat délivre des rhumatismes, des douleurs, de la langueur des enfants.
Il est aussi le patron d'origine de Pouldergat (Finistère), qui est à l'origine Plou-Tergat.
Ergat : aussi Ergad, Tergat, Wergat.
Mais le prénom semble n'être porté par personne.
Est-il aussi Mergat, Morgat, patron de Plumergat (Morbihan), la paroisse aux trois églises ? Nous ne pouvons l'affirmer. Il pourrait s'agir aussi de saint Morgad (voir ce nom).

# Erik

**Masculin** **(**) Fête le 18 Mai.**

Forme bretonne pour Eric. Aussi Hérik porté actuellement.
Assez courant, surtout dans les années 1960. Citons le chanteur Erik Marchand.

# Erispoé

**Masculin**

Fils de Nevenoé, il devint roi de Bretagne en 851. Dès juillet 851, l'armée de Charles le Chauve revint en Bretagne. Francs et Bretons s'affrontèrent du 21 au 23 août à Beslé, près de Redon. Les Francs étaient épaulés par des Saxons ; mais, comme à Ballon contre Nominé, ils furent écrasés, et Charles le Chauve s'enfuit pendant la nuit. Quelques mois plus tard, il dut reconnaître officiellement le royaume de Bretagne. Erispoé mourut en 857, assassiné par son cousin Salaun.
Voici donc un prénom prestigieux, dont nous n'avons pas trouvé de porteur actuel.

# Erle

**Masculin** **Fête le 9 Août.**

Saint Erle est un martyr ancien de Bretagne. Il est le patron de Ploaré (Finistère), à qui il a donné son nom, bien qu'il en fût chassé par des habitants idolâtres.
Ce prénom peut venir de Elre, de *el* : nombreux, et *re* : liens (?). Aussi Herle, Herlé.
On compte une trentaine de porteurs depuis trente ans, c'est peu.

# Ermel

**Masculin et féminin** Voir Armel.

# Ermengarde

**Féminin** **Fête le 2 Juin.**

Ce prénom a été porté par deux duchesses de Bretagne, toutes deux filles d'un comte d'Anjou : la femme du duc Conan le Tort au X^e^ siècle ; et la femme du duc Alain Fergent, qui dirigea le duché de 1096 à 1101, Alain étant aux croisades. Elle continua à faire de même sous le règne de son fils Conan le Gros. En 1148, c'est elle qui partit à Jérusalem et y resta jusqu'à sa mort.
Sa fête est le 1^er^ juin. Mais on la fête plutôt le 2, car Monsieur Saint Renan l'a poussée d'un jour.
Ce beau prénom semble ne pas être porté.

# Ernoc'h

Comte de Léon, il aurait régné sur la Bretagne au IX^e^ siècle.
Ce prénom semble inusité.

## Errel

**Féminin**

Voir Erell.

## Ervoan, Ervoann

**Masculin**

Voir Erwann.

## Erwann

**Masculin** **Fête le 19 Mai.**

C'est la forme bretonne de Yves. On trouvera à sa place la vie de ce saint important, patron de la Bretagne. Le prénom Erwann est courant, surtout en Bretagne bien sûr, mais aussi ailleurs : il (ré) apparaît vers 1960, et est donné chaque année à près de trois cent enfants.

Aussi Erwin, Ervoan, Ervoann cité par Anatole Le Braz, diminutif Ervoannig, Erwanig d'où abrégé Wanig. Aussi Urvoan.

Féminin Erwana, Erwanez.

Citons le druide Erwann Bertou (1861-1933), les poètes Erwan Picard, Erwann Evenou.

## Esoan, Esoain, Esoen

**Masculin**

Voir Eozenn.

## Estin

**Masculin**

Voir Gestin.

## Ethbin

**Masculin**

Saint Ethbin pourrait être un moine peu connu, fêté le 19 novembre. Mais on donne aussi ce prénom (qui ne semble pas être porté) comme une variante de Iduned. Voir Iduned.

## Eudes, Eudo, Eudon

**Masculin** **Fête le 19 Mai.**

Masculin. Saint Eudes fut abbé de Monastier en Auvergne, au VIIIe siècle. Eudes ou Eon de Penthièvre, fils du duc Geffroy, devint régent à la mort de son frère Alain III, pour son neveu Conan II. Comte du

Penthièvre qu'il avait reçu en apanage de son frère, il est l'ancêtre des ducs de Bretagne depuis le XIIIe siècle.
Eudes de Porhoët était le second mari de Berthe, la fille du duc Conan III, et régent pour le fils de celle-ci, Conan le Petit. Eudes est un prénom rare, mais d'attribution assez constante.
Voir Eozenn.

## Eumaël

**Masculin** **Fête le 21 Janvier.**

Serait un des nombreux frères de saint Judikael, donc saint lui aussi, qui aurait voyagé vers le nord avec son autre frère saint Judoc. A la suite semble-t-il d'anciens ecclésiastiques, le chanoine Garaby l'appelle aussi Quadanoc. Voir Hoël.
Ce prénom semble inusité.

## Euriel, eurielle

**Féminin.**

Voir Urielle.

## Eusen, euzen

**Masculin**

Voir Eozenn.

## Evan

**Masculin**

Voir Ewen.

## Evarzheg

**Masculin** **Fête le 22 Février.**

C'est le patron de Saint-Evarzec, au sud de Quimper. On l'appelle aussi Evarzec, Tevarzeg.
Mais il semble que personne ne porte ce prénom.

## Evémère

**Masculin** **Fête le 28 Mars.**

Donné comme évêque de Nantes au VIe siècle. Est-ce lui qui érigea la première cathédrale ? Aussi Evemer en breton.
Mais aucun des deux ne semble être porté.

## Even

**Masculin**

Voir Ewen.

## Evette

**Féminin**

C'est l'une des onze mille vierges, venues de Grande-Bretagne pour faire des enfants aux guerriers bretons, et entraînées par une tempête en Allemagne où elles périrent en défendant leur honneur. Comme Tunvez, Evette est vénérée en Bretagne, à Audierne, et Landrevet en Esquibien (Finistère), où une statue la représente portant trois couronnes : celle des princesses, celle des martyres, et celle des vierges. Ce prénom ne semble pas être porté.

## Evon

**Masculin** Voir Yves.

## Ewen

**Masculin** **Yves est fêté le 19 Mai, mais saint Ewen le 3 Mai.**

Ewen est l'équivalent breton de Yves (en vieux breton Euuen cité au IXe siècle). On connaît un Ewen abbé du monastère de Saint-Mélaine à Rennes, au XIe siècle. L'importance de saint Yves Héloury en Bretagne est telle qu'il est difficile de faire la part des choses. Qui a donné son nom à Loguéven en Plouhinec, Saint-Even en Plounévez-Porzay, Saint-Even en Plouvorn, Plonéven (Finistère) ?

Dérivés, ou autres dérivés de Yves : Even (fêté le 17 avril), Evon, Ewon, Ewan, Evan, Uwan, Iwen. Ewen, Ewan, sont portés actuellement.

Even est devenu un patronyme. Et aussi Ewen, nom de Patrick Ewen, grand conteur des légendes d'autrefois.

Ce prénom apparaît timidement vers 1980, et connaît une vogue croissante avec plus de cinq cent nouveaux-nés par an actuellement.

## Ezen

**Masculin** Voir Eozenn.

## Ezhvin

**Masculin**

Voir Iduned.

## F COMME FULGENCE

Non, ce n'est pas la RATP qui souhaite la bienvenue aux Bretons qui s'engouffrent dans le métro sitôt sortis du train de Montparnasse ! Mais elle honore ainsi le père du métropolitain : Fulgence Bienvenüe, qui inaugura le 19 juillet 1900 la ligne n° 1 reliant Vincennes à la Porte Maillot. Cet ingénieur né à Uzel en 1852, ami d'études de Foch, devint ingénieur de la ville de Paris, après avoir perdu son bras gauche en construisant une voie ferrée. Il assura l'avant-projet et la construction de la première ligne de métro. Et voilà pourquoi nous sommes accueillis par un Breton à Montparnasse-Bienvenüe !

## Fanch

**Masculin** **Fête le 4 Octobre.**

Voir aussi Fransez. Forme bretonne pour François ou Francis.

Ce prénom est donné comme correspondant de François ; il est très populaire. Et a pour diminutif Fanchig. Si l'on vous parle de feu Fanch'Mitt', sachez qu'il s'agit de François Mitterrand.

Mais il reste plus un prénom d'usage que d'état civil.

Fanch An Uhel était le nom breton du grand collecteur de contes François-Marie Luzel (1821-1895).

Citons aussi l'écrivain Fanch Al Lae (1859-1939), le linguiste Fanch Morvannou, le romancier Fanch Elies (dit Abeozen, fils d'Yves), le journaliste Fanch Broudic.

## Fant, Fanta, Fantaou, Fantig, Fantou

Diminutifs de Franseza, voir ce nom.

## Feliz

**Masculin** **Fête le 9 Mars, et aussi le 7 Juillet.**

Feliz est la forme bretonne du prénom Félix (du latin *felix* : heureux). Saint Félix est un martyr du IIIe siècle ; mais on trouve aussi Félix évêque de Nantes vers 550, trône sur lequel il succède à son père, et meurt de la peste ; c'est lui qui consacra la cathédrale de Nantes, en 567, et on le fête le 7 juillet. Et saint Félix qui refonda l'abbaye de Saint-Gildas-de-Rhuys au XIe siècle, et qu'on fête le 9 mars. Comme bien d'autres édifices ecclésiastiques, cette abbaye avait été abandonnée lors des invasions normandes ; saint Félix avait vécu en ermite à Ouessant, puis à l'abbaye de Fleury. En 1032, il releva l'abbaye de Saint-Gildas, qui fut ensuite occupée jusqu'à la Révolution française.

C'est un prénom peu répandu dans sa forme bretonne. Citons Félix Trochu (1868-1950), fondateur du quotidien *L'Ouest-Eclair*.

## Fiacre

**Masculin** **Fête le 29 Août.**

Ce moine irlandais du VIIe siècle, qui vécut aussi en Ile-de-France, est le saint patron des jardiniers. On le représente souvent avec sa bêche. Il est le saint patron de Saint-Fiacre (Loire-Atlantique), Saint-Fiacre (Côtes-d'Armor), et est honoré dans plusieurs chapelles ; la plus connue est celle de Saint-Fiacre au Faouët (Morbihan). Elle a conservé un magnifique jubé en bois du XVe siècle.

Prénom rare, surtout donné entre 1920 et 1940. La forme bretonne est Fiakr.

Saint Fiacre avait aussi un pèlerinage à sa chapelle de Trévron (Côtes-d'Armor), mais l'Eglise l'a interdit.

## Filberz

**Masculin** **Fête le 20 Août.**

C'est la forme bretonne de Philbert. Saint Philbert fut fondateur et abbé du monastère de Noirmoutier au VIIe siècle. En 836, les moines de Noirmoutier, fuyant les envahisseurs normands, arrivèrent à Déas, sur les bords de l'immense et mouvant lac de Grand-Lieu. Ils apportaient avec eux les reliques de saint Philbert. Mais ils durent s'enfuir de nouveau devant les Normands. Ils ne s'arrêtèrent qu'à Tournus, où les saintes reliques sont aujourd'hui, dans l'abbatiale Saint-Philibert. Le village de Déas prit le nom du défunt voyageur : Saint-Philbert de Grand-Lieu. En 1937, onze cents ans après leur passage à Saint-Philbert-de-Grand-Lieu, quelques reliques du saint y ont été rapportées.
Philbert est le patron de Saint-Philibert en Trégunc (Finistère) ; il a des chapelles à Crozon et Moëlan-sur-Mer (Finistère), au Bono et à Plougoumelen (Morbihan). On l'invoque pour la guérison des enfants.
Philbert, Philibert, a donné en breton Filberz.
Un prénom rare. Philbert, quant à lui, est porté par des hommes nés vers 1920.

## Fingar

**Masculin**

Voir Eginer.

## Fiteven

**Masculin** **Fête le 11 Décembre.**

Saint ermite qui vécut longtemps dans la forêt de Lanouée. Il termina sa vie dans une abbaye où il se signala par de nombreux miracles.
Ce prénom n'est apparemment pas porté.

## Flammen

**Féminin** **Fête le 1er Janvier.**

Prénom usité, aussi Flammig. On peut le rapprocher du latin *Fulgentius* : avec de l'éclat, et de saint Fulgence.

## Fragan

**Masculin** **Fête le 3 Octobre.**

Ce saint est l'auteur d'une sainte famille nombreuse. Venu du pays de Galles au IVe siècle, il serait donc parmi les premiers évangélisateurs

de la Bretagne armorique. On lui doit sans doute l'abbaye de Lochrist. Avec sa femme sainte Gwenn, il a donné naissance aux saints Gwenole, Gwezheneg, Jagu, et à sainte Klervi.
Fragan est le patron de Ploufragan (Côtes-d'Armor), Saint-Frégant (Finistère).
Fragan (origine celtique). Aussi Fregan. Francisé en Fracan, et Frégant en Guisseny (Finistère).
Ce prénom n'est apparemment pas porté.

## Francis

**Masculin**

Voir Fransez, et aussi Fanch.

## François

**Masculin**

Voir Fanch, et aussi Fransez.

## Fransez

**Masculin** **Fête le 4 Octobre.**

Fransez vient du latin *Franciscus* : Franc, des francs. Le prénom correspondant en français est Francis, et par généralisation François (voir aussi Fanch).
Il y a deux moines bretons de ce nom que l'on fête le 1er août ; ils furent massacrés par des huguenots en 1562 près de Châteaubourg (Ille-et-Vilaine).
Comme en France, le prénom François a toujours été très répandu en Bretagne : le duc François Ier régna de 1442 à 1450 ; le duc François II de 1458 à 1488. François III, fils du roi de France François Ier et de Claude, la fille d'Anne de Bretagne, est le dernier duc couronné, en 1532 ; à sa mort en 1536, la couronne de Bretagne fut *de facto* réunie à celle de France.
Fransez : aussi Fransezig diminutif. Semble inusité. Aussi Sez, Sezig. Aussi Soa, Soaig, Soig (citons le guitariste Soig Sibéril).

## Franseza

**Féminin** **Fête le 11 Novembre.**

Franseza vient du latin *Franciscus* : Franc, des francs. Le prénom correspondant en français est Françoise.

Françoise d'Amboise, duchesse de Bretagne comme épouse du duc Pierre II, carmélite, mourut en 1485 et fut béatifiée en 1863. On la fête le 4 novembre.
Franseza : abrégés et diminutifs Seza, Sezaic, Soaz, Soazig, Soez, Soezic (aussi orthographié Soizig, Soizic).
C'est Soizic qui a la faveur des parents, avec deux cents bébés en 1980. Depuis, le prénom régresse.
Aussi Fant, Fanta, Fantig, Fantou, Fantaou… que l'on peut aussi relier au français Fanchon et au francique Frank.

## Fregan, Frégant

**Masculin**

Voir Fragan.

## Friard

**Masculin** **Fête le 2 Août.**

La renommée de saint Friard s'est cantonnée à la paroisse de Besné, en Loire-Atlantique. Il vécut au VIe siècle dans une île de Brière, en compagnie de Secondel. Il poussait l'humilité à un tel point qu'il fit disparaître la trace d'un miracle : il avait planté en terre un bâton sec qui se mit à donner des branches ; comme la population accourait pour voir ce prodige, Friard arracha le bâton et le brûla.
Friard et Secondel sont d'ailleurs voisins dans la mort, car leurs tombeaux se trouvent dans la crypte de l'église de Besné. Mais les tombeaux sont vides. Friard était tout naturellement invoqué contre le paludisme, qui ravageait l'immense marais de Brière. Il ne semble pas que ce prénom soit porté.

## Fulup

**Masculin** **Fête le 3 Mai.**

Fulup est la forme bretonne pour Philippe. Déjà cité par Anatole Le Braz, ce prénom est assez courant aujourd'hui. Diminutif Fulupik, aujourd'hui Fulupig.
*Fulup*, en breton, est aussi un moineau.
Citons le musicien Fulup Ar Balp.

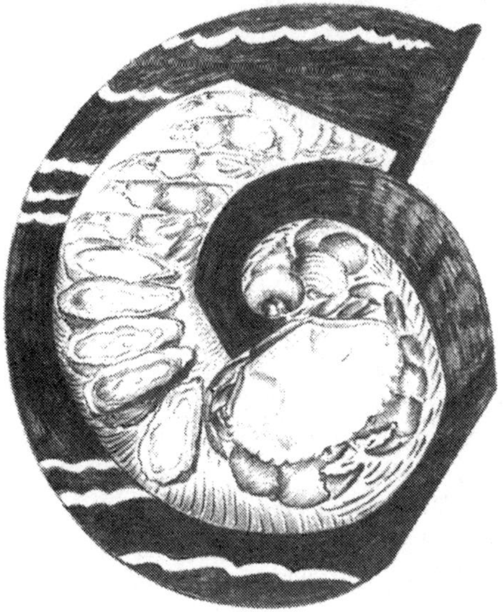

## G COMME GWENED

Le Bro-Gwened, ou Vannetais, est la côte méridionale de la Bretagne armorique. Elle s'épanouit dans les trois cents îles du golfe du Morbihan, et jusqu'à Belle-Isle, Houat et Hœdic. Pays d'ancienne implantation, semé de mégalithes et de tumulus, le Vannetais se fait plus rude sur les landes de l'intérieur des terres.

Il a son parler, le plus exotique de Bretagne, et ses saints propres : Gweltas, Kadou… Lorsqu'on éleva à Sainte-Anne-d'Auray le monument *Breiz d'ha bugale*, « La Bretagne à ses enfants », qui commémore les pertes en hommes de la Grande Guerre, chaque évêché de Bretagne y orna sa chapelle. Celui de Vannes n'y mit pas ses saints. Peut-être était-ce l'embarras du choix ?

## Gabig

**Masculin** **Fête le 29 Septembre.**

Gabig est une forme bretonne correspondant au français Gabriel. Aussi Gab. Ces deux prénoms sont fréquents dans les contes bretons. Mais ce prénom ne semble pas porté actuellement.

## Gael

**Masculin, aussi féminin** **Fête le 17 Décembre.**

Les Gaëls sont un vieux peuple celte, établis en Irlande depuis le Ve siècle avant Jésus-Christ. L'origine du prénom n'est pas très définie : un vieux nom breton, Uudael, a sans doute donné Judael, nom qu'on retrouve mêlé à celui de Judikael. Judikael fut roi de Domnonée et vraisemblablement fils de Judael. Promis au trône de Domnonée, Judikael refusa la couronne et se retira au monastère de Gael. Ledit monastère existait précédemment, fondé par saint Méen au VIe siècle, mais sous quel nom ? Bientôt la paroisse portera le nom de Gael, et l'explication la plus simple est de faire dériver ce nom de Judikael.
Gael : souvent orthographié Gaël, forme francisée. Diminutif Gaelig. Féminin Gael, Gaela, et forme francisée Gaëlle (nous avons aussi trouvé Gaële, Gaëla).
Pour entretenir la confusion, terminons par saint Yann ar Gaël, évêque d'Alet au XIIe siècle : plus qu'un nom de famille improbable à l'époque, il faut voir dans Gaël un surnom qui peut être lié à une origine géographique ; ce qui nous ramène au point de départ de cette notice.
Gaël est un prénom courant depuis 1950, qui culmine à plus de mille personnes en 1960. Mais on ne le trouve pas qu'en Bretagne.

## Gaid, Gaida, Gaidig

**Féminin**

Voir Marc'harid.

## Galet

**Masculin**

Voir Bili.

## Gall

**Masculin** **(**) Fête le 16 Octobre.**

Saint Gall est surtout célèbre pour avoir fondé l'abbaye de Saint-Gall, en Suisse. Mais ce compagnon de saint Colomban laissa des traces de son passage en Armorique. La Sainte Vierge lui ordonna, en l'an 610, de lui construire une chapelle à Querrien (Côtes-d'Armor). Mille ans et plusieurs miracles plus tard, la chapelle fut reconstruite et est depuis le lieu du pèlerinage de Notre-Dame-de-Toute-Aide, que l'on invoque pour les malades, les alcooliques et les drogués :

« Ô Notre-Dame de Toute Aide, je mets tout mon espoir en vous. Jamais vous ne refusez votre secours à ceux qui vous implorent avec confiance. N'avez-vous pas choisi cette colline de Querrien sanctifiée par votre dévot serviteur saint Gall pour lieu de votre apparition glorieuse ? »
L'église de Langast (Côtes-d'Armor) est dédiée à saint Gall. Mais n'allez pas traduire Gall par Gast, c'est un juron très commun en Bretagne.
Gall : du celtique *gal* : bravoure. Aussi Gal, Gallig. Féminin Gallez, d'où diminutif Lezig. Ce prénom rare est donné avec parcimonie depuis trente ans.

## Galonnec

Saint irlandais, disciple de saint Patrick, qui aurait été évêque du Léon, et aurait aussi vécu à Plozévet (Finistère). Aussi Galoueg.
N'est pas porté, à notre connaissance.

## Galoueg

**Masculin**

Voir Galonnec.

## Ganael

**Masculin, aussi féminin**

Voir Gwenael.

## Gaor

**Masculin**

Voir Gewr.

## Gaud

**Masculin** **Fête le 31 Janvier.**

Prénom masculin donné en Bretagne en 1969. Sans doute s'agit-il de saint Gaud, évêque d'Evreux au Ve siècle, dont on a dit qu'il était né en Basse-Bretagne. Aussi Walde.
Existe, mais très rare.

## Gawr

**Masculin**

Voir Gewr.

## Gedouin

**Masculin** **Fête le 19 Février.**

Ce saint est cité comme abbé dans le Léon au VI^e^ siècle. C'était un ami de saint Hervé, et ce dernier lui amena un jour un démon caché sous une apparence humaine. Gedouin le contraignit à se jeter dans la mer.

## Gelduin

**Masculin**

Voir Gilduin.

## Gelven

**Masculin**

Voir Elouan.

## Gelvestr

**Masculin**

Voir Servais.

## Généval

**Masculin**

Voir Gonval.

## Genevé

**Masculin** **Fête le 30 Juillet.**

Evêque de Dol au VIII^e^ siècle après saint Turio. Aussi dit Gennou. Il semble qu'on puisse le traduire par Gunevel, prénom actuellement porté. Mais il ne semble pas exister de Genevé.

## Gennou

**Masculin**

Voir Genevé.

## Genovefa

**Féminin** **Fête le 3 Janvier.**

Cette sainte est souvent citée par Anatole Le Braz, comme sœur de saint Edern. Lorsqu'ils arrivèrent à ce qui est aujourd'hui Lannedern, le frère et la sœur résolurent de se partager le territoire encore désert. Genovefa courait vite, et elle eut tôt fait de se donner un

territoire étendu, cependant que son frère restait bayer dans l'herbe. Mais quand, plus tard, ce fut au tour d'Edern, il monta sur le cerf qu'il avait sauvé d'une chasse, et étendit sa paroisse de Lannedern largement dans celle de Loqueffret, qui appartenait à Genovefa.
Genovefa, aussi Jénovéfa francisé. Et l'abrégé Vefa, francisé Véfa, connu par la femme de lettres Véfa de Bellaing, et l'aventurière Véfa de Saint-Pierre.
Ce prénom vient du germanique : *geno* : race, et *vefa* : femme. Il a connu une certaine vogue vers 1920… puis plus rien. La version française en est Geneviève.

## Geoffroy

**Masculin** **Fête le 8 Novembre.**

C'est un prénom illustré en Bretagne par Geoffroy Ier, fils de Conan le Tort, duc après son père en 992. Il épousa Havoise, sœur du duc de Normandie Richard II. Il meurt en 1008.
Et aussi Geffroy, troisième fils du roi d'Angleterre Henri II ; mari de Constance, fille du duc Conan IV et héritière du duché de Bretagne. Par lui se fondaient les prétentions des Plantagenêts sur la Bretagne. Duc en 1181, il mourut en 1186 alors qu'il avait rendu visite au roi de France Philippe Auguste.
Geoffroy, Geffroy, est d'origine germanique : *Gaut* : dieu, et *fried* : protection. Bien sûr ce prénom n'est pas d'origine bretonne ; seulement d'usage.
Il est permanent, assez courant, et a connu une grande vogue vers 1980.

## Gérand

**Masculin** **Fête le 5 Mars.**

Ce saint a-t-il existé ? Il est l'éponyme de Saint-Gérand (Morbihan), et est honoré à Palais en Belle-Ile-en-Mer. En 1665, l'évêque de Vannes Mgr de Rosmadec l'a assimilé à saint Sezni. Mais le recteur de Saint-Gérand a bien voulu nous transmettre quelques pièces sur ce saint :
Gérand, dit aussi en breton Jelan, Jelann, était un moine anglais du VIe siècle. Il a évangélisé le pays du Léon, où il est honoré à Lanmeur.
A Saint-Gérand avait lieu, à la fin d'août, le « pardon des mouchoirs » : jeunes gens et jeunes filles s'y échangeaient les uns aux

autres les mouchoirs et rubans qu'ils s'étaient subtilisés pendant les fêtes de l'été.
Gérand : aussi Géran.
Il ne semble pas que ce prénom soit porté.

## Gerec

**Masculin**

Voir Gwereg.

## Germain

**Masculin** **Fête le 31 Juillet.**

Saint Germain l'Auxerrois, bourguignon comme l'indique son surnom, fut évêque d'Auxerre en 418. Le pape Célestin I^er^ l'envoya en Bretagne lutter contre l'hérésie pélagique, qui déclarait les hommes indemnes du péché originel : c'était là une affirmation de libre arbitre bien dans la lignée des Celtes, mais qui représentait une énorme menace politique pour l'Eglise romaine. En Bretagne, Germain forma un clergé dans la lignée de Rome. Il aurait enseigné à saint Patrick. Il est mort à Ravenne en 448.
Son nom se retrouve en Ille-et-Vilaine à Saint-Germain-en-Coglès, Saint-Germain-du-Pinel, et Saint-Germain-sur-Ille. Il est aussi honoré à Pleyben (Finistère).
Germain : du latin *germanus* : frère.
Germain est usuellement traduit en breton par Germen. Féminin Germena.
Ce prénom était courant dans les années 1920 à 1940 ; depuis il a régressé, tout en restant présent.

## Germen

**Masculin** Voir Germain.

## Gestin

**Masculin**

Cet ermite du VI^e^ siècle fut le patron de Plestin-les-Grèves (Côtes-d'Armor) jusqu'à l'an mil. On le donne comme compagnon de saint Efflam, auquel il dut alors céder la première place dans l'église. On connaît aussi un Gestin, seigneur du pays de Retz au XI^e^ siècle.

On le fête le 13 avril ; et aussi le 6 novembre, mais c'est sans doute un homonyme.
Gestin : de Jestin (du latin *Justinus* : le Juste). Aussi Iestin, Istin, Estin. Ce prénom semble inusité.

## Gevroc

**Masculin** Voir Kireg.

## Gewr

**Masculin**

Gewr, aussi Gawr, aussi Gaor, est un vieux géant celte aujourd'hui assez oublié. Anatole Le Braz en parle comme du Gargantua breton ; quand il traversait une forêt, « il disait en passant la main sur la cime des arbres : La fougère est belle, cette année » !
C'est saint Herbot qui mit un terme à ses méfaits : il le découpa en soixante-dix-sept morceaux, qu'il enterra sous une colline (après l'avoir empalé sur la flèche de sa chapelle) !
Ce prénom semble inusité.

## Gicquel

**Masculin**

Forme francisée de Jikael, qui est le roi Judikael. C'est devenu un patronyme répandu. Mais apparemment pas un prénom. Voir Judikael.

## Giduin, Gildwin

**Masculin**

Voir Gilduin.

## Gildas

**Masculin** Voir Gweltas.

## Gilduin

**Masculin** **Fête le 27 Janvier.**

Saint Gilduin est né en 1052, fils du seigneur de Dol et de Combourg, Rivallon. Elu archevêque de Dol, il refusa le siège en raison de son jeune âge et dut faire appel au pape pour laisser cette charge à Even. Il est mort à Chartres, âgé de vingt-trois ans. Albert

Le Grand nous raconte qu'il avait confondu Satan, en le priant de bénir le souper : dès les premiers mots, le diable se transforma en un amas de crapauds, couleuvres, et autres bêtes peu ragoûtantes.
Gilduin est le saint patron de Combourg. Même s'il n'est pas très connu, il a quand même été choisi pour représenter l'évêché de Rennes dans le monument *Breiz d'ha bugale* de Sainte-Anne-d'Auray. Gilduin vient sans doute, comme Gilles, du germanique : *ghil* : otage, et *win* : ami.
Aussi Gildun, Giduin, Guihen, Gelduin. Et, plus celtiques, Gildwen, Gidwin, Gildwin.

## Gilles

**Masculin** **Fête le 1er Septembre.**

Gilles n'est pas véritablement un prénom breton, mais ce saint est largement honoré en Bretagne et le prénom répandu. Saint Gilles serait venu de Grèce vivre en ermite dans la vallée du Rhône, vers le VIe siècle. Il a tiré l'empereur Charlemagne d'un fort mauvais pas, en obtenant du Seigneur la rémission du péché d'adultère, que le souverain avait commis avec sa sœur Gisèle. Bien sûr, les dates ne correspondent pas vraiment... On le représente avec la biche qu'il avait sauvée des chasseurs. Il patronne Saint-Gilles (Ille-et-Vilaine), Saint-Gilles-Pligeaux, Saint-Gilles-les-Bois, Saint-Gilles-du-Méné, Saint-Gilles-Vieux-Marché (Côtes-d'Armor), et est invoqué contre l'épilepsie, et pour protéger les enfants de la peur. Il avait une chapelle aujourd'hui disparue au village de Saint-Gilli en Plomodiern (Finistère). Il est aussi honoré à Malestroit (Morbihan).
Gilles (du germanique *ghil* : otage). Forme bretonne : Jili, Jil, aussi Chil. Gily est patron d'une chapelle en Plouaret (Côtes-d'Armor), une petite chapelle qu'on peut frôler sans la voir. Mais, comme le rapporte Anatole Le Braz, « il ne faut pas juger de la puissance du saint d'après l'ampleur de son église ».
Le prénom Gilles a connu une grande vogue vers 1960, dont peut témoigner l'auteur de ce livre... Depuis 2000, il a quasiment disparu. Le féminin Gilonne, Gillette, autrefois fréquent, n'est plus usité.
Il faut bien citer Gilles de Rais, marié à seize ans, maréchal à vingt-cinq, compagnon de Jeanne d'Arc, pendu en 1440 à Nantes pour d'innombrables meurtres d'enfants.

Gilles de Bretagne, fils du duc Jean V (1423-1450), entré en rébellion, fut étranglé par son frère le duc François au château de La Hardouinaye. Il est enterré dans l'abbaye de Boquen.
Citons aussi le poète Jil Kerhousse.

## Gireg

**Masculin** **Voir Kireg.**

## Giulia

**Féminin** **Fête le 8 Avril.**

Forme bretonne moderne pour Julie, Julia.
Quelques dizaines de prénoms par an depuis 1980, très en mode ces dernières années.

## Gladez

**Féminin** **Fête le 29 Mars.**

C'est un prénom gallois attesté, à rapprocher de *Gwladys* : richesse. Gladez était la fille d'un roi gallois, et citée comme mère de saint Kadeg ou Kado. Le père, la mère et le fils renoncèrent aux honneurs pour se faire religieux.
Ce prénom semble inusité.

## Gladran

**Masculin**

Saint Gladran serait un des nombreux frères du roi Judikael.
Ce prénom semble inusité.

## Glannon

**Féminin** **Fête le 9 Mars.**

Prénom féminin dérivé de l'ancien breton Glanuon. *Glan* signifie pur, et *mon* : hauteur.
Ce prénom semble inusité.

## Glaode

**Masculin, aussi féminin** **Fête le 12 Février.**

C'est la forme bretonne pour Claude, utilisée au masculin comme au féminin. Largement utilisés chez les folkloristes du siècle dernier, Glaode, Glaoda, Klaoda sont des déformations orales de Claude. Anatole Le Braz donne Glaoud au masculin, Glauda au féminin.

Luzel donne C'hlaoud masculin (d'où féminin C'hlaouda), Glaoudina comme diminutif féminin. Evidemment les orthographes employées par les collecteurs de récits du siècle dernier ne sont que la transcription de ce qu'ils entendaient. Nous avons aussi trouvé Glaodez féminin. Et Glaude en gallo. Et Claudig, diminutif breton du prénom français. A Plougastel-Daoulas, saint Claude guérit les enfants qui claudiquent… Claude vient du latin *claudus* : boiteux.
Voir aussi Glaudan.
Citons la poétesse Glaodina Provost.

## Glaoud

**Masculin** Voir Glaode.

## Glauda, Glaoudez, Glaoudina

**Féminin** Voir Glaode.

## Glaudan

**Masculin** **Fête le 15 Février.**

C'est le père de saint Goulven et de sa sœur sainte Petrounel. Il était venu de Grande-Bretagne au milieu du VI^e^ siècle, avec sa femme Gologuen.
Glaudan se rapporte à Glaode, qui est l'équivalent breton de Claude.

## Glaude

**Masculin** Voir Glaode.

## Glegor

**Masculin**

Voir Gregor.

## Glen

**Masculin** **Fête le 11 Septembre.**

On n'a pas de renseignements sur saint Glen, éponyme de Saint-Glen-Pinguilly (Côtes-d'Armor). *Glenn* signifie monde, pays, et des mots similaires existent dans les autres pays celtiques.
Glen, Glenn, est un prénom répandu, qui prend son essor vers 1960 (quinze à vingt par an pour Glen) et 1980 (trente à cinquante pour Glenn).

# Glenan

**Masculin**

Voici un prénom de création récente. Plus qu'au prénom Glenn, il fait référence aux îles Glénan, qui sont parmi les plus indomptables de Bretagne.

# Gleran, Gleran

**Masculin** Voir Grallon.

# Goal

**Masculin** **Fête le 6 Juin.**

*Loc-Kwal* : l'ermitage de Goal. Cette étymologie est donnée pour un certain nombre de « Locoal », dont la commune de Locoal-Mendon (Morbihan) et de nombreux lieux-dits. C'est bien d'honneur pour un moine assez obscur du VII^e siècle. Mais nous avons relevé ce prénom parmi les enfants des écoles Diwan.

Gwenole Le Menn fait dériver Goal de Guidguale, Guoidwal, et le rapproche du prénom Gurwal, plus usité il est vrai.

Mais nous n'avons pas trouvé trace de Goal.

# Goau

**Masculin** **Fête le 26 Mars.**

Un saint du VII^e siècle auquel on attribue un certain nombre de miracles :

« Goau ressuscita un enfant, donna la parole à un muet, et passa paisiblement à l'autre vie » (Garaby).

# Gobrian, Gobrien

**Masculin** Voir Govran.

# God, Godig

**Féminin** Voir Marc'harid

# Gohard

**Masculin** **Fête le 25 Juin.**

Evêque de Nantes. Alors qu'il célébrait la messe dans sa cathédrale, le 24 juin 843, la ville fut envahie par les Normands. « La basilique était remplie d'une foule de personnes de différents endroits. Et Gonhard,

à la tête de son clergé, célébrait les saints mystères. Lorsqu'il avertissait d'élever les cœurs au ciel, les perfides étrangers s'élancèrent dans le temple par les portes enfoncées, par les fenêtres escaladées et l'égorgèrent sur l'autel du saint martyr Féréol » (Garaby).
Alors qu'ils allaient incendier la cathédrale, Gohard en sortit, sa tête entre les mains, gagna une embarcation sur la Loire, et la remonta jusqu'à Angers.
Gohard, aussi Gonhard, fut canonisé en 1095. La forme bretonne de son nom est Goharz.
Ce prénom ne semble pas être employé.

## Gologuen

**Féminin**

Mère des saints Goulven et Petrounel, venue au milieu du VIe siècle d'Angleterre, avec son mari Glaudan.
Prénom apparemment inusité.

## Golven

**Masculin** Voir Goulven.

## Goneri

**Masculin** **Fête le 4 Avril.**

Fils de sainte Elibouban, saint venu de Grande-Bretagne au VIe siècle avec saint Tudal. Il fonda son ermitage en forêt de Branguilly, près de Rohan. Elibouban, elle, vécut sur l'île de Loaven, pas très loin de Plougrescant dans le Trégor. C'est à Plougrescant que vint mourir saint Goneri. Son tombeau est dans la chapelle qui porte son nom, une curieuse chapelle au clocher très incliné. Lorsqu'il dut être reconstruit, les habitants exigèrent qu'on respecte cette inclinaison. Chaque année au printemps, saint Goneri rend visite à sa mère : on charge le tombeau sur un bateau, et une flottille l'accompagne en cortège jusqu'à l'île de Loaven (il rend aussi à sa mère quelques visites privées, et pour ce faire marche sur la mer ; mais seuls les proches habitants ont eu la grâce de voir cela).
On invoque saint Goneri contre les fièvres, et particulièrement à sa fontaine de Plougrescant. L'orthographe francisée est Gonéry. Il est le patron de Saint-Gonnery (Morbihan).
Ce joli prénom est apparemment inusité.

# Gonhard

**Masculin** Voir Gohard.

# Gonval

**Masculin** **Fête le 1er Avril.**

C'est à l'obligeance du recteur de Penvénan et à l'érudition de M. Thierry Hamon, maître de conférences à l'université de Rennes I, que nous devons les renseignements sur saint Gonval, dont le pardón est célébré chaque printemps en sa chapelle de Penvénan (Finistère). Saint Gonval était sans doute un moine du VIe siècle. Il fonda un monastère sur les terres du comte Judaël. La fille de Judaël, Penvéan, devenue nonne, a laissé son nom à la paroisse, aujourd'hui Penvénan. Gonval fut ensuite élu au siège de Tudal, comme évêque de Tréguier (bien qu'on ne le trouve pas dans les listes d'évêques, bien plus tardives il est vrai).

On invoque saint Gonval pour la guérison des enfants malades, en particulier de maux de ventre.

Gonval : autrefois latinisé en Cunval, est aussi Gunval, Conmaël, Gonvei, Conveld, Conval, Konwal, Cunwal, Généval.

Mais il semble que plus personne ne porte son nom.

# Gonvei

**Masculin** Voir Gonval.

# Gonvel, Gonven

**Masculin** Voir Goulven.

# Gouenou

**Masculin** Voir Gouesnou.

# Gouesnou

**Masculin** **Fête le 25 Octobre.**

Ce compagnon de saint Pol fut comme lui évêque du Léon, au VIIe siècle. On lui attribue la conversion de Conomor, conversion plutôt aléatoire si l'on en juge par le comportement du Barbe-Bleue breton. Il fonda un monastère, aujourd'hui Gouesnou (Finistère). Le lieu lui avait été donné par le comte Conomor, dont il est question plusieurs fois dans cet ouvrage ; pour une fois, il apparaît ici sous le jour d'un seigneur éclairé et grand politique. Conomor avait accordé à Gouesnou le

territoire qu'il pourrait, seul, clôturer en une journée. Gouesnou prit une branche et la traîna derrière lui, et les talus s'élevaient tout seuls à mesure qu'il avançait. Ainsi fut fondé son monastère.
Il passe pour être un moine misogyne, ce qui est une curiosité en Bretagne : les femmes moniales cohabitaient sans heurts avec les hommes. Et pendant un temps assez long, elles eurent le pouvoir de délivrer les sacrements. L'Eglise a depuis réservé les hautes fonctions aux hommes.
Saint Gouesnou est aussi saint patron de Saint-Gouëno (Côtes-d'Armor), honoré à Brouennou en Plouguerneau (Finistère), à Plouzané (Finistère). Il est connu pour guérir les maux de reins. Lui-même mourut dans l'église de Quimperlé, d'une pierre qu'un maître maçon lui avait jetée, ou peut-être du marteau de ce même maçon : alors que Gouesnou visitait l'église de Quimperlé en construction, il loua fort l'architecture de sa propre église, ce qui rendit furieux l'architecte qui travaillait en haut du bâtiment.
Gouesnou fait bien sûr partie des saints choisis par l'évêché de Quimper pour figurer dans sa chapelle du monument *Breiz d'ha bugale* à Sainte-Anne-d'Auray.
Gouesnou, que l'on rapproche à tort du breton *gwenn*, blanc, vient plus sûrement du vieux breton *guoidnou*, combat. Le « s » n'est pas breton, et la forme pure de ce prénom est Gouenou. Aussi Goueznou. Sous le nom de saint Iguinou, il patronne une chapelle en Spézet (Finistère) et guérit les maux de reins. Et sous le nom de saint Touezeg, il est honoré en Plounez (Côtes-d'Armor). Par contre, Gwennou se rapporte à saint Gwenn.
Pour finir, un petit proverbe tiré du Favereau.
*Atav vez glav deiz pardon Gouenou*
« Il pleut toujours au pardon de Gouesnou. »
D'ailleurs, on le surnomme Sant Pissou… !

## Goueznou

**Masculin**

Voir Gouesnou.

## Gougae

**Masculin**

Voir Nonna.

## Goulc'han, Goulc'hen

**Masculin** **Fête le 1er Juillet.**

Ce prénom est rare, mais porté. Goulc'han Kervella est un metteur en scène de langue bretonne. Voir Goulven.

## Goulien

**Masculin** Voir Goulven.

## Gourloes

**Masculin** Voir Gurloes.

## Gourmaëlon

C'est le nom d'un comte de Cornouaille au début du Xe siècle, prétendant à la couronne après la mort du roi Alain Ier.
A notre connaissance, il n'est pas employé.

## Goulven

**Masculin** **Fête le 1er Juillet.**

Ce prénom fréquent est celui de saint Goulven, évêque du Léon au VIe siècle, dont les reliques se trouvent à Rennes. Pour Garaby (*op. cit.*), il aurait été aussi évêque de Rennes, et serait mort à Saint-Didier ; sa sœur s'appelait Petrounez, Pétronille, et elle est sainte aussi. Né en Armorique de parents bretons insulaires, Goulven accomplit de nombreux miracles. Il redonnait la santé aux infirmes en usant d'une cloche, que l'on voit aujourd'hui dans l'église de Goulien (Finistère). Dans l'église de Goulven (Finistère), des bas-reliefs racontent d'autres miracles, dont la résurrection d'un enfant noyé.
Goulven fait partie des saints choisis par l'évêché de Quimper pour figurer dans sa chapelle du monument *Breiz d'ha bugale* à Sainte-Anne-d'Auray.
Goulven est aussi honoré à Créhen, Lanloup (Côtes-d'Armor), Saint-Golven en Taupont, Inguiniel, Locolven en Bubry (Morbihan), Saint-Voulc'hien en La Feuillée (Finistère).
Le breton *golvan* signifie passereau. Est-ce l'origine du prénom ? Plus sûrement, *gwenn* signifie blanc, et la racine *goul* peut se rapporter à une prière.
C'est un prénom assez courant dans toutes les tranches d'âge. On écrit aussi fréquemment Goulwen ou Goulc'hen.

Autres dérivés : Goulc'han, Golven, Goven et Goulien. Peut-être Gonvel (voir aussi Gonval), Gonven.
Féminin : Goulvenez, Goulwenez, Goulwena, Goulvena.
Citons l'écrivain Goulven Jacq, le linguiste Goulven Pennaod.

## Goustan

**Masculin** **Fête le 27 Novembre.**

Miraculeusement épargné par l'architecture moderne, Saint-Goustan, le port d'Auray (Morbihan), garde haut le nom de ce saint venu d'Angleterre au XIe siècle. Enlevé par des pirates, abandonné plus tard sur l'île d'Ouessant – une blessure au pied le rendait inutile – il fut converti par saint Félix. En 1008, il restaure l'abbaye de Saint-Gildas-de-Rhuys. Saint Goustan est honoré au Croisic (Loire-Atlantique), et sur l'île d'Hœdic. C'est un protecteur des marins, lui-même ayant miraculeusement réchappé d'un naufrage près des côtes bretonnes. Il en a acquis le pouvoir de commander aux vents. Dans l'église Saint-Goustan d'Auray se trouve une maquette de bateau, le Goustanais, ex-voto de 2,60 mètres de longueur. Si saint Goustan est passé derrière saint Gildas, il est resté le patron de la paroisse de Saint-Gildas-de-Rhuys, où se trouve son tombeau présumé, ainsi qu'une statue où il porte un poisson et un livre.
Quant au port qui porte son nom, il est célèbre pour avoir vu débarquer, en 1776, Benjamin Franklin, en quête de l'aide des Français pour la guerre d'Indépendance des Etats-Unis d'Amérique. Quelques dizaines de Goustan sont nés depuis dix ans.

## Gouziern

**Masculin** **Fête le 3 Juillet.**

Ce prénom est la traduction de Gunthiern (*gun* pour *uuor* : homme, *tiern* : seigneur), un prince gallois venu en Bretagne au VIe siècle, après avoir renoncé à la couronne que son rang lui destinait. D'abord ermite sur l'île de Groix, il fonda ensuite un monastère qui devint la ville de Quimperlé.
A cette époque, une invasion de vers qui mangeaient le blé menaça le Bro-Erec de la famine. Le comte de Vannes, qui avait entendu parler des prodiges de saint Gouziern, le fit prier de sauver son peuple. Gouziern lui donna un peu d'eau bénite pour la répandre sur la campagne. Aussitôt les vers périrent et la récolte fut sauvée.

Gouziern serait mort près d'Hennebont, mais ses reliques furent ramenées sur l'île de Groix lors des invasions normandes. Il est aussi le saint patron de Langolen (Finistère).
Aussi Gunthiern, Gurthiern.
Mais ce prénom semble ne pas être utilisé.

## Goven

**Masculin** Voir Goulven.

## Govran

**Masculin** **Fête le 10 Novembre.**

Govran, aussi Govrian, était évêque de Vannes au VIIIe siècle. Il est honoré à Saint-Servant (Ille-et-Vilaine), où il termina son existence, Morieux (Côtes-d'Armor), Mesquer (Loire-Atlantique), près de Josselin (Morbihan). La forme française du prénom est Gobrien, Gobrian.
Il ne semble pas être usité.

## Gozel

**Masculin**

Saint Gozel serait un des nombreux frères du roi Judikael.
Ce prénom semble inusité.

## Grallon

**Masculin** **Fête le 1er Novembre.**

Ce célèbre roi de Cornouaille est cité dans de multiples histoires et légendes. Il était roi d'Is, la plus belle capitale du monde, et nous avons raconté sous la chronique de sa fille Ahès comment Is disparut, victime de la luxure d'Ahès, et comment Grallon sacrifia sa fille pour se sauver, sur l'injonction de saint Gwenole. Grallon avait été baptisé par saint Corentin, son ami, premier évêque de Quimper. Il a aujourd'hui sa statue équestre tout en haut de la cathédrale de Quimper, entre les deux tours. On n'y célèbre plus sa fête comme autrefois, et c'est bien dommage, car elle était pittoresque : devant la foule amassée au pied de la cathédrale, un valet grimpait jusqu'au roi, lui nouait une serviette autour du cou, et lui donnait à boire dans un hanap. Car on dit que Grallon avait introduit la vigne en Cornouaille (ce qui est peut-être un peu prématuré). Puis il jetait le verre vers la foule, et l'on se bousculait pour l'attraper sans le casser. Les flèches de la

cathédrale de Quimper sont bien hautes, et le pavé du parvis glissant : la gloire de celui qui le recueillait sans le casser était méritée.
Grallon (qui a une seconde statue équestre dans l'enclos paroissial d'Argol), est-il un saint ? Sa conduite en sa ville d'Is semble avoir été, en tous cas, plus chaste que celle de sa fille Ahès, ce qui n'est pas bien difficile. Après la destruction d'Is, il suivit les conseils de saint Gwenole en érigeant une chapelle expiatoire sur le Ménez-Hom. Il mourut du chagrin de la perte de sa fille bien-aimée, qui avait conduit le royaume à sa perte. Il serait enterré à Landévennec.
Le roi Grallon-Meur, Grallon le Grand, n'est pas oublié en Bretagne, où valeur et douleur sont deux sœurs.
On cite aussi le roi de Cornouaille Grallon Flam, dont on ne sait rien, et Grallon Ploneour, roi de Cornouaille aussi, et allié de l'empereur Charlemagne contre les pirates normands.
Grallon, ou Gralon, vient du vieux breton *grat* : grâce, et *lon* : plein. Gradlon est plutôt une forme francisée. Aussi Graalon, Gleren, Gleran. Gralon était régulièrement donné comme nom de baptême depuis le X^e^ siècle, mais il se fait aujourd'hui rare.

## Gregor

**Masculin** **Fête le 13 Septembre.**

C'est une forme bretonne ancienne pour Grégoire (du grec *egregorein* : éveiller). Aussi Glegor.
Ce prénom est rare, mais régulièrement donné depuis cinquante ans, et pas seulement en Bretagne.

## Gueltas

**Masculin** Voir Gweltas.

## Guen

**Masculin** Voir Gwenn.

## Guenargant

**Féminin**

Marraine de sainte Ninnog, et sainte elle aussi, Guenargant serait venue avec elle d'Angleterre au V^e^ siècle pour fonder un monastère à Ploemeur dans le Vannetais.

## Guénen

**Masculin** Voir Gwennin.

## Guengad, Guengat

**Masculin** Voir Gwengal.

## Guenhaël

**Masculin, aussi féminin** Voir Gwenael.

## Guenièvre

**Féminin** Voir Gwenivar.

## Guénin, guennin

**Masculin** Voir Gwennin.

## Guénion

**Masculin** Voir Guinien.

## Guennole, guénolé

**Masculin, aussi féminin** Voir Gwenole.

## Guérec, guérec'h

**Masculin** Voir Gwereg.

## Guethenoc

**Masculin** Voir Gwezheneg.

## Guevreoc'h

**Masculin** Voir Kireg.

## Guévrok

**Masculin** Voir Gwereg.

## Guézennec

**Masculin** Voir Gwezheneg.

## Guidguale

**Masculin** Voir Goal.

# Guido

**Masculin**

Nous devons à l'obligeance du recteur de Loctudy les renseignements sur saint Guido. Comme beaucoup d'autres, il est venu des îles Britanniques, évangéliser la Cornouaille armoricaine. Près de sa chapelle en Loctudy (Finistère), se trouvent une fontaine et une auge en pierre qui lui aurait servi d'embarcation. Le baron du Pont (une grande famille ancienne, vivant au château de Pont-l'Abbé) le fit venir pour guérir ses gens d'une épidémie.

Sa fête est le troisième dimanche de septembre. Rappelons qu'excepté les saints pour lesquels on disposait d'une date bien précise, par exemple celle de leur mort, les fêtes étaient autrefois le plus souvent fixées par rapport au calendrier liturgique, qui varie chaque année. La plupart des dates fixes que nous donnons ne sont que des conventions, souvent locales qui plus est.

Guido, aussi Quideau francisé. Aussi Kido, et anciennement Citaw, est le patron de la chapelle de Languidou en Plovan (Finistère).

Une quinzaine de Guido par an entre 1920 et 1960, peu depuis.

# Guiec

**Masculin** Voir Kireg.

# Guigner

**Masculin** Voir Eginer.

# Guignolet

**(**) Masculin** Voir Gwenole.

# Guihen

**Masculin**

Voir Gilduin.

# Guilhom, Guilhou

**Masculin**

Voir Guillaume.

# Guin

**Masculin**

Voir Gwennin.

## Guinal

**Masculin**
Voir Gwenael.

## Guingalois

**Masculin**
Voir Gwenole.

## Guinien

**Masculin** **Fête le 11 Octobre.**
Serait un des nombreux frères du saint roi Judikael, et à ce titre saint lui aussi. Sans doute aussi Guénion, Vinien, et titulaire du « plus petit évêché de la chrétienté » après son neveu Arneg (voir ce nom).
Aussi Gwinien, Gwinian.

## Guïnis

**Masculin**
Voir Gwennin.

## Guinmael

**Masculin**
Un saint frère du roi Judikael, le quatorzième ou quinzième. Voir Hoel.
Ce prénom ne semble pas être porté.

## Guinoux

**Masculin**
Voir Gwezheneg.

## Guireg

**Masculin** Voir Kireg.

## Gulcien

**Masculin** **Fête le 17 Août.**
Un des nombreux martyrs nantais des premiers temps du christianisme, jeté dans un puits de l'église de Jans (Loire-Atlantique) avec saint Gulien (aussi Gulian). La proximité des noms laisse penser qu'il s'agit de la même personne.
Ce prénom ne semble pas être porté.

# Gulien

**Masculin** **Fête le 17 Août.**

Aussi Gulian Voir Gulcien.

# Gunevel

**Masculin**

Voir Genevé.

# Gunthiern

**Masculin**

Voir Gouziern.

# Gunval

**Masculin**

Voir Gonval.

# Guoidwal

**Masculin**

Voir Goal.

# Gurdestin

**Masculin**

On trouve dans le *Barzaz Breiz* mention de cet abbé de Landévennec du IX^e^ siècle, qui travailla sur la précieuse *Vie* de saint Gwenole. Aussi Gurdistin.

Les deux formes sont inusitées.

# Gurguy

**Masculin**

Voir Tanguy.

# Gurloës

**Masculin** **Fête le 25 Août.**

Saint Gurloës, moine de l'abbaye Saint-Sauveur de Redon, fut appelé en 1029 par le comte de Cornouaille Alain Caignard pour fonder une abbaye à Quimperlé. Son tombeau y est conservé.

Gurloës fait partie des saints choisis par l'évêché de Quimper pour figurer dans sa chapelle du monument *Breiz d'ha bugale* à Sainte-Anne-d'Auray.

On invoque saint Gurloës contre les maux de tête et les rhumatismes, spécialement à sa fontaine de Lanvénégen (Morbihan).
Gurloës : du celtique *gur* : davantage, et *loeiz* : prénom, Louis. Aussi Gurloez, Gourloes, Gurloes. Aussi Urlou, Urlo d'où la chapelle de Saint-Urlo en Languidic (Morbihan).

## Gurthiern

**Masculin** Voir Gouziern.

## Gurun

**Masculin**

Le tonnerre, en breton.
Un nom bien peu religieux, mais celui du fils du barde Glenmor, né sous un coup d'orage.

## Gurval

**Masculin** **Fête le 6 Juin.**

Disciple de saint Brandan, saint Gurval fut évêque d'Alet, succédant à saint Malo vers la fin du VIe siècle. Il est le saint patron de Guern (Morbihan). Aussi Gurwal.
Peut-être une douzaine d'enfants portent ce nom depuis dix ans.

## Gurvant

**Masculin** **Fête le 8 Janvier.**

Gurvant tient une place particulière dans l'histoire de Bretagne : gendre du roi Erispoé, il fut aussi l'assassin commanditaire de son cousin Salomon III, le dernier roi de Bretagne. Il clôt une dynastie, mais en ouvre une autre, car il est l'ancêtre des ducs de Bretagne.
Gurvant, pour *gour* : très, et *man* : sage (traduction approximative ; mais c'est en s'y fiant que Valérie a appelé son fils Gurvant ; elle note que, pour l'instant, il n'est pas si sage…). Aussi Gurwan, Gurwant, Gurvand, Gurvan, relevé depuis 1970 avec près d'une centaine de garçons par an depuis dix ans

## Gurwal

**Masculin**

Voir Gurval, et aussi Goal.

# Gurwan, Gurwant

**Masculin**

Voir Gurvant.

# Gutual

**Masculin** **Fête le 2 Février.**

Un saint du VIIe siècle, vivant sur la presqu'île de Quiberon.
Ce prénom semble inusité.

# Guy

**Masculin**

Voir Guyon.

Guy de Thouars était le troisième mari de la duchesse Constance. A la mort du fils de Constance, Arthur, en 1203, il devint régent pour sa fille Alix, âgée de trois ans.

Guy de Penthièvre était le frère du duc Jean III au XIVe siècle. Quand Jean III mourut, en 1341, s'affrontèrent deux prétendants à la couronne de Bretagne. Le beau-fils de Jean, Charles de Blois, qui avait épousé sa fille Jeanne ; et Jean de Montfort, dernier demi-frère de Jean III. Ce fut le début de la guerre de Succession de Bretagne, qui devait durer plus de vingt ans.

Ce prénom n'est pas que breton, bien sûr. Il a été très donné vers 1940-1960, et est rare depuis.

# Guyaume

**Masculin**

Voir Gwilherm.

# Guyomarc'h

**Masculin**

Saint dont on ne connaît que très peu de chose. Il est l'éponyme de Saint-Guyomard (Morbihan).

Le prénom est régulièrement cité, en tout cas depuis le XIIIe siècle, dans les nobiliaires de Bretagne. Mais un chef breton du IXe siècle, en lutte contre Louis le Débonnaire, le portait aussi. Ainsi qu'un vicomte du Léon au Xe siècle, et plusieurs de ses successeurs, dont l'un se révolta en 1167 contre le roi d'Angleterre Henri II qui avait marié son fils à Constance, héritière du duché de Bretagne.

Guyomarc'h. Aussi Guyomar, Guyomard, Guyomart. Aussi forme bretonne Gwionvarc'h et Wiomarc'h.
L'étymologie, selon M. Plonéis, est *Uuiu-ho-marc*, cité dans le cartulaire de Redon, qui signifie digne d'un bon cheval.
C'est devenu un patronyme illustré par un capitaine d'industrie contemporain.
Le prénom ne semble pas porté.

## Guyon

**Masculin** **Fête le 31 Mars.**

Ce vieux prénom français est à rapprocher de Guy (d'origine germanique, *wid* : forêt).
On trouve Saint-Guyon en Pluvigner, Saint-Quion en Quistinic (Morbihan). Et un saint Guy, d'origine bretonne, mort dans le nord de la France en 1147. La forme bretonne de ce prénom est Gwion.
Il est rare, quelques unités par an, mais constant depuis un siècle.

## Gwellaouen

**Féminin** **Fête le 20 Septembre.**

Un joli prénom féminin qui ne semble pas être porté. Ce n'est sans doute pas celui d'une sainte mais il est connu depuis longtemps, du vieux breton *Uuen* (*gwenn*) : blanc, et *louuen* (*laouen*) : joyeux. Aussi Gwenlaouen.

## Gweltas

**Masculin** **Fête le 29 Janvier.**

Gweltas est le nom d'un saint auquel on attribue tant de hauts faits, qu'ils devaient sans doute être plusieurs ! Mais l'essentiel de l'histoire se rapporte au même saint, qu'on appelle communément saint Gildas. Il vint d'Ecosse en Armorique à la fin du VIe siècle : les îles bretonnes étaient alors la proie des Barbares saxons, qui les ont depuis occupées durablement. Saint Gildas est l'auteur de la chronique *De Excipio Britanniae*, qui relate l'exode des Bretons, saints en tête, chassés des îles bretonnes par l'envahisseur saxon ; c'est rien moins que la plus ancienne histoire de Grande-Bretagne. Quand il arriva en Bretagne, il s'installa sur l'île de Houat. Mais sa renommée vite grandissante le poussa à partir. Gwereg, le comte de Vannes, lui offrit alors un château sur la presqu'île de Rhuys, dont

Gildas fit un monastère célèbre. Son action dans l'Eglise prend le sens d'une normalisation du clergé, d'un alignement sur l'église romaine. Son œuvre d'évangélisation le conduisit en d'autres lieux, comme Bieuzi, sur les rives du Blavet, où sa présence est souvent relatée. Il est sans doute mort en 570, soit à Bieuzi, soit plus sûrement sur l'île de Houat. Comme il l'avait demandé, on mit son corps sur une barque qui, lancée sur l'océan, coula bientôt... et s'échoua trois mois plus tard près de Saint-Gildas-de-Rhuys, en un lieu qui est aujourd'hui, heureuse continuité, le moderne port de plaisance du Crouesty ! D'autres chroniques attribuent la fondation de l'abbaye à un autre Gildas, prédécesseur de celui que nous connaissons.
On retrouve saint Gildas dans de nombreuses histoires, dont celle de Conomor et Trifina. C'est à Saint-Gildas-de-Rhuys que Satan l'attaqua un jour, sous la forme d'un serpent. Gildas lui lança alors une pelote de laine dans laquelle il avait enfoncé une aiguille affûtée. Le serpent l'avala aussitôt et se trouva pris par cet hameçon improvisé. Le tenant ainsi en laisse, Gildas le conduisit au rivage. Il s'envola alors vers l'île de Houat (le rocher garde depuis la trace de ses pieds), et lâcha Satan dans l'océan. Ce n'est pas, loin de là, le seul miracle qu'on lui attribue. Au siècle dernier encore, il sauva un enfant tombé dans un puits, à Laniscat. Gildas est un thaumaturge d'envergure : on fait appel à lui contre la rage (« le mal de Sant-Weltas »), la folie, les maux de tête et de dents. Il a un pardon à Carnoët où on lui offre des volailles. Il est aussi protecteur des chevaux. Il a donné son nom à Gueltas, Locqueltas (Morbihan), et est le patron de Gâvres (Morbihan).
L'île Saint-Gildas près de Port-Blanc (Côtes-d'Armor) porte depuis le XI^e^ siècle une chapelle dédiée à ce saint. Elle fut restaurée au début de ce siècle par le docteur Carrel qui avait acheté l'île avec le montant de son prix Nobel de médecine. Le pardon a lieu le dimanche de la Pentecôte, piétons et chevaux s'y rendent par l'isthme qui relie l'île au continent à marée basse.
Gweltas, forme courante (peut-être de *gwelt* : chevelure), s'écrit aussi Weltas, Yeltas, Jildaz, Gueltas. Gildas est la forme française. On le fête le 29 janvier. Citons Gweltas Ar Fur, musicien.
Le prénom n'est pas courant, mais il est porté.
Gildas est assez fréquent, avec un pic vers 1970.

## Gwen

**Masculin et féminin**

Voir Gwenn.

## Gwenael

**Masculin** **Fête le 3 Novembre.**

C'est le second abbé de Landévennec, successeur de saint Gwenole. Et c'est un Breton, né sans doute à Ergué-Gabéric près de Quimper. Il serait le fils du comte Romélius et de sa femme Levenez. Gwenael est connu pour sa piété et ses hauts faits d'évangélisation de la Bretagne qu'il a longtemps parcourue. Il mourut vers l'an 590 près de Lanester.

Il est patron de Tréguidel, Lescouët-Gouarec (Côtes-d'Armor), Ergué-Gabéric (Finistère), Lanester (Morbihan).

Gwenael : du celtique *gwenn* : blanc, et *hael* : généreux, aussi ange ; c'est l'ange blanc.

Ce prénom sans conteste celtique est courant en Bretagne, mais en régression depuis 1980.La forme francisée Guénaël un peu plus rare. Citons l'historien Gwenaël Le Duc.

Voici les différentes formes :

Gwenael est la forme bretonne traditionnelle, masculin comme féminin. Autres formes : Gwenhael, Ganael, Gwenaël, Guénhaël. Féminin Gwénaëlle.

Aussi Gwenel, Gwenal, Gwinal, Guinal (d'où l'église Saint-Guinal à Ergué-Gabéric dans le Finistère), Vendal.

Le prénom du romancier contemporain Gwenn-Aël Bolloré signifie littéralement « ange blanc ».

## Gwenal

**Masculin**

Voir Gwenael.

## Gwenc'hlan

**Masculin**

Ce beau prénom est d'ancienneté douteuse. Gwennole Le Menn donne son origine dans le *Barzaz Breiz* : Hersart de La Villemarqué aurait – improprement – traduit Guinglaff en Gwenc'hlan. Il s'agit d'un ancien barde inspirateur de la Prophétie de Gwenc'hlan dans l'ouvrage précité. Et auteur d'un fait d'armes sans précédent, ni successeurs d'ailleurs, et pourtant si prémonitoire de notre époque : averti de l'imminente attaque des saxons, il revêtit son armure, et se rendit, seul, au sommet du mont sacré. Et là, un jour durant, il ferrailla, seul, et vainquit par avance la horde des envahisseurs, dans la première et la plus grande des batailles virtuelles… cela est rapporté par Anatole Le Braz, parmi d'autres hauts faits de ce farouche défenseur de l'Armorique.

Gwenc'hlan (du celtique : race sainte), avait la tête mobile sur les épaules, et « comme le Menez, regardait sans bouger les quatre coins du ciel », rapporte Anatole Le Braz.

Ce prénom a été illustré par Gwenc'hlan Heöl Loï Le Scouëzec, auteur de l'anthologie précieuse : *Guide de la Bretagne mystérieuse*. Il est rare, mais toujours donné.

## Gwendal

**Masculin** **Fête le 18 Janvier.**

C'est un saint de Cornouailles anglaise.

De *gwenn* : blanc, et *tal* : valeur. Ce prénom est en vogue depuis 1995, environ trois cents par an ; il a été sans doute popularisé par le groupe musical breton Gwendal.

## Gwenecan, Gwenegan

**Masculin**

Voir Konogan.

## Gwenel

**Masculin** **Voir Gwenael.**

## Gwengal

**Masculin** **Fête le 13 Février.**

La vie de saint Gwengal, dont quelques écoliers de Diwan portent le nom, nous est restée inconnue. Il a laissé son nom à Guengat (Finistère).

Aussi Gwengad, Guengad, Guengat.

## Gwenganton

**Masculin** **Fête le 10 Mai.**

Saint et évêque de Vannes au VII^e^ siècle. Ses reliques furent mises en sécurité dans l'église Saint-Barthélemy de Paris, lors des invasions normandes du X^e^ siècle. Aussi Hinguethen. Et francisé en Guéganton. On le rapproche aussi de Agathon (voir ce nom).
Ce prénom semble inusité.

## Gwenhael

**Masculin, aussi féminin** Voir Gwenael.

## Gwenivar

**Féminin** **Fête le 3 Mars.**

C'est la forme bretonne correspondant à Guenièvre, l'épouse du roi Arthur. Correspondant aussi au français Geneviève. Sainte Gwenivar, aussi Gweniver, a sa statue dans l'église d'Argol (Finistère).
Ce joli prénom ne semble pas être porté.

## Gwenlaouen

**Féminin**

Voir Gwellaouen.

## Gwenn

**Féminin**

Gwenn (Blanche), femme de saint Fragan au V^e^ siècle, est la mère d'une sainte famille nombreuse que l'on retrouve à de nombreuses reprises dans cet ouvrage. Son enfantement le plus célèbre est celui des triplés Gwenole, Gwenneg et Jagu. Dieu lui fit alors don d'une troisième mamelle, et on l'appelle depuis *Santez Gwenn he teir vammen*. La chapelle et le calvaire de Saint-Vennec, près de Briec dans le Finistère, sont logiquement placés sous l'arbitre du chiffre 3. Gwenn est bien sûr invoquée pour la fécondité des femmes.
Gwenn, Gwenna, avec en diminutif Gwennaig, est un prénom répandu pour les femmes depuis une trentaine d'années. Aussi Gwenna, Gwennan actuellement portés ; mais ce dernier peut se rapporter à sainte Gwennan, qui suit.
Citons la harpiste Gwenn Loarer.
Mais il est aussi donné à des garçons, ce qui est logique, car il existe un saint Gwenn, Gwen, francisé en Guen, d'où Saint-Guen et

Senven-Léhart (Côtes-d'Armor), Pleuven (Finistère). Gwennou en est le diminutif.
Fête le 21 Février. Mais d'autres saints du même nom sont fêtés le 3 octobre, et le 18 octobre.

## Gwennan

**Féminin**

Il existe une petite île nommée île Venan, en breton *enez Wenan*. Wenan est une mutation de Gwenan, et Michel Priziac le rapproche de sainte Gwenan, galloise que l'on a parfois présentée comme la fille de saint Gweltaz. A rapprocher aussi du nom de la commune de Penvénan (Côtes-d'Armor). Ce prénom est largement confondu avec sainte Gwenn.
Il est assez rare, mais existe.

## Gwenneg

**Masculin** **Fête le 8 Août.**

Ce frère ou neveu du saint roi Judicael (voir Hoel, et aussi Judoc) est né au VII^e^ siècle. Avec Judikael s'éteignait le royaume de Domnonée, qui couvrait la côte nord de Bretagne.
Gwenneg voyagea dans le nord de la France, puis fonda un monastère à Wormhout où il mourut. Il y a sans doute des confusions entre Gwenneg et Gwezheneg. On le connaît sous les noms de Gwenneg, Vennec (et autrefois Guesnoc), Guennoc, Venoc. Venec, d'où Saint-Venec en Briec (Finistère), Gwennog, Winoc, Vinoc, d'où Plouhinec (Finistère).
Le prénom ne semble pas être porté.

## Gwennin

**Masculin** **Fête le 19 Août.**

Saint Gwennin fut évêque de Vannes au VI^e^ siècle, après saint Paterne III. Il est le patron de Guénin (Morbihan).
Gwennin, Guennin : de la racine *gwenn* : blanc. Forme francisée Guénin, Guénan. Aussi Guin, semble-t-il, et Guïnis. Féminin Gwennina (et Nina).
Apparemment inusité.

## Gwennoal

**Féminin**

Voir Nolwenn.

# Gwennog

**Masculin**

Voir Gwenneg.

# Gwennou

**Masculin**

Diminutif de Gwenn, voir ce prénom.

# Gwenola

**Féminin** **Fête le 4 Juin.**

Quoiqu'on rapproche généralement Gwenola de Gwenole (les grands saints font toujours de l'ombre aux petits), nous suivrons ici cette dame originaire de Tourc'h (sud Finistère), qui a voulu pour sa petite-fille ce prénom, comme traduction bretonne de sainte Candide, Candida, la toute blanche, seconde patronne de Scaër et de Tourc'h.
Un prénom assez fréquent, avec un pic de cent cinquante vers 1970.

# Gwenole

**Masculin** **Fête le 3 Mars.**

Gwenole est l'un des saints bretons les plus estimés. Fils de saint Fragan et de sainte Gwenn (il pourrait être aussi le neveu de Conan Mériadec, le premier roi de Bretagne), né à Ploufragan, il fut instruit par saint Budoc dans l'îlot de Lavret, près de Bréhat. Il fonda l'abbaye de Landévennec qui porte son nom : Lan-Tewenneg, à l'entrée de la presqu'île de Crozon. Après sa mort en 532, l'abbaye connut un rayonnement exceptionnel jusqu'à sa destruction par des pillards normands au Xe siècle. Les moines revinrent vingt-cinq ans plus tard, et y restèrent jusqu'à la Révolution française. L'abbaye fut alors abandonnée jusqu'aux années 1950, où les bénédictins se mirent en tâche de l'occuper et de la reconstruire.
On retrouve Gwenole dans l'épisode de la destruction de la ville d'Is (voir Ahès). Il sauva le roi Grallon au prix de la vie de sa fille, puis veilla sur lui jusqu'à sa mort ; et assura ses funérailles dans son abbaye. Anatole Le Braz, à cette occasion, en fait le lien entre les anciennes religions celtiques, vaincues, et le christianisme triomphant. C'est lui qui recueillit le dernier soupir du roi Grallon. Il était grand faiseur de miracles, dont nous avons retenu celui-ci : une oie avait arraché et gobé l'œil de sa petite sœur Klervi (sainte elle aussi). Gwenole ouvrit le ventre de l'oie, y reprit l'œil qu'il remit en place sans autres

dommages. A sa mort, il demanda aux moines de désigner pour lui succéder un abbé qui soit « à la fois doux comme le miel et amer comme l'absinthe ». On dit aussi que Dieu, pour récompenser les moines de Landévennec de l'œuvre accomplie, les rendit immortels, mais que, fatigués de vivre, ils renoncèrent l'un après l'autre à ce privilège.

Gwenole est invoqué pour la fécondité des femmes et la sûreté des marins. On l'honore à Collorec (Finistère), comme patron de l'avoine : il avait lié ses poules, les empêchant de manger l'avoine dans les champs, lors d'une sortie nocturne... d'avant sa sainteté.

Gwenole, bien sûr, fait partie des saints choisis par l'évêché de Quimper pour figurer dans sa chapelle du monument *Breiz d'ha bugale* à Sainte-Anne-d'Auray.

Gwenole vient du vieux breton *Uuingualoe* : *Uuin* : blanc, sacré, et *Gwal* : valeur, et a comme cousins Gwenwal, au pays de Galles, Gwengoal à rapprocher de Ven Hoal, qui est une baie de l'île de Groix, et qu'on peut traduire par la baie de Gwenole (d'après les recherches de Michel Priziac). Une orthographe ancienne de ce prénom est Winwalloe.

L'orthographe bretonne ne comporte pas d'accents : on écrit donc Gwenole (qui est la forme la plus portée), Guennole, et Gwenola (Gwennolaïk dans le *Barzaz Breiz*) au féminin (voir aussi Gwenola). Et, par francisation, Gwénolé, Guénolé, Gwénola. Tous ces prénoms sont portés de nos jours :

« Nous avons, ma femme et moi, choisi Gwenola, car, à côté de Sant Nazer, un petit bourg s'appelle Batz, et la paroisse porte le nom de Saint-Guenolé », nous écrit Yannig.

Gwenole est nommé Guingalreus par Bertrand d'Argentré, au XVIe siècle, dans la plus ancienne relation connue de la submersion de la ville d'Is. Des francisations abusives l'ont fait nommer Guignolet ou Guingalois !

Il est l'éponyme de Saint-Guénolé, Locquénolé, Locunolé (Finistère). Les moines de Landévennec fondèrent en son honneur un oratoire devenu la paroisse du Saint (Finistère).

Citons le défunt linguiste Gwenole Le Menn, auteur du très fouillé *Grand Choix de prénoms bretons*.

C'est un prénom assez fréquent, avec un pic vers 1970. Mais il est plus rare que Gwenola. La forme française Guénolé est plus courante depuis un siècle.

## Gwentroc

**Féminin**

Voir Ediltrude.

## Gwenvael

**Masculin** **Fête le 23 Décembre.**

Ce prénom associe *gwenn* : blanc et *mael* : prince. Y a-t-il eu un saint Gwenvael ? On confond sa vie avec saint Envel (voir ce nom).
Gwenvael, aussi Gwenvel. Abrégé Gwenva.
Ce prénom ressurgit vers 1980 avec une petite dizaine d'enfants par an.

## Gwenvred

**Féminin** **Fête le 26 Juin, parfois le 22.**

« Après des prénoms vannetais, trégorrois et cornouaillais, nous écrit Annaig, maman de l'école Diwan, il nous restait à honorer la Haute-Bretagne. C'est Gwenvred que nous avons choisi. Pour la beauté de son étymologie :
*Gwenn* : blanc, béni, heureux, et *bred* : esprit, disposition d'esprit, volonté d'une part et, d'autre part, pour faire revivre un prénom totalement oublié et qui était attesté au XVe siècle. Ce prénom fut notamment porté par la femme du roi Salaun qui régna entre 857 et 874. Tous deux ont été inhumés à Maxent, près de Plélan-le-Grand (Ille-et-Vilaine). »
Pas grand-chose à ajouter comme d'habitude, Annaig ! Sinon que Salaun fut le dernier roi couronné de Bretagne, et donc Gwenvred la dernière reine.
Plus anciennement, sainte Gwenvred fut une martyre galloise, décapitée par le prince Karadog. On la retrouve dans un récit du cycle du Graal, où elle sauve son mari d'un serpent en offrant son sein à la bête venimeuse : cette histoire n'est pas sans relents bibliques.
Gwenvred : aussi Gwenvrevi, est à rapprocher du prénom Winifrid (gallois ?), et ne semble pas être porté.

## Gwereg

**Masculin**

Gwereg, aussi Gweroc, Gwerec, était comte de Vannes à l'époque de Conomor. C'est lui, qui sous la pression de saint Gildas, accorda la main de sa fille Trifina au Barbe-Bleue breton. Aussi Weroc, Waroc, Guérec'h, Guévrok chez Anatole Le Braz. Son territoire est devenu

le Bro-Erec, et c'est le pays vannetais actuel. Aussi Gerec, auquel sont dédiées l'église et une fontaine de Cléguérec (Morbihan).
On connaît aussi Guérec, second fils illégitime d'Alain Barbetorte, évêque de Nantes, qui succéda à son frère Hoël vers 980, mais ne put asseoir son autorité, et mourut vers 990.
Ce prénom semble ne pas être porté.

## Gwezheneg

**Masculin** **Fête le 5 Novembre.**

D'une célèbre fratrie de saints : Gwenole, Jagu, Klervi..., enfants de saint Fragan et de sainte Gwenn. Saint Gwezheneg a peut-être donné son nom à l'abbaye de Landévennec, qu'il fonda avec son frère Gwenole.
Gwezheneg vient de *gwezhen* : combat. On trouve en vieux breton Guethenoc. Puis Gwezheneg, Gwezhenog, Gwezhneg. Aussi anciennement Weithnoc.
En forme francisée : Guinoux, d'où Saint-Guinoux (Ille-et-Vilaine), Guézennec, d'où Quimper-Guézennec (Côtes-d'Armor). Et aussi Vennec.
Et enfin le surnom Kadvan, Kavan.
Tous ces prénoms semblent inusités.
Guethenoc, fils du duc de Bretagne Conan, frère du duc Geoffroy, était comte de Porhoët quand il entreprit la construction d'une forteresse qui devint Josselin. De lui descend la famille de Rohan, qui est restée fidèle au château de Josselin.

## Gwilhou

**Masculin** Voir Gwilherm.

## Gwill, Gwillou, Gwillaou, Gwillaouig

**Masculin**

Voir Gwilherm.

## Gwilherm

**Masculin**

Ce prénom d'origine germanique (*wil* : volonté, *helm* : casque) a donné de nombreux dérivés. Et le premier Breton canonisé par Rome, en 1247, fut Guillaume Pinchon. Né à Saint-Alban, près de Lamballe, il devint évêque de Saint-Brieuc en 1220. Mais il dut se

démettre en 1226 : on l'accusait d'avoir transgressé les lois de l'Eglise pour aider les pauvres contre le duc Pierre Mauclerc, qui le paya de quatre ans d'excommunication ; c'est pourquoi on le représente avec une « marmite des pauvres ». Guillaume Pinchon revint à Saint-Brieuc en 1230, et y décéda en 1234. Son tombeau est dans sa cathédrale. On le fête le 29 juillet. Mais le prénom Guillaume est aussi fêté le 29 mars en Bretagne, pour un autre saint, et le 10 janvier en France.
Guillaume est la forme française du germanique Wilhem, qui s'est écrit Guyaume en Bretagne autour du Xe siècle, d'où le diminutif Yaume.
En breton, il est devenu Gwilherm (Gwillerm dans un recueil de cantiques du début du siècle), porté par une centaine d'enfants depuis 2000, Guilhou, Guilhom, Guillou, aussi Gwill, Gwillou, Gwilhou, Gwillaou chez Luzel d'où le diminutif Gwillaouig. On trouve souvent dans les contes les diminutifs Lom, Lomig, et ce dernier est porté actuellement.
Au féminin Guillemette correspond Gwilhamet, Gwilmet, diminutif Metig.

## Gwinal

**Masculin** Voir Gwenael.

## Gwiner

**Masculin**
Voir Venier.
Voir aussi Eginer.

## Gwinian, Gwinien

**Masculin**
Voir Guinien.

## Gwion

**Masculin**
Voir Guyon.

## Gwionvarc'h

**Masculin**
Voir Guyomarc'h.

## H COMME HAUTE-BRETAGNE

C'est la langue bien plus que l'histoire qui a divisé la Bretagne en deux parties : la Basse-Bretagne est bretonnante, tandis que la Haute-Bretagne est de parler français et gallo. La limite a fluctué au cours des siècles, et coupe des évêchés et des départements.
L'imagerie du siècle dernier a immortalisé le paysan de Basse-Bretagne, qui n'était pas plus bête qu'un autre : il parlait simplement une autre langue ; elle a épargné celui de Haute-Bretagne, qui n'était pas plus malin que l'autre. La vraie Bretagne est l'addition de ses deux parties, et elle s'en enrichit : témoin l'abondance des contes, des chants, la vivacité du théâtre en pays gallo. Entre le pays des crêpes, à l'ouest, et celui des galettes, à l'est, on parle finalement le même langage.

## Haeloc

**Masculin** **Fête le 21 Janvier.**

Prince de Domnonée et second fils du roi Judael. Il fut roi à son tour sur la demande de l'héritier du trône, le célèbre Judikael – ou, selon d'autres sources, usurpa sa place à la suite d'intrigues familiales assez

sanglantes, puisque sept de leurs frères furent assassinés. Quelques années plus tard, Haeloc devint aveugle, mourut, ou entra dans les ordres dans le nord de la France à la suite de son frère Judoc. C'est selon les interprètes.
Haeloc est aussi nommé Indganoc, Ingenoc.
Mais le prénom ne semble pas porté.

## Halon

**Masculin**

On ne sait rien de saint Halon, sinon qu'il est le onzième, ou peu s'en faut, frère du saint roi Judikael et donc bénéficiaire de la canonisation collective de la famille royale de Domnonée armorique.
Quelques dizaines d'enfants portent ce prénom depuis 2000.

## Hamon

**Masculin** **Fête le 21 Avril.**

Abbé de Savigny (près d'Avranches) au XII^e siècle, ce saint né près de Rennes est l'auteur de plusieurs ouvrages pieux sans doute perdus. Le prénom est cité ensuite en Bretagne. Un Hamon, chevalier du XV^e siècle, était honoré à Plescop (Morbihan). Hamon est surtout connu comme patronyme répandu, mais également comme prénom, vieillissant il est vrai.

## Harn

**Masculin**

Voir Hernin.

## Harscoët

C'est le nom d'un seigneur de Retz au XI^e siècle, qui construisit le château de Machecoul.

## Harvian

**Masculin**

Voir Hoarvian.

## Haude

**Féminin**

Voir Eodez.

# Hegareg

**Masculin**

Voir Egarec.

# Hélary, Hélaury

**Masculin**

Voir Helouri.

# Helen

**Masculin**

Voir Elen.

# Helen, Henela

**Féminin**

Voir Helern.

# Helern

**Masculin**

A Bubry (Morbihan), sainte Hélène a joué les coucous en prenant la place de saint Helern. Elle n'avait pas besoin de cela, la mère de l'empereur Constantin, vénérée par la duchesse Anne parce qu'elle avait découvert la Vraie Croix de Jésus. Mais c'est ainsi. Elle a son pardon dans une chapelle, halte sur la route de Compostelle. Quant au pauvre Helern, évangélisateur d'origine irlandaise, son prénom n'est, à notre connaissance, plus porté par personne.

# Hélibert

**(**) Masculin** **Fête le 1er Janvier.**

Saint ermite qui aurait vécu sur une île de Bretagne au début du VIe siècle. On n'en sait pas plus à ce jour sur Hélibert.
Ce prénom semble inusité.

# Hélier

**Masculin** **Fête le 17 Juillet.**

Les Rennais connaissent bien saint Hélier, qui patronne une paroisse importante de la ville. Et la capitale de l'île de Jersey. La biographie sacrée de saint Hélier est succincte. Converti à la fin du VIe siècle par saint Marcoul, il se fit ermite sur une île qu'on suppose être Jersey, où il fut massacré par une troupe de barbares. Hélier, aussi Elier, est un prénom rare, qu'on donnait dans les années 1930.

## Hélin

**Masculin**

Voir Elen.

## Héloïse

**Féminin** **Fête le 15 Mars.**

Elle était la nièce du chanoine Fulbert, au début du XIIe siècle. Elle est devenue une image de l'amante malheureuse, par ses amours avec le clerc Abélard, grand philosophe controversé. Ils eurent un enfant, et Abélard le paya de sa virilité, tandis qu'Héloïse était conduite au monastère d'Argenteuil. Si elle n'est pas bretonne, ni sainte, Héloïse fait partie de notre littérature, par les lettres qu'Abélard lui écrivit depuis l'abbaye de Saint-Gildas-de-Rhuys.

Loiza (voir aussi Loeiz) est donné comme forme bretonne de Héloïse, prénom cousin de Louis et d'origine germanique : *hold* : glorieux, et *wild* : combattant.

Héloïse est un vieux prénom, assez courant il y a un siècle, et en vogue depuis 1980.

## Helori

**Masculin**

Voir Helouri.

## Helouri

**Masculin** **Fête le 19 Mai.**

Il est rare que des patronymes attestés deviennent des prénoms répandus ; c'est le cas de celui de « Monsieur » saint Yves Héloury, qui, il est vrai, n'est pas un petit saint.

On trouve Hélouri, Helori, Hélary, d'où Saint-Halory en Pordic (Côtes-d'Armor), Saint-Hélary en Berrien (Finistère). La variante Hélaury est plus répandue, une quinzaine d'enfants par an depuis 1990. Voir Yves.

## Henan

**Masculin**

Voir Heneg.

# Heneg

**Masculin** **Fête le 28 Juillet.**

Du vieux breton *hen* : ancien, dérive sans doute le nom de saint Heneg, compagnon de saint Samson, le fondateur de l'évêché de Dol. On retrouve Heneg dans divers noms de lieux, augmenté du préfixe « te ». Aussi Henan.

Mais aucun des deux ne semble être porté.

# Henory

**Féminin**

Voir Enora.

# Henri, Henry

**Masculin**

Voir Herri.

# Heodez

**Féminin**

Voir Eodez.

# Heol

**Masculin**

Voir Eol.

# Herbaud

**Masculin**

Voir Herbot.

# Herbot

**Masculin** **Fête le 13 Juin.**

Comme beaucoup d'autres saints, Herbot a vaincu son dragon ; mais il est plus célèbre comme patron et protecteur des bêtes à cornes. Après plusieurs étapes où il n'avait pu se faire accepter de la population, il s'établit en un lieu devenu depuis Saint-Herbot (Finistère). Il y arriva sur une charrette tirée par deux bœufs, qui ne le quittèrent plus, et restèrent devant l'ermitage longtemps après la mort du saint. Anatole Le Braz rapporte que « chacun pouvait les venir prendre à la tombée de la nuit et s'en servir pour labourer, à la condition de les ramener avant le lever du soleil ». Jusqu'au jour où un paysan trop

cupide les garda plus longtemps, et depuis ils ont disparu. Peu liant avec les hommes, saint Herbot leur préférait la compagnie des vaches et des bœufs, dont il comprenait le langage. Un pèlerinage s'est instauré à Saint-Herbot, où il est enterré ; on y a construit une belle chapelle aux XV$^{e}$ et XVI$^{e}$ siècles. On y amène les bêtes pour leur garder bonne santé. Mais, malheureusement pour elles, le pèlerinage ne dure plus qu'un jour, contre trois autrefois, pendant lesquels tous les bœufs de Cornouaille étaient en vacances. Et l'on offre à saint Herbot des queues de vache que l'on suspend dans l'église.
On peut aussi écrire Herbod. Il a une chapelle à Plonévez-du-Faou, et une statue à Audierne (Finistère). Il est l'un des saints choisis par l'évêché de Quimper pour figurer dans sa chapelle du monument *Breiz d'ha bugale* à Sainte-Anne-d'Auray.
Ce prénom ne semble pas être porté.

## Hérik

**Masculin**

Voir Erik.

## Herlé

**Masculin**

Voir Erle.

## Hermeland

**Masculin** **Fête le 25 Novembre.**

On connaît le monastère de saint Hermeland, fondé par l'évêque de Nantes Pasquier. Mais la vie du saint est peu connue. L'évêché de Nantes l'a honoré en le faisant figurer dans sa chapelle du monument *Breiz d'ha bugale*, « La Bretagne à ses enfants », qui commémore à Sainte-Anne-d'Auray les pertes en hommes de la Grande Guerre.
Ce prénom semble inusité.

## Hermet

**Masculin**

Voir Armel.

## Hern

**Masculin**

Voir Hernin.

## Hernin

**Masculin** **Fête le 11 Janvier.**

Hernin est un saint venu d'Angleterre au VIe siècle. Il est le patron de Locarn (Côtes-d'Armor) où il serait décédé, et de Saint-Hernin (Finistère). A Locarn, il a son tombeau, sa fontaine et sa statue, dont on lave trois fois la tête pour guérir du même mal.
Hernin : sans doute de *haer* : fort, et *nin* : sommet. La forme bretonne est Hern. Aussi Thernen, Harn.
Ces prénoms semblent ne pas être portés.

## Herri

**Masculin** **Fête le 13 Juillet.**

C'est la forme bretonne, assez employée, correspondant à Henry. Mais Herry a aussi une étymologie en vieux breton : *hari* : armée, et *ric* : roi. Aussi Herry.
On le trouve, rarement, porté depuis cinquante ans.

## Herve

**Masculin**

Le saint aveugle Herve est une grande figure de la Bretagne. Contrairement à la plupart des grands saints bretons, il est né en Armorique, plus précisément au manoir de Lanrion près de Plouzévédé (Finistère nord), en l'an 515. Ses parents étaient le barde Hoarvian et la sainte Riwanon. Né aveugle par la sainte volonté de sa mère, Herve devint exorciste et fonda l'abbaye de Lanhouarneau – *lan-houarneau* signifie domaine d'Herve – où il mourut. Dès son jeune âge on lui prête de nombreux miracles, comme celui d'une dent de lait qu'il perdit et qui illumina toute la région. Il est représenté avec le loup qui avait dévoré son âne de labour, et qu'il obligea à le remplacer. Saint Herve protège des loups ; il protège les chevaux. Il guérit les enfants malades, et est le patron des bardes, des poètes et des chanteurs. A Notre-Dame-de-la-Croix en Plélauff (Côtes-d'Armor), une statue le représente en compagnie de son loup familier, statue qu'on promène lors du pardon annuel.
La renommé d'Herve fut telle que les rois et les princes de Bretagne prêtaient serment sur ses reliques. Il est honoré en des lieux nombreux, mais le plus illustre est sans doute sa chapelle au sommet du Ménez-Bré. Quand les prélats de Bretagne décidèrent enfin de juger

Conomor pour ses nombreux crimes, ils invitèrent saint Herve à se joindre à eux pour les faire bénéficier de sa sagesse. Il arriva très en retard, assez déguenillé, mais prit une part prépondérante dans l'assemblée. Conomor fut mis au ban de la communauté chrétienne, ce qui lança la chasse qui devait lui être fatale. On dit qu'Herve ne descendit plus du Ménez-Bré après le jugement, et qu'il resta y finir sa vie en compagnie de son loup familier.

On le fête le 17 Juin. Herve est un prénom d'origine celtique : *haer* : fort, et *ber* : ardent. Sous ses différentes dénominations, il est l'éponyme de nombreux lieux :

Hervé : Saint-Hervé (Côtes-d'Armor).

Houarn, Houarno, Houarnev, Hoarve, et les formes françaises Houarneau, Houarne, Hoarne : Lanhouarneau, Saint-Ouarno en Saint-Péver, Lanhouarne en Plouider (Finistère), Saint-Houarno en Langoelan (Morbihan).

De plus, il nous semble qu'il y a confusion de nom entre les dérivés de Herve et ceux de Houarvion son père.

Mais la forme bretonne pure est Herve (de *houarn* : fer, et *biu* : vif).

Nous avons trouvé le prénom Hervelina, donné en 1957.

Hervé est un prénom courant en France, surtout dans les années 1960, et plus en Bretagne qu'ailleurs.

Parmi les nombreux Bretons qui ont illustré ce prénom, nous n'oublierons pas Hervé de Portzmoguer, le capitaine de la *Cordelière*, figure illustre de la ténacité bretonne.

La *Cordelière* était une magnifique caraque commandée par la duchesse Anne alors qu'elle était reine de France, mais souveraine en Bretagne. Le vaisseau avait participé victorieusement à l'expédition de 1501, qui la conduisit à une victoire sur les Turcs. Anne vint à Brest visiter sa *Cordelière*, lors d'un pèlerinage à Notre-Dame-du-Folgoët.

Mais bientôt, une escadre anglaise aborda le goulet de Brest. Il y avait vingt navires anglais. Et vingt et un français, qui refusèrent le combat. Restaient les vaisseaux bretons. La *Cordelière* engage le combat contre trois anglais, en défait deux, tuant Knyvet, le grand écuyer d'Angleterre. Reste le dernier, le Regent, qui s'enferre à la *Cordelière* de tous ses grappins. Les Anglais sont très supérieurs en nombre. Les marins de la *Cordelière* souffrent, meurent, et bientôt le pavillon anglais flottera sur le porte-étendard de la flotte bretonne.

Alors quelqu'un, et sans doute Hervé de Portzmoguer, se glisse dans l'entrepont. La *Cordelière* explose, s'abîme, entraînant dans l'océan le Regent, prisonnier de ses harpons. Plutôt la mort que la souillure pour le vaisseau à l'hermine.

## Hervian

**Masculin** Voir Hoarvian.

## Hiler

**Masculin**

Hilaire était évêque de Poitiers au IVe siècle. La tradition le donne comme saint breton, car le diocèse de Retz, à l'ouest de Nantes, faisait alors partie de l'évêché de Poitiers.

Hilaire, en breton Hiler, est fêté le 14 janvier.

Le prénom français Hilaire est assez présent, mais vieillissant, et pas particulièrement en Bretagne.

## Hiouwain

**Masculin**

Voir Yves.

## Hoarne, Hoarve

**Masculin**

Voir Herve.

## Hoarvian

**Masculin**

Voir Houarvian.

## Hoel

**Masculin**

Hoel est un prénom royal : on connaît plusieurs Hoel rois de Domnonée, dont Hoel III, qui vécut au VIe siècle et engendra quinze saints : Judikael dit Gicquel, Judoc dit Josse, Winoc, Eoc, Eumaël, Doetval, Gozel dit Gladran dit Salomon, Largel, Ruivas, Riguald, Judgoseth, Halon, Ludon, Guinmaël, Guenae, Juthaël, et deux saintes : Onnen et Urielle. Nous ne savons pas si ses autres filles Bredai, Guen, Cléor et Prust furent des saintes. Nous savons en

revanche que la généalogie de la famille royale de Domnonée est inextricable. Et que Hoël III doit – car comment faire autrement ? – être Judaël fils de Judual.
On connaît mieux Hoël, fils illégitime d'Alain Barbetorte. Il héritait en principe du duché à la mort de celui-ci, mais il fut contré par Conan le Tort, comte de Rennes. Il meurt vers 980.
Et Hoël, fils d'Alain Cagnart, mari d'Havoise, la fille d'Alain III. Comte de Cornouaille et de Nantes, il devint en 1066 duc. Il mourut en 1084.
Et enfin Hoël, fils du duc Conan III le Gros. Héritier légitime du duché de Bretagne, il fut désavoué par son père.
Hoel, plus souvent orthographié Hoël, vient vraisemblablement de *ho* : bien, et de *wel* : vue. C'est un prénom porté actuellement : une quinzaine d'enfants par an depuis trente ans. Les dates du 13 juillet et du 16 décembre sont données comme fêtes, pour deux personnages différents.
Autre forme, ancienne : Howel, porté rarement et depuis peu.

## Honorée

**Féminin**

Voir Enora.

## Houardon

**Masculin** **Fête le 24 Novembre.**

Saint Houardon vint de Grande-Bretagne au VIe siècle, dans une auge en pierre en guise d'embarcation. Il fut l'ami de saint Herve. Evêque du Léon, c'est le patron de la moitié de Landerneau, cette cité mi-léonarde et mi-cornouaillaise, qu'unit l'un des deux derniers ponts habités d'Europe.
Houardon : du celtique *huer* : fort, et *da* : bon, n'est apparemment pas porté.

## Houarn, Houarne, Houarneau, Houarnev, Houarno

**Masculin**

Voir Herve.

## Houarvian

**Masculin** **Fête le 5 Décembre.**

On l'honore surtout d'avoir donné naissance à saint Herve, le visionnaire aveugle. Houarvian était un barde d'origine insulaire venu à la cour de Childebert, roi des Francs. Un ange lui commanda de se rendre en Bretagne, où il rencontra Riwanon. Le frère de Riwanon, Riware, lui accorda sa main ; de leur union charnelle tant que spirituelle naquit Herve. On rencontre aussi les variantes Huvarnion, Harvian, Hervian, Hoarvian. Anatole Le Braz donne Hyvarnion. Et Grégoire de Rostrenen Houarneau, surnom de saint Herve. Il y a parfois confusion entre le traitement du fils et le nom du père.
Ce prénom semble ne pas être porté.

## Howel

**Masculin**

Voir Hoel.

## Huélin

**Masculin**

Fils de Conan Mériadec et premier comte de Cornouaille armoricaine, Huélin fait partie d'une nombreuse fratrie de saints qui est peut-être totalement imaginée par les historiens anciens, quoique flatteuse pour la souveraineté bretonne. Nous n'avons pas la prétention de juger la querelle. Les ecclésiastiques successifs ont reconnu Huélin comme saint, sans nous donner d'autres renseignements sur sa vie.
Ce prénom n'est apparemment pas porté.

## Huvarnion, Hyvarnion

**Masculin**

Voir Houarvian.

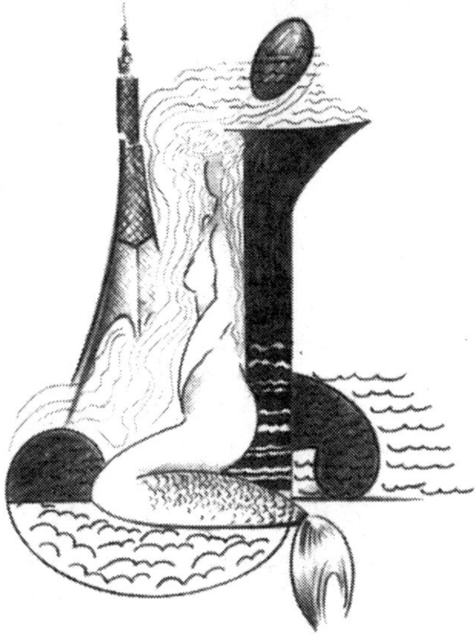

## I COMME IS

Is, la cité engloutie, est le réceptacle des splendeurs disparues, des royaumes emportés par la tourmente. Une région qui compte près de quatre mille kilomètres de côtes a forcément payé son tribut à la mer. Elle a englouti des cités, et la grande forêt de la Bretagne. Elle grignote chaque jour quelques falaises, et s'introduit profondément dans les terres par des rias que nous appelons des abers.

Quand la ville d'Is – que l'on situe le plus probablement près de Douarnenez – sombra par la faute d'Ahès, la fille du roi Grallon, elle ne disparut pas entièrement, mais changea d'état : on dit que ses habitants vivent encore, figés dans un instant éternel, attendant leur délivrance ; les prêtres disent leur messe dans les cent cathédrales, les marchands tiennent la même pièce de drap. Un jour peut-être, un enfant viendra servir la messe, ou un passant achètera cette pièce de tissu, et Is sera délivrée.

### Lagu

**Masculin**

Voir Jegu.

# Lan, Lannig

**Masculin**

Voir Yann.

# Laun

**Masculin**

Voir Yann.

# Ideuc

**Masculin**

Voir Ildut.

# Iduned

**Masculin** **Fête le 3 Avril.**

Saint Iduned était un disciple de saint Gwenole, au VIe siècle. Il vécut en ermite sur les rives de l'Aulne, près de Châteaulin où il est toujours honoré. Il a laissé son nom à Pluzunet où sa chapelle s'appelle Saint-Idunet. On lui demande de prévoir le sexe des enfants à naître. Mais (d'après Le Braz) il est un peu sourd ; on fouette alors sa statue avec une branche de genêt pour le rendre attentif. Les saints bretons sont honorés, soit, mais on leur demande en échange un minimum de travail.

Ses reliques ont été transférées sur l'île de Groix lors des invasions normandes.

Iduned, aussi Idunet, Izuned, peut avoir une origine germanique, et cousiner avec Edwin – d'où le prénom Ethbin, Ezhvin qu'on lui donne aussi (voir aussi Ethbin). Le chanoine Garaby l'appelle aussi Idumet, et Yonnet. Mais aucune de ces variantes ne semble portée .

# Iestan

**Masculin** **Fête le 19 Avril.**

Un vieux saint breton inconnu. Peut-être est-ce une déformation de Iestin, Gestin. Il a donné Plestan (Côtes-d'Armor), et l'île Istan.
Pas porté, apparemment.

# Iestin

**Masculin**

Voir Gestin.

# If, Iffig, Ifig

**Masculin**

Voir Yves.

# Igeau

**Masculin** **Fête le 31 Juillet.**

L'abbé de Rostrenen donne Igeau comme correspondant breton de Ignace. Ce qui peut expliquer le nom de Saint-Ygeaux (Côtes-d'Armor). Aussi Ignéau.

Apparemment pas porté.

# Ignoroc

**Masculin** **Fête le 1er Février.**

Saint Ignoroc, aussi Inioroc, est donné comme évêque de Vannes au VIIe siècle. Aussi Igneuc, d'où Saint-Igneuc (Côtes-d'Armor).

Ce nom, semble-t-il, n'est pas porté.

# Iguinou

**Masculin**

Voir Gouesnou.

# Ihuel

**Masculin**

Voir Judael.

# Ildut

**Masculin** **Fête le 7 Novembre.**

Ildut ou Iltud, il nous fallut choisir, car l'un et l'autre se disent ou l'un ou l'autre se dit.

Saint Ildut est parmi les plus éminents des clercs fondateurs de l'Armorique chrétienne. Son abbaye galloise formait des saints par centaines. Ildut fut au Ve siècle le maître de Gweltas, Pol, Samson, Brieg, Kado… Il semble qu'il ne soit jamais venu en Bretagne péninsulaire. Mais son nom, et son patronage, sont associés à Lanildut, Loc-Ildut en Sizun, l'Aber-Ildut (Finistère), Coadout (Côtes-d'Armor), Ploërdut (Morbihan), Saint-Ideuc (Ille-et-Vilaine). On l'invoque pour faire marcher les enfants, et aussi pour la protection des basses-cours. La messe du pardon de Loc-Ildut est dite en breton. Près de Tréguier, on l'invoque sous le nom de saint Elud.

Ildut et Iltud sont portés actuellement. Autres dérivés : Eltud, Ildud, Ideuc francisé. Féminin : Iltuda, Iltudez.

## Ilfin

**Masculin** **Fête le 16 Janvier.**

Saint Ilfin est cité comme le parrain de Ninnog, et venu d'Angleterre avec elle pour fonder un monastère de femmes. Ilfin en fut le directeur spirituel. Apparemment ce prénom n'est pas porté.

## Iltud

**Masculin** Voir Ildut.

## Inan

**Masculin** **Fête le 17 Novembre.**

C'est un saint dont on ne connaît pas grand-chose, sinon qu'il est le patron de Saint-Aignan (Morbihan), en breton Sant-Inan. Bro Sant Inan est le nom d'une association dirigée par notre ami Louis Robic, qui a restauré les chapelles de la forêt de Quénécan, et entretient la ferveur populaire par des pardons mémorables. Les foules viennent de nouveau aux pardons de sainte Tréphine, de saint Marc, et de saint Ignace.

Inan : on le rapproche souvent, mais à tort, de saint Aignan, évêque d'Orléans au V^e^ siècle, qui défendit sa ville contre le siège d'Attila. Le prénom Agnan est aussi connu. Il vient du latin *agnus* : agneau, c'est-à-dire pur.

On recense quelques dizaines d'Inan depuis trente ans.

## Indganoc

**Masculin**

Voir Haeloc.

## Inioroc

**Masculin**

Voir Ignoroc.

## Iouan, Iouenn, Iouennic

**Masculin**

Voir Youenn.

## Isabelle

**Féminin**

Voir Izabell.

## Iseult

**Féminin** **Fête le 14 Juillet.**

C'est l'amante forcée de Tristan, le neveu du roi Marc'h. Son histoire est racontée à propos de son amant. Un prénom rare, mais en augmentation. Aussi Izold.

## Istin

**Masculin**

Voir Gestin.

## Iudhael

**Masculin**

Voir Judael.

## Iv

**Masculin**

Voir Yves.

## Iveine

**Féminin**

Voir Yves.

## Ivi

**Masculin** **Fête le 6 Octobre.**

Saint Ivi, que l'on dit « le dernier des saints venus de l'île de Bretagne », est surtout connu pour avoir fondé la ville de Pontivy (Morbihan). Né de Branon et d'Egida, il serait arrivé en 685 sur la côte armoricaine, fondant un ermitage devenu Loguivy-de-la-Mer (Côtes-d'Armor). Ivi a aussi donné son nom à Loguivy-Plougras (Côtes-d'Armor), Saint-Yvy (Finistère). Il était patron d'une église à Pontivy, devenue depuis la basilique Notre-Dame-de-la-Joie.

Ivi est un prénom porté actuellement par des nonagénaires et des garçons de moins de dix ans (voir aussi éventuellement Dewi).

Dérivés : Ivy, donné depuis trente ans, Iwig sont des variantes traditionnelles. Aussi Yvi. Francisé en Ivin.

Ivi, patron des touristes, est aussi saint guérisseur des enfants malades.

## Ivin

**Masculin.**

Ivin signifie en français if. Voir Yves et Ivi.

## Ivo, Ivon, Ivonig

**Masculin**

Voir Yves.

## Ivona

**Féminin**

Voir Yves.

## Iwan

**Masculin**

Voir Yves.

## Iwen

**Masculin**

Voir Ewen.

## Iwig

**Masculin**

Voir Ivi.

## Izabell

**Féminin.** **Fête le 22 Février.**

C'est la forme que donne Luzel pour Isabelle (vient de l'hébreu, cousin de Elisabeth).

Izabelle a connu une grande vogue vers 1970, et est aujourd'hui plus rare.

## Izo, Izou (**)

**Masculin**

Voir Yves.

## Izoenn, Izoène

**Féminin**

Voir Yves.

## Izoin

**Masculin**

Voir Yves.

## Izuned

**Masculin**

Voir Iduned.

## J COMME JUDIKAEL

L'histoire officielle de la France considère la Bretagne comme une province souvent récalcitrante d'une France éternelle. Mais la France, pas plus qu'aucun autre pays, n'est pas éternelle. Elle s'est faite par hasards, par mariages choisis et par héritages. Une certaine histoire de la Bretagne a présenté ce pays comme une entité contrariée par les événements, et l'a dotée d'une dynastie, la plus ancienne d'Europe, qui relie le premier roi Conan Mériadec au dernier duc François III. C'est flatteur, mais les historiens récents ne pensent pas de même.
La Bretagne est une terre de conquête des Celtes, et les souverains qui l'ont dirigée avaient du sang de Grande-Bretagne comme plus tard de France. Quant aux souverains français, ils venaient d'Allemagne. Dans ces mouvements de corps qui ont fait et défait nos frontières, pour aboutir aux pays que nous connaissons aujourd'hui, on voit bien plus des successions, des rivalités de famille, des haines personnelles, que l'aspiration des peuples. Un grain de poussière autrefois déplacé, et nous serions anglais, ou les Parisiens seraient bretons.
Alors, que reste-t-il ? Pour certains, le goût amer des occasions gâchées. Pour d'autres, la fierté d'une longue chevauchée solitaire.

Pour les moissonneurs de prénoms, plus modestement, une belle récolte de noms héroïques ou insolites. Et puisque l'Eglise n'a pas hésité à prendre à son compte les vieux saints dont l'existence est douteuse, ce livre inclut aussi les rois de Bretagne contestés par les historiens. Car ce n'est pas un livre d'histoire.

## Jacques

**Masculin**

Voir Jakez.

## Jacut

**Masculin**

Voir Jagu.

## Jagu

**Masculin** **Fête le 8 Février.**

Saint Jagu est un frère de saint Gwezheneg, de saint Gwenole, et de sainte Klervi. Si Gwenole a pris la part du lion dans la célébrité de cette belle fratrie de saints, issue de saint Fragan et de sainte Gwenn au V^e siècle, Jagu ne démérite pas. Il fut instruit par Budoc. Il est le patron de Saint-Jagu en Plestin-les-Grèves, de Saint-Jacut-de-la-Mer, Saint-Jacut-du-Méné (Côtes-d'Armor), Saint-Jacut (Morbihan).

Jagu est une forme bretonne dérivée de Jacob. Aussi Yagu, Yegu, Jegu, Iagu.

Formes de langue française : Jacut, Jégu.

## Jakez

**Masculin** **Fête le 25 Juillet.**

Jakez (anciennement Jalm) vient du latin *Jacobus*. C'est l'équivalent breton de Jacques en français et *Jack* en anglais. C'est bien sûr un prénom très répandu, comme diminutif plus qu'à l'état civil.

Les variantes du prénom Jakez permettent de bien comprendre les glissements qui rendent parfois un prénom dérivé bien différent de l'original : de Jakez, dérive la forme hypocoristique Jakou. Jakou peut être abrégé en Kou. Et Kou peut avoir comme diminutif Kouig, qui est donc un « cher petit Jacques » !

Citons parmi les Bretons éminents, les écrivains Jakez Riou (1899-1937), Jakes Ivinn.

# Jakou

**Masculin**

Voir Jakez.

# Jalm

**Masculin**

Voir Jakez.

# Janig, Janik, Jann, Jannedig, Jannet.

**Féminin**

Voir Yann.

# Jaoua

**Masculin** **Fête le 2 Mars.**

Neveu de saint Pol, c'est le saint patron de Brasparts. On lui doit d'avoir, avec son oncle, délivré les habitants du Faou d'un dragon qui les terrorisait. Les dragons sont légion en Bretagne, et toujours vaincus par des saints. Il faut y voir une parabole du christianisme triomphant du paganisme. Cela ne réduit pas les mérites de saint Jaoua. Il fut instruit au monastère de Landévennec, puis abbé de Daoulas et évêque de Léon. Il est mort vers 554, et le choix de sa sépulture fut laissé à un attelage de bœufs : ce fut Plouvien (Finistère), où son tombeau se trouve dans la chapelle Saint-Jaoua.

Jaoua : peut dériver du latin *Jovus*, Jupiter. Ou de *juvenis* : jeune, qui a donné le breton *yaouank* : jeune. Aussi Jaoven, Jova, Jaouen (devenu patronyme, mais aussi donné comme prénom depuis trente ans) d'où l'île Jaouen. Aussi Jouan (voir ce nom), éponyme de Saint-Jouan-des-Guérets (Ille-et-Vilaine), Saint-Jouan-de-l'Isle (Côtes-d'Armor), et qui est devenu un patronyme répandu. Aussi Yaouen. S'est écrit autrefois Chaoua. Aussi francisé en Joévin, féminin Joéva.

# Jean

**Masculin** **Fête le 24 Juin.**

La forme bretonne de Jean est Yann, voir ce nom. La commune de Saint-Jean-Brévelay tient son nom d'un Anglais, saint Jean de Beverley, qui ne serait jamais venu en Armorique.

Jean, comme Jeanne, est aussi un prénom très répandu à partir du XIIIe siècle dans la famille régnante de Bretagne :

Jean Ier Le Roux fut duc de Bretagne de 1237 à 1286. Son fils Jean II lui succéda de 1286 à 1305. Et le fils de Jean II, Jean III, de 1312 à 1341.

A la mort de Jean III éclata la guerre de Succession de Bretagne, entre le parti des Blois et celui de Jean de Montfort : Charles de Blois avait épousé Jeanne, la fille du frère cadet de Jean III ; tandis que Jean de Montfort était le demi-frère de Jean III, né du second mariage de son père. Jeanne de Penthièvre, femme de Charles de Blois, et Jeanne de Flandre, femme de Jean de Montfort, participèrent activement à la guerre de Succession de Bretagne. Le roi de France soutenait le parti de Blois. Il fit emprisonner par traîtrise Jean de Montfort et envahit la Bretagne avec Charles de Blois. Alors Jeanne de Flandre organisa la défense : elle se lia avec le roi d'Angleterre Edouard III, fit fortifier les villes, et battit les Français à Hennebont en juin 1342, sortant elle-même des remparts pour mettre le feu au campement des Français qui s'enfuirent. Elle y gagna le surnom de Jeanne la Flamme.

Mais Charles de Blois emporta bien d'autres villes. Jeanne la Flamme devint Jeanne la Folle, et son mari, libéré par le roi de France Philippe VI, s'exila en Angleterre. Il en revint en 1345 à la tête d'une armée qui battit les Français près de Josselin. Mais Jean de Montfort y trouva la mort. Son fils, un autre Jean, était à Londres. Il en revint en 1364 à la tête d'une armée anglaise, comme son père. La bataille d'Auray, le 29 septembre 1364, fut un désastre pour le parti français ; Charles de Blois y trouva la mort. Le 12 avril 1365, par le traité de Guérande, Jean IV fut reconnu duc de Bretagne par le roi de France.

Sept ans après, ses rapports avec ce roi, Charles V, s'étant détériorés, il dut s'exiler en Angleterre. Charles envahit alors la Bretagne qu'il voulait confisquer ; il avait mal jugé les Bretons : on rappela Jean IV, et sa vieille rivale Jeanne de Penthièvre vint elle-même l'accueillir sur la grève.

De cet épisode on a tiré un chant de guerre très populaire, où Jean est *An Alarc'h*, le Cygne :

« Le seigneur Jean est de retour, il vient défendre son pays ;

Nous défendre contre les Français, qui empiètent sur les Bretons [...].

Là où les Français tomberont, ils resteront couchés jusqu'au jugement dernier. »

Ce chant est l'un des plus forts du *Barzaz Breiz* de Théodore Hersart de La Villemarqué.

Fort d'une unité retrouvée, Jean IV renforça le duché et le gouverna jusqu'à sa mort en 1399. Son fils Jean V lui succéda.

# Jeannick

**Féminin** Voir Yann.

# Jegu

**Masculin** Voir Jagu.

# Jekel

**Masculin** Voir Judikael.

# Jelan, Jelann

**Masculin** Voir Gérand.

# Jelven

**Masculin** Voir Elouan.

# Jelvestr

**Masculin** Voir Servais. Voir aussi Sylvestre.

# Jénovéfa

**Féminin** Voir Genovefa.

# Jestin

**Masculin** Voir Gestin.

# Jeune

**Féminin** Voir Yuna.

# Jezekael, Jezekel

**Masculin** Voir Judikael.

# Jikael, Jikel

**Masculin** Voir Judikael.

# Jil, Jili

**Masculin** Voir Gilles.

# Jildaz

**Masculin** Voir Gweltas.

# Joachim

**Masculin** **Fête le 26 Juillet.**

Saint-Joachim est au centre de la Grande Brière, cet immense marais mystérieux, qui appartient depuis 1461 aux habitants de ses vingt et une communes. La Brière marque la fin du parler breton. Les habitants ont su protéger leurs prérogatives et leur individualité, et même les Allemands ne se sont pas risqués en Brière pendant la dernière guerre. Joachim serait le mari d'Anne, père de la Vierge Marie. Le prénom est à la mode et assez porté en Bretagne.

## Job

**Masculin** **Fête le 19 Mars.**

Job est la version bretonne de Joseph dont il est un diminutif courant. Mais il est parfois donné comme prénom depuis quinze ans. Le père adoptif de Jésus-Christ aurait vécu sur Belle-Ile (qu'on ne s'en étonne pas : les Bretons s'approprient aussi sainte Anne, la mère de Marie, et le Christ lui-même aurait séjourné sur nos côtes). Mais saint Joseph était triste, car les fidèles lui préféraient saint Pierre. Alors le vaillant charpentier laissa couler une larme dans l'océan ; et elle était si amère que, depuis ce jour, les sardines ont déserté les rivages de l'île. Si vous ne le croyez pas, allez vous baigner à Belle-Ile : vous n'y verrez aucune sardine.

Dérivé : Jos. Diminutifs : Jobig (**), Josik et Jozon (**) (cité par Anatole Le Braz). Et Jozep, Joseb, dans les vieux cantiques du Trégor. Citons le harpiste Job Fulup, Job an Irien, l'historien Job Jaffré (1906-1986).

Et, une fois n'est pas coutume, un homme politique : Job Le Pévédic (1879-1964) fut maire de Ploemel pendant quarante-huit ans, il fut aussi député, et siégeait en costume breton. Enfin, il fut l'un des quatre-vingt-dix-sept députés qui ne votèrent pas les pleins pouvoirs au maréchal Pétain le 10 juillet 1940.

Et bien sûr Job Lak e'Barzh, l'inoubliable héros de Nono, qui boit plus vite que son ombre !

## Jocelyn

**Masculin**

## Jocelyne

**Féminin** Voir Josselin.

## Jocerand

**Masculin**

Voir Josselin.

## Jodoc

**Masculin** Voir Judoc.

## Joël

**Masculin** **Fête le 13 Juillet.**

Ce nom de prophète, prénom très courant dans les années 1950, se retrouve en Bretagne sous les variantes Yaël (donné depuis cinquante ans, mais pas spécialement en Bretagne), Yoël (depuis trente ans). Féminin Joela, Yaêlle, Yoëlle.

## Joévin

**Masculin** Voir Jaoua.

## Jorand

**Masculin**

Saint très peu connu, qu'Anatole Le Braz résume ainsi : « Saint Jorand n'a son nom dans aucun calendrier : c'était un trop pauvre homme. »

Jorand représente ici la légion des saints bretons oubliés, les plus humbles. Il mourut seul dans une chapelle de Plouëc (Côtes-d'Armor). Les paroissiens avaient d'autres pensées, car on célébrait alors la canonisation de saint Yves.

Mais les plus humbles ont leur revanche, et nous suivrons Luzel qui a recueilli un *gwerz* auprès du recteur de Plouëc. Les *gwerziou*, ces longues chansons qui prennent l'allure de litanies, « chants sombres, fantastiques, tragiques, racontant des apparitions surnaturelles, des assassinats, des infanticides, des duels à mort, des trahisons, des enlèvements et des violences de toutes sortes », dit Luzel. Mémoire imagée de la Bretagne tourmentée, par sa propre histoire comme par le surnaturel, ces *gwerzioù* transmis oralement sont aujourd'hui remis au grand jour par les chanteurs bretons. L'humble saint Jorand n'est connu que par les panneaux qui retracent sa vie dans la chapelle de Belle-Eglise en Plouëc, et par ce *gwerz* sans lequel il aurait rejoint la cohorte des saints bretons qu'après l'Eglise, la mémoire populaire a oubliés.

Il n'est pas question ici de donner un résumé cohérent de ce *gwerz* qui comprend plus de quarante couplets. Il relate l'errance de Jorand, refusé par une paroisse, adopté par une autre, enfin, ses mérites reconnus, disputé, convoité :

*Bars en Kergrist hag ann Drindet*
*E peder Jorant en Plouëk,*
*Met en Drindet eo douaret,*
*Etal ur piller 'eo lakêt.*
« A Kergrist et à la Trinité,
On prie Jorand, en Plouëc,
Mais c'est à la Trinité qu'il a été enterré,
On l'a mis contre un pilier. »

Voilà ! L'humble saint Jorand a ici sa revanche ! De plus, nous avons retrouvé la date de sa fête, qui est le 28 mai. Et alors que nous n'avions trouvé aucune trace de ce prénom lors de la première édition de cet ouvrage en 1999, voici qu'au moins deux cents petits Joran sont apparus. Mais savent-ils qu'un saint qui porte leur nom repose contre un pilier d'une chapelle de Plouëc ? Jorand serait la forme bretonne de Georges, que l'on fête le 23 avril. Selon Luzel, aussi Jorant, Jorhant, et Joran. Aussi Jord. Et nous avons trouvé Jorj chez un enfant Diwan. On peut sans doute lui rattacher le prénom Yoran actuellement porté.

## Jos, Josik

**Masculin, diminutif de Joseph.** **Fête le 13 Mars.**

Voir Job. Voir aussi Judoc.
Jos est parfois donné depuis une dizaine d'années.
Citons le poète Jos Parker (1853-1916), fondateur de la Fédération régionaliste bretonne, le compositeur Jos Crec'hadic.
L'éditeur Jos Le Doaré (1904-1976), dont les cartes postales ont popularisé maints aspects de la Bretagne.

## Josse

**Masculin** Voir Judoc.

## Josselin

**Masculin** **Fête le 13 Décembre.**

Guethenoc, fils du duc de Bretagne Conan et frère du duc Geoffroy, est la souche de la famille de Rohan, qui devint la plus puissante de Bretagne. Il construisit une forteresse qui prit, comme son fils, le nom de Josselin. Ce prénom est resté traditionnel dans la famille des Rohan. Josselin, courant dans les années 1980, aussi Jocelyn et le féminin Jocelyne (plutôt dans les années 1960), Jocerand, très rare. Voir aussi Josse et donc Judoc.

# Jouan

**Masculin**

Voir Jaoua auquel on le rattache communément. Mais Jouan, plus connu comme patronyme, peut aussi être relié à Johan, cité dans le cartulaire de Redon comme dérivé du latin Johannes (de l'hébreu : Dieu accorde), et donc équivalent du français Jean.
Quelques hommes âgés portent ce prénom.

# Jova

**Masculin** Voir Jaoua.

# Jozep

**Masculin** Voir Job.

# Jozon

**Masculin** Voir Job.

# Jud

**Masculin**

Fête : on peut proposer la date du 18 ou du 19 décembre. Mais aussi le 28 octobre, fête de saint Jude.
Jud serait la forme bretonne pour Jude (de l'hébreu : celui qui rend gloire à Dieu). Jud fut abbé de l'abbaye de Landévennec au VI^e^ siècle ; il fut assassiné pendant la messe par le seigneur du Faou, ainsi que saint Tadeg. Saint Jaoua reprocha son geste au seigneur, qui en repentance fonda l'abbaye de Daoulas, qui signifie « deux meurtres ».
Aussi Judet, Judul, Judule, Jude.
Toutes ces variantes ne semblent pas être portées.

# Judael

**Masculin** **Fête le 19 Décembre.**

Judael serait le successeur de Judual sur le trône de Domnonée, et le père de Judikael.
On a peu de renseignements sur ce seigneur, que certains auteurs assimilent à Judual. Sauf qu'il était l'époux d'Azenor qu'il condamna à mourir dans un tonneau sur la mer, sur la foi des calomnies de sa belle-mère. Azenor survécut, et donna naissance en mer à saint Budog. Cette histoire est un peu plus civilisée que celle de sa grand-mère Iona, assassinée par son second mari Conomor. Mais les mœurs de la Domnonée, au VI^e^ siècle, n'en paraissent pas moins rudes !

On connaît mieux Juhel Bérenger, mort en 970, comte de Rennes après son père Bérenger. Judael : aussi Iudhael (vieux breton), Ihuel, Juzel, Juhaël.
Tous ces prénoms ne semblent pas être portés.

## Jude

**Masculin** Voir Jud.

## Judet

**Masculin** Voir Jud.

## Judgoseth

**Masculin**

La ferveur populaire a canonisé en bloc toute la famille de Judikael, soit une quinzaine de saints et de saintes. Si certains sont connus, d'autres n'ont à leur actif aucun haut fait, ni même une petite chapelle. Judgoseth fait partie de ces obscurs, dont personne ne porte plus le nom.

## Judikael

**Masculin** **Fête le 16 Décembre.**

Saint Judikael est généralement cité comme un des principaux rois de Bretagne. Roi, il le fut, bien qu'à contrecœur, mais de Bretagne, non : il était le fils aîné de Judael, roi de Domnonée, c'est-à-dire d'un territoire qui couvrait la côte nord de Bretagne, en gros ce qu'on appelle aujourd'hui le Trégor et le Goëlo. A la fin du VI<sup>e</sup> siècle, Judael étant mort, la transmission de la couronne de Domnonée se régla entre ses quinze (ou seize, ou vingt et un) enfants. Les versions divergent : selon certains historiens, Judikael ne voulait pas du trône et le fit accepter par son cadet Haeloc ; selon d'autres il en fut chassé à la suite d'une guerre familiale qui vit la mort de sept de ses frères. Les thèses se rejoignent ensuite : Judikael se fit moine à l'abbaye de Gael, que l'on doit usuellement confondre avec celle de Saint-Méen, car Méen en était le fondateur et le chef. Haeloc devint aveugle, ou moine dans le nord de la France, ou mourut – c'est selon les historiens –, et Judikael reprit son trône et le conserva quelques années, avant de retourner dans son cher monastère où il finit ses jours. Aucun membre de sa famille ne voulant reprendre le trône, il l'offrit au roi de Bretagne. L'union de la Domnonée à la Bretagne, entérinée par les états de Bretagne, sonnait le glas de cette principauté. On la situe en l'an 645.

Mais les quelques années de règne de Judikael ont marqué l'histoire, et principalement par ses relations avec la France – et la relation qu'en ont fait les historiens francs, qui le donnent comme principal interlocuteur en Armorique du roi Dagobert. Si Judikael, en pieux Breton, refusa de partager la table du roi fainéant, il sut s'entendre avec son ministre Eloi, qu'on appelle en Bretagne Alar. Eloi était l'argentier de Dagobert, et s'intéressait fort aux monnaies bretonnes, de meilleur aloi que celles des Francs. La rivalité monétaire, comme souvent dans l'histoire, déboucha sur un conflit où il semble que Judikael l'ait emporté. Par les armes, plus que par la diplomatie : Eloi sut faire savoir que Judikael avait fait acte d'allégeance au roi Dagobert, à Clichy ! On peut aujourd'hui estimer qu'il s'agissait d'un traité de paix entre pairs, ce qui relance l'hypothèse selon laquelle Judikael était un peu plus qu'un roi de Domnonée. On connaît la suite : abdication, et retraite dans la vie religieuse.

Judikael, aussi Iudichael, est le prototype du seigneur généreux. Le prénom vient du vieux breton *lud* : seigneur (ici augmenté d'un diminutif en *ig*, et *hael* : généreux). Petit seigneur généreux : quelle adéquation entre le nom et la fonction, qui explique peut-être l'attrait de l'histoire, et des légendes qu'on lui a sans doute greffées. Sa vie est racontée sur un vitrail de l'église de la Trinité, à La Trinité Porhoët (Morbihan)

En compagnie d'autres saints, il représente l'évêché de Rennes dans le monument *Breiz d'ha bugale* de Sainte-Anne-d'Auray.

Ce nom est porté par quelques deux cent personnes, en augmentation depuis trente ans. Variantes : Jezekael, qui existe, Jezekel, Jikael (francisé en Gicquel), Jikel, Jekel, aussi Yekel.

Comme on ne prête qu'aux riches, on fait aussi cousiner, avec Judikael, Gael et ses dérivés – ce qui n'est pas une mauvaise idée : le monastère de Gael où se retire le roi à deux reprises fait doublon avec celui de Saint-Méen. Judikael, que l'on dit parfois protecteur de saint Méen, et d'autres fois son disciple, n'aurait-il pas fondé son propre établissement ?

On connaît aussi un autre Judikael, petit-fils d'Erispoé et comte de Poher. A la mort de son père Gurwant, il reprit ses prétentions à la couronne de Bretagne contre Salaun. Leur guerre civile fut troublée par les incursions de Normands. Judikael remporta une victoire sur eux en 888, mais y perdit la vie.

## Judoc

**Masculin** **Fête le 13 Décembre.**

Disons-le une fois pour toutes : la famille royale de Domnonée, au VIe siècle, est un sac de nœuds sur lequel bon nombre d'historiens se sont cassé les dents. Générations imprécises, familles prolifiques et meurtres en cascades n'ont pas empêché que la plupart de ses membres devinssent des saints, populaires sinon reconnus. Judoc, Juzeg, Jos, Josse, aussi Jodoc, et Judoce d'où Saint-Judoce (Côtes-d'Armor), est l'un des très nombreux frères de Judikael, le roi-malgré-lui, qui le précède par la naissance et l'alphabet. N'étant pas appelé au trône, il partit en famille avec Arnoc, Madoc et Winoc dans le nord de la France, où il est vénéré sous le nom de saint Josse.
Ce prénom ne semble pas être porté.

## Judual

**Masculin** **Fête le 21 Octobre.**

C'est encore le nom d'un prince de Domnonée. Son père étant mort, sa mère Iona épousa le roi Conomor, le Barbe-Bleue breton. Comme il le faisait de ses autres épouses, Conomor assassina Iona ; le jeune Judual s'enfuit en France, où il vécut à la cour du roi Childebert. Après l'assassinat de sa dernière épouse Trifina, Conomor fut excommunié, lors d'un fameux concile breton sur le haut du Ménez-Bré, et sous l'autorité de saint Herve. Mais il courait encore, et des seigneurs se lancèrent à sa poursuite. Judual revint en Bretagne, leva une armée, et battit Conomor à deux reprises ; la troisième fut la bonne, et Conomor fut tué au Relecq, en Plounéour-Ménez, dans les montagnes d'Arrée.
On a peine à distinguer Judual de son fils Judael, et on les confond souvent. Nous ne trancherons pas ; c'est toujours un prénom de gagné pour les Bretons ! Judual, aussi Judwal.

## Judul, Judule

**Masculin**

Voir Jud.

## Judwal

**Masculin**

Voir Judal.

# Jugon

**Masculin** **Fête le 4 Juin.**

Ce fils de laboureur est mort à quinze ans, après avoir accompli un miracle peu banal : un jour qu'il gardait les vaches, un loup s'empara de l'une d'elles et la dévora. Jugon rassembla les ossements éparpillés, et redonna vie à sa vache. Quant à lui, nous ne savons pas de quoi il est mort.

Saint Jugon est l'éponyme de Jugon (Côtes-d'Armor), patron de Carentoir (Morbihan). On l'invoque pour la protection des troupeaux, notamment à sa chapelle de La Gacilly (Morbihan).

Ce prénom ne semble pas être porté.

# Juhaël

**Masculin**

Voir Judael.

# Juhel

**Masculin**

Voir Judael.

# Julitte

**Féminin** **Fête le 14 Mai.**

Sainte Julitte est donnée pour l'épouse de Petran et la mère de saint Patern, fondateur de l'évêché de Vannes, et l'un des sept saints fondateurs de Bretagne. Mais il s'agit plutôt de sainte Juliette, martyrisée avec son petit enfant Cyr sous Dioclétien.

Elle est toujours en bonne compagnie : honorée dans l'église Saint-Cyr-et-Sainte-Julitte à Ambon, et dans la chapelle Saint-Jean-Baptiste-et-Sainte-Julitte à Treffléan (tous deux dans le Morbihan). Elle est souvent représentée avec son fils saint Cyr, comme dans sa chapelle de Plumergat (Morbihan). A la fontaine d'Ambon (Morbihan), on vient lui présenter les enfants qui ont du mal à marcher.

Quelques vieilles dames portent ce prénom.

# Juluan

**Masculin** **Fête le 28 Janvier.**

Forme bretonne pour Julien, d'origine latine. Illustré en Bretagne par le missionnaire Julien Maunoir (voir Maunoir). Quelques dizaines d'enfants portent ce prénom. Aussi Juluenn cité par Le Braz.

## Jumael

Jumael, aussi Jumel, est cité comme évêque de Dol au VII$^{e}$ siècle.

## Jûna

**Féminin**

Sainte venue de Galles au VI$^{e}$ siècle, avec son frère Envel. Ils construisirent leurs ermitages près de Belle-Isle-en-Terre. Mais, par esprit de contrition, ils ne se revirent jamais. Chaque jour à l'heure de la prière, Jûna faisait sonner sa cloche. Un jour Envel ne l'entendit plus. Alors il sut que sa sœur était morte.

Jûna, qui vivait dans la forêt, est la patronne des sabotiers. Ce prénom est porté par quelques dizaines de personnes depuis trente ans. Il a été francisé par les chroniqueurs ecclésiastiques en Jeune. Et sans doute repris en breton en Yaouank (voir ce nom).

## Junan

**Masculin**

Voir Yuna.

## Jungomar

**Masculin** **Fête le 25 Août.**

Abbé de Sainte-Croix de Quimperlé, saint Jungomar fut élu en 1059, démissionna en 1066 et mourut en 1088. Aussi Vingomar.

A notre connaissance, personne ne s'appelle comme ça.

## Just

**Masculin** **Fête le 2 Septembre.**

Saint-Just est un village qui s'est déplacé : on y trouve un vieux bourg et un nouveau bourg. Mais la commune est célèbre pour les mégalithes de toutes sortes qui y fourmillent, dans un décor de landes et d'ajoncs. Just (ce prénom est gallo-romain et correspond à Juste) aurait été un des premiers évêques de Rennes.

Un prénom assez courant chez les hommes âgés, et qui revient timidement depuis 2000. Aussi Justoc, Justog, évêque de Vannes au VIII$^{e}$ siècle, fêté le 23 mars. Féminin Justine, courant depuis 1985, et pas qu'en Bretagne..

« Chez nous (dans le pays bigouden), les femmes nées au début du siècle portent plus souvent des prénoms français que bretons. Justine me rappelle les prénoms de beaucoup de femmes de mon entourage. Nous l'appelons souvent Justinig comme cela se fait par chez nous », nous écrit Pascale, qui a ainsi baptisé sa fille.

## Jutael

**Masculin**

Saint Jutael est donné comme le fils posthume, et donc dernier-né, de Judael fils de Judual, rois de Domnonée armorique. L'histoire de cette famille est passablement embrouillée. On relèvera simplement que Judael semble être Hoel III...

Le prénom ne semble pas être porté.

## Juvat

**Masculin**

Saint Juvat, aussi Juvad, serait un précepteur des onze mille vierges qui connurent un destin tragique. Il a laissé son nom à Saint-Juvat (Ille-et-Vilaine). Nous avons consulté le recteur de cette paroisse, mais saint Juvat n'y a pas laissé de traces, sinon que sa fête est fixée au 21 octobre, et qu'il est mort martyr. L'église est très ancienne, puisqu'elle a été commencée au XIVe siècle. Quant aux bancs, ils sont là depuis plus d'un siècle. Mais apparemment, personne ne s'appelle Juvat.

## Juvette

**Féminin** **Fête le 15 Avril.**

Elle serait la sœur de saint Maodez. Elle est honorée avec lui à Henvic (Finistère). Des tableaux anciens représentent ses miracles : car elle délivre les possédés, les enragés, donne la vue aux aveugles, l'ouïe aux sourds et la parole aux muets.

Aussi Juved forme bretonne.

Nous n'avons pas trouvé trace de leur emploi.

## Juzeg

**Masculin** Voir Judoc.

## Juzel

**Masculin** Voir Judael.

## K COMME KERNE

Bro-Kerne, c'est la Cornouaille. Un pays qui est lui-même l'assemblage de nombreux terroirs, le pays glazik de Quimper, le Porzay, le Poher, et bien sûr le pays bigouden. Tous unis par le biniou et la bombarde. Corentin et Grallon, un évêque et un roi, en sont les deux figures tutélaires
Lorsqu'on éleva à Sainte-Anne-d'Auray le monument *Breiz d'ha bugale*, « La Bretagne à ses enfants », qui commémore les pertes en hommes de la Grande Guerre, chaque évêché de Bretagne y orna sa chapelle. La Cornouaille y mit les statues des saints suivants : Corentin, Goueznou, Goulven, Gurloez, Gwenole, Herbot, Melar, Ronan et Pol.
Signalons au passage, pour répondre à la « colle » du début de cet ouvrage, que Quimper-Corentin fut nommée capitale de la France… le temps d'une nuit, en 1940.

# Kadanog

**Masculin**

Serait un des nombreux frères du saint roi Judikael. Kadanog, Kadanoc, aurait suivi son frère Gwenneg dans le Nord, au monastère de Wormhout.

# Kadeg

**Masculin**

Voir Kado.

# Kado

**Masculin** **Fête le 24 Janvier.**

Saint Kado était un gallois né vers l'an 520, fondateur de la célèbre abbaye de Lancarvan. Mais une partie de son existence se déroula en pays vannetais. Il y vécut dans un ermitage sur l'île Sant-Cado, près de Belz, ce qui lui donna l'occasion de jouer un bon tour au diable. On sait que le diable ne refuse jamais d'aider les humains s'il en tire une bonne contrepartie. Saint Kado avait besoin d'un pont pour relier son îlot à la terre. Satan lui proposa de le construire, moyennant le prix de la première âme qui l'emprunterait. Le diable bien naïf fit son ouvrage, et fut payé… d'un chat que Kado lâcha sur le pont. Si vous êtes incrédule, nous vous montrerons les traces que laissa Kado en tombant, tellement il riait de la déconfiture du diable ! Kado débarrassa aussi Belz des serpents qui y pullulaient.

Kado est reparti en Galles, mais il nous a laissé une chapelle dans laquelle se trouve, au ras du sol, un trou rond de la taille d'une tête. Les sourds qui y passent la tête sont guéris de leur affection.

Ce prénom rare a ressurgi vers 1980 et est en augmentation. Kado, aussi Kadoù, Kadog. Vient de la racine *kad* : combat. Logiquement, il est le patron des soldats bretons, et invoqué avant chaque grande bataille. Il est aujourd'hui le patron des lutteurs bretons ; et leur pardon a lieu chaque année à la chapelle Saint-Cadou en Gouesnach (Finistère). Cado, Cadoc, Cadou, Caduad est la forme francisée, d'où Saint-Cadou dans le Finistère. Kado est un prénom cité dans le *Barzaz Breiz*.

S'il s'appelle Kado en Vannetais, on le retrouve un peu partout en Bretagne sous le nom de Kadeg, Kadog, avec une histoire similaire. Il s'agit sans doute du même saint, même si on peut supposer que ce personnage illustre a « avalé » quelques saints plus obscurs. Kadeg serait un diminutif de Kadvael. On l'invoque pour la guérison des maladies vénériennes et des furoncles ; il faut pour cela lancer des clous dans sa chapelle de Saint-Rivoal (Finistère), comme le rapporte Anatole Le Braz :

*Da Zant Kadou,*

*Et gant tachou,*
*Vit caoud rémed deuz ar goradou*
« A saint Kadou, allez avec des clous, pour guérir des furoncles. »
On retrouve son nom dans Pleucadeuc, près de Malestroit. Sous le nom de Cast, Kast (fêté le 30 juin), il serait aussi le patron de Saint-Cast (Côtes-d'Armor) où il avait fondé son premier ermitage, et de Langast (Côtes-d'Armor). On le fête alors le 30 juin.
Voilà pour Kadeg ou Kado. Reconnaissons-le, cela est bien embrouillé. Si vous voulez vous éclaircir les idées, suivez les *Récits de passants* de Le Braz qui vous mèneront au *Puns Kado* !

# Kadog

**Masculin**
Voir Kado.

# Kadvan

**Masculin**
Voir Kavan.

# Kaelig

**Masculin**
Voir Mikael.

# Kaou, Kaour, Kaourant, Kaourantin, Kaourintin

Quelques temps après la sortie de la première édition de ce livre, nous reçumes un appel téléphonique de Nouvelle-Calédonie. Un couple de bretons expatriés avait appelé leur fils Kaourintin, lui donnant un second prénom canaque. Le procureur de la République refusa Kaourintin. Un jugement donna raison aux parents. Mais le procureur obstiné fit appel. Finalement, les parents eurent gain de cause en produisant ce livre, qui aura au moins sauvé un prénom breton, et non des moindres. Masculin, forme bretonne de Corentin. Voir Corentin.

# Kaourantina, Kaourintina

**Féminin**
Voir Corentin.

# Karadeg

**Masculin** **Fête le 13 Avril.**

Ce prénom vient de Galles et dérive de *kar* : ami. Saint Karadeg était un ermite du pays vannetais, au VIe siècle. Il sauva une biche de la chasse du roi Hoël et la garda près de lui. Il est le patron de Saint-Caradec (Côtes-d'Armor) et Saint-Caradec-Trégomel (Morbihan).

Mais la geste de Karadeg est plus riche que l'histoire sainte : on le retrouve dans un récit du cycle du Graal, où sa femme Gwenvred le sauve d'un serpent en offrant son sein à la bête venimeuse. Une version précédente dans cet ouvrage était un peu différente, mais chacun n'a-t-il pas droit une fois au beau rôle ?

Enfin, bien avant tout cela, il convient de ne pas oublier Caradoc, fils d'un roi de Bretagne insulaire, et père de Conan Mériadec, dit premier roi de Bretagne continentale.

Karadeg, aussi Karadog. La forme française est Caradec.

Ces prénoms ne sont apparemment pas portés.

# Karanteg

**Masculin** **Fête le 18 Mai.**

Ce saint gallois, disciple de saint Patrick, vint en Bretagne au VIIe siècle. Il est l'éponyme de Carantec et Trégarantec (Finistère). Il faut noter qu'on attribue certains faits à la fois à Karadeg et à Karanteg, il y a eu confusion parfois entre les deux saints.

Karanteg : de *carant* : parents, en vieux breton. Aussi Carantec.

Ces deux prénoms ne semblent pas être portés.

# Kast

**Masculin**

Voir Kado.

# Katell

**Féminin** **Fête le 25 Novembre.**

Katell vient du latin *Catharina*, lui-même dérivé du grec *katharos* : pur. Le prénom français correspondant est Catherine. Une *Vie* en breton de sainte Catherine d'Alexandrie, martyre du IIIe siècle, a été imprimée en 1576. Plus près de nous, Catherine Daniélou (Quimper 1619-Saint-Guen 1667) fut mystique et stigmatisée et inspira au père Julien Maunoir son *Art de l'exorcisme*.

Ce prénom est très répandu : deux cents petites Katell en 1973, un peu moins depuis, avec une archi-domination des cinq départements bretons. Sans vouloir le déprécier, il nous faut citer Katell Gollet (*gollet* : perdue), cette fille un peu simple qui déroba une hostie consacrée pour l'offrir à son amant… fourchu de pieds. Cette histoire est gravée dans le granit du beau calvaire de Guimiliau (Finistère).
Les autres Katell sont tout à fait honorables, et s'appellent aussi bien Katellig, Katik ou Katou.

## Katik

**Féminin**

Voir Katell.

## Katou

**Féminin**

Voir Katell.

## Kavan

**Masculin** **Fête le 3 Septembre.**

Un saint dont l'existence nous est connue par la *Vie* de son cousin Patern. Il ne semble pas avoir de lien avec la commune trégorroise de Cavan. Mais Kavan, Kadvan, est aussi un surnom que l'on aurait donné à saint Gwezheneg.
Kavan : de *kad* : combat, et *man* : sage, d'où la forme ancienne Kadvan.
Nous n'avons trouvé trace ni de l'un ni de l'autre.

## Kadvan

**Masculin**

Voir Kavan.

## Kawrantin

**Masculin**

Voir Corentin.

## Kay

**Masculin**

Voir Ke.

# Ke

**Masculin** **Fête le 7 Octobre.**

Voici un saint à la croisée du catéchisme et de la Matière de Bretagne : en effet, Ke joue un rôle important dans le cycle des romans de la Table ronde. Il y est le frère de lait du roi Arthur et son compagnon fidèle, mais parfois colérique, héroïque, plus impulsif que naïf.

Evêque de Cambrie, venu d'Angleterre sans doute à la fin du Ve siècle, Ke traversa la Manche suivi d'un bateau miraculeux chargé de blé. Il arrivait en Armorique bien ravitaillé ! Pour trouver le lieu de son ermitage, il se fia à sa cloche, qui sonna au lieu propice. Pour défricher son terrain, il utilisa des cerfs, car un méchant seigneur lui avait volé son bétail. Ke bâtit un monastère à Cléder (Finistère) d'où il envoya ses moines évangéliser la Bretagne intérieure, après leur avoir fait copier l'Evangile sous sa dictée. On l'a dit aussi évêque dans le Léon après la bataille de Camlan où le roi Arthur trouva la mort.

Ke, Kay, vient du celtique *kad* : combat. Une vingtaine de garçons des années 1980, et quelques Kay. Dérivés : Kenan, fêté le 24 Février et bien plus répandu : plusieurs centaines dans les années 2000, Keu.

Sous le nom francisé de Quay, il est le patron de Saint-Quay Portrieux et Saint-Quay-Perros (Côtes-d'Armor).

Sous le nom de Collodon, Collodan, aussi Colledoc, Coledoc, Coletoc, il est le patron de Plogoff (Finistère).

# Keben, Keban

**Féminin**

C'est la méchante femme ennemie de saint Ronan, dont l'histoire revit à chaque Troménie de Locronan. Il ne semble pas que ce nom soit porté actuellement.

# Kelig

**Masculin** Voir Mikael.

# Kemo

**Masculin** Voir Quémeau.

# Kenan

**Masculin**

Voir Ke.

# Kerrien

**Masculin** **Fête le 5 Novembre.**

Un saint dans l'ombre de saint Ke, et enterré par lui à Cléder (Finistère). Kerrien avait été formé par son maître, l'Irlandais saint Ke à l'abbaye de Cléder, vers la fin du Ve siècle. Puis il se mit à la recherche d'un lieu tranquille pour établir son ermitage. Il trouva une source près d'une forêt et s'y installa. On appelle depuis ce lieu Languerrien. Et la paroisse a pris de nom de Querrien (Finistère). Kerrien en était bien sûr le patron, jusqu'à ce qu'en 1687, le curé d'alors croie bon de le remplacer par un martyr de Chartres, saint Chéron. Pourquoi ? Il aurait confondu Kerianus avec Caraunus. Mais on a dit aussi que cet abbé était originaire de Chartres. Sans doute avait-il voulu apporter avec lui son saint familier ! Mais les Bretons sont fidèles : et le chanoine Thomas note, dans une réédition de l'ouvrage d'Albert le Grand, que les paroissiens n'offrent jamais rien à saint Chéron, alors que saint Kerrien reçoit de l'argent, des céréales, et aussi de petits cochons (nous devons les renseignements sur saint Kerrien au recteur de cette paroisse).

Kerrien : aussi Kerrian assez porté depuis 2000, Querrien francisé, Carreuc francisé.

# Keu

**Masculin**

Voir Ke.

# Kevin

**Masculin** **Fête le 3 Juin.**

Kevin est un prénom irlandais qui signifie « aimé ». Saint Kevin vécut au VIe siècle. Martyr, il fut crucifié, et survécut sept ans sur la croix. Il eût été bien étonné s'il avait su que son nom serait le plus donné aux nouveau-nés de France autour de l'an 1990 : plus de douze mille ! Preuve de la vogue dans notre pays des prénoms celtiques.

Depuis, il est beaucoup moins donné.

# Kido

**Masculin**

Voir Guido.

# Kieuc

**Masculin**

Voir Sieuc.

# Kireg

**Masculin** **Fête le 17 Février.**

Ce saint gallois a donné son nom à la station balnéaire de Perros-Guirec, en Trégor, célèbre par ses grosses roches de granit rose. Juste retour : il était venu d'Hibernie dans une auge de pierre. Venu de Galles au VI^e^ siècle, disciple de saint Tudal, Kireg était immortalisé par une statue en bois, dans laquelle les jeunes filles venaient planter une épingle ; si celle-ci restait en place, c'était signe de mariage dans l'année. Mais le bois est tombé en poussière, et la statue est aujourd'hui en bon granit propre à décourager les ardeurs de mariage.

Kireg est le patron de Perros-Guirec et de Locquirec (où il est en lutte avec saint Jacques le Majeur) où se trouvaient ses reliques (Finistère), qui ont, semble-t-il, été égarées au IX^e^ siècle, lors des invasions normandes. Il aide à faire marcher les enfants, et a le pouvoir d'apaiser les tempêtes.

Anatole Le Braz donne le prénom Kirek. La forme française Guirec est portée par environ deux cents hommes depuis les années 1950, et toujours donnée à une dizaine de nouveaux-nés par an.

Autres dérivés : Gireg, rare mais donné depuis 1980, Guiec, Gevroc (léonard semble-t-il), Guevreoc'h, et anciennement Dilek en Cornouaille.

# Kirill

**Masculin** **Fête le 18 Mars.**

Kirill, aussi Siril, est une forme bretonne correspondant au prénom français Cyrille, venant du grec *kurios* : seigneur.

Il ne semble pas être porté sous cette forme.

# Kleden

**Masculin**

Voir Cléden.

# Kler

**Masculin**

Voir Clair.

# Klervi

**Féminin** **Fête le 3 Octobre, ou le 21 Décembre.**

Sainte Klervi était fille de saint Fragan et de sainte Gwenn. Elle avait pour frères les saints Jagu, Gwezheneg et Gwenole ; ce dernier accomplit un miracle sur la personne de sa petite sœur : une oie avide lui avait gobé l'œil – accident rare mais non impossible. Gwenole aussitôt ouvrit le ventre de l'oie, récupéra l'organe et le remit en place. Klervi comme l'oie n'en eurent aucune séquelle. Pour revivre cette aventure *de visu*, reportez-vous à la fontaine de Klervi en Saint-Frégant (Finistère).

Klervi dérive du gallois et signifie joyau. C'est un prénom assez courant depuis 1980, et en augmentation. Aussi Klervia, forme francisée Clervie.

Citons la chanteuse Klervi Rivière.

# Klet

**Masculin**

Voir Clet.

# Kola, Kolaig, Kolaz

**Masculin**

Voir Nikolaz.

# Koloman

**Masculin**

Voir Colomban.

# Konan

**Masculin** **Fête le 28 Septembre.**

Faisons tout d'abord un sort à Conan le Barbare : certes, l'étymologie de Konan ramène à *chien*, ou *guerrier*. Mais ses exploits sont bien piètres auprès de ceux des rois et des ducs de Bretagne. Conan Mériadec est le premier roi de Bretagne, débarqué des îles sur les décombres de l'Empire romain. Quand il mourut en 421, il avait fondé les premiers évêchés de Bretagne, donné un semblant d'unité au pays, et créé une dynastie qui régna onze siècles. Qui dit mieux ? Mais le personnage est controversé, et nous lui avons consacré une notice particulière (voir Conan Mériadec).

Conan Ier, duc de Bretagne, reprit le trône pour le compte de la maison de Rennes après la mort de son cousin Alain Barbe-Torte. Il fut tué en 992 lors d'un combat contre Foulques Nerra, grand bâtisseur de forteresses en Anjou et destructeur en tout genre.
Conan II, fils d'Alain III, devint duc de Bretagne à la mort de son père en 1040. Le duché fut d'abord administré par son oncle Eudes. Il eut souvent à combattre les Normands. Mort en 1066, il était le dernier duc issu de la maison de Rennes.
Conan III le Gros était le fils d'Alain Fergent. Marié à Mathilde, fille du roi d'Angleterre, il devint duc de Bretagne en 1116, demeurant sous l'influence de sa mère Ermengarde. En 1148, il désavoua son fils Hoël et déclara sa fille Berthe héritière du duché, ce qui entraîna la Bretagne dans l'orbite des rois d'Angleterre.
Conan IV le Petit, né en 1139, était fils de Berthe et d'Alain le Noir, comte de Penthièvre. Le second mari de sa mère, Eudon de Porhoët, qui assurait la régence, refusa de lui céder le duché. Conan IV, qui était aussi comte de Richemond en Angleterre, fit alors appel au roi d'Angleterre Henri II Plantagenêt et rentra en possession du duché. Mais Henri II, bien plus puissant, le força à abdiquer en 1066.
Mais Conan est aussi un nom de saint : saint Konan était gallois, et vint en Bretagne au VIe siècle. Il a laissé son nom à Saint-Connan (Côtes-d'Armor), et est honoré à Trébrivan et Saint-Nicodème (Côtes-d'Armor).
Konan, rare, est porté depuis une dizaine d'années, et nous avons relevé quelques Conan d'une trentaine d'années.

# Koneg

**Masculin** **Fête le 5 Septembre.**

Saint Koneg était un compagnon de saint Pol, venu avec lui du pays de Galles au VIe siècle. Là où il fonda son monastère se trouve maintenant la paroisse de Saint-Thégonnec, près de Morlaix. Le saint est représenté sur le calvaire avec un loup : ce loup avait dévoré l'âne de trait de Koneg ; en pénitence, il le força à prendre sa place.
Koneg, aussi Konog, vient vraisemblablement de *kon* : chien (de guerre). Ce prénom (qui pourrait d'ailleurs avoir été porté par plusieurs saints depuis confondus) se retrouve dans Plogonnec (Finistère), Saint-Connec (Côtes-d'Armor).

Augmenté du préfixe *te*, il devient Tegoneg, d'où Saint-Thégonnec (Finistère) et d'autres lieux-dits.
Ce prénom ne semble pas être porté.

## Konhouarn

**Masculin**

Saint Konhouarn, qu'on fête le 25 janvier, était un disciple de saint Konvoion à l'abbaye de Redon.
Ce prénom semble inusité.

## Konog

**Masculin** Voir Koneg.

## Konogan

**Masculin** **Fête le 15 Octobre.**

Saint, venu comme bien d'autres d'Irlande dans une auge de pierre (que l'on peut voir près de la chapelle de Lescogan dans le Cap-Sizun), disciple de saint Gwenole, et évêque de Quimper. Il est enterré dans la cathédrale Saint-Corentin de Quimper. On l'invoque contre les fièvres diverses.
Il patronne une chapelle en Bolazec et en Beuzec-Cap-Sizun (Finistère) Konogan vient de *kon* : chien, guerrier en vieux celtique, et sans doute *gal* : bravoure. C'est un prénom rare, mais présent depuis quinze ans. Aussi Conogan francisé. Aussi Gwenegan, Gwenecan, qui peut se rapporter à un autre saint, car l'étymologie est sensiblement différente : *gwenn* : blanc, et *gal* : bravoure. Mais sa biographie est bien proche : évêque de Quimper, il serait mort en 456 ; est patron de Lanvénégen (Morbihan).

## Konstantin

**Masculin**

Nous avons trouvé cette orthographe pour un élève de l'école Diwan. Ce prénom est bien sûr une forme bretonne de l'impérial Constantin, qu'on fête le 21 mai.

## Konvoion

**Masculin** **Fête le 5 Janvier.**

C'est le fondateur, et donc le premier abbé de l'abbaye bénédictine Saint-Sauveur de Redon – précieuse entre toutes par ses archives, notamment les cartulaires qui nous fournissent de nombreux renseignements sur la vie de l'époque, et bien entendu sur les patronymes.

Saint Konvoion est né à la fin du VIIIe siècle à Comblessac (Ille-et-Vilainc), dont il est le protecteur. De grande famille, il se vit confirmer la propriété de son abbaye à la fois par Nevenoe et par Louis le Pieux. Il fit aussi un voyage à Rome d'où il rapporta comme relique le chef de saint Marcellin.
Konvoion (sans doute dérivé de *kon* : chien ou guerrier), aussi Konvohuon en vieux breton. Formes plus modernes : Convoyon, Conwoïon, Convoion.
Ces prénoms ne sont apparemment pas employés.

# Konwal

**Masculin**
Voir Gonval.

# Korneli

**Masculin**
Voir Cornély.

# Kou, Kouig

**Masculin**
Voir Jakez.

# Koulban

**Masculin**
Voir Colomban.

# Kouled, Kouli, Koulizh

**Masculin**
Voir Couleth.

# Koulm

**Féminin** **Fête le 25 Décembre.**
Sainte Koulm est la fille martyre du premier roi de Bretagne, Conan Mériadec. Le prénom vient du latin *columba* : colombe. On connaît aussi Koulma, Koulmia.
Mais le prénom Koulm est aussi dérivé de Koulman qui est l'irlandais Colomban (voir ce nom).
Il ne semble pas être porté.

## Koulm, Koulman, Koulmig

**Masculin**

Voir Colomban, et aussi Koulm.

## Koulma, Koulmez, Koulmia

**Féminin**

Voir Koulm, et aussi Colomban.

## Koupaia

**Féminin** **Fête le 2 Janvier.**

« Pour notre seconde fille, nous avons choisi de perpétuer et de faire revivre un prénom qui avait déjà vécu dans une branche trégorroise de la famille, nous écrit Annaig. Koupaia, peu connu, est un prénom géographiquement situé près de Tréguier, à Langoat exactement d'où est originaire une partie de la famille [...]. Une manière de rendre hommage aux femmes qui avaient porté ce prénom et de faire honneur au Trégor. » Sainte Koupaia est la mère de Tudal, l'un des sept saints fondateurs de Bretagne, et aussi de sainte Seva. On peut voir sa famille sculptée sur son tombeau à Langoat (Côtes-d'Armor) dont elle est la patronne. Koupaia, aussi Coupaïa, est la forme bretonne pour le français Pompée, du grec *pompê* : gloire. Elle se serait appelée en fait Alma Pompeïa et serait la fille d'Eusèbe, de la famille royale de Bretagne, la cousine du roi Budog et la femme de son cousin et roi Hoël le Grand, au VIe siècle. Enfin, cousine du roi Arthur et mère du roi Hoël II. Ce n'est pas tout, car l'Eglise la vénère aussi sous le nom d'Aspasie.

## Kristell

**Féminin** **Fête le 24 Mars.**

C'est la forme bretonne correspondant au français Christine, dérivé du grec *Kristos*, le nom du Christ. Prénom en vogue dans les années 1970. On trouve aussi Kristina et Krestell. Sainte Kristell était une cousine de saint Herve au VIIe siècle, qui le soigna dans ses dernières heures et mourut au pied de son lit.

## Kristen

**Masculin, aussi féminin** **Fête le 12 Novembre.**

C'est la forme bretonne correspondant au français Christian, dérivé de Kristos, le nom du Christ. Aussi Kristian.

Citons le chanteur Kristen Nicolas, la chanteuse Kristen Nogues.
L'écrivain Kristian Keginer.

## Kristian

**Masculin**
Voir Kristen.

## Kristina

**Féminin**
Voir Kristell.

Kyrio
**Masculin** **Fête le 9 Juillet.**
Infortuné Kyrio. Sa chapelle de Ploujan, près Morlaix, était déjà en ruines du temps du chanoine Garaby, c'est dire ! Pourtant il guérissait bien les furoncles. C'est tout ce qu'on sait de lui, et encore semble-t-il que Garaby ait tiré ses informations d'un lexique publié cent ans plus tôt par l'abbé de Rostrenen. Lui restent des statues à Plounérin et Trédrez (Côtes-d'Armor). Mais sont-elles encore en place ?
En plus, personne ne porte son nom ! Mais on relève quelques dizaines de Kyria récemment. Nous n'osons pas les relier à l'infortuné Kyrio. On nous pardonnera le mauvais jeu de mots qui en fait le saint patron de la kyrielle de saints oubliés.

## L COMME LEON

Les monuments du Léon témoignent de la splendeur d'un âge d'or difficilement égalable. Ce pays bien défini est toujours industrieux et efficace. On prête aux Léonards bien des entêtements. Mais on doit leur reconnaître d'avoir toujours su regarder au-delà des murets de leurs champs, et loin par-delà les mers.

# Lacop

**Masculin** **Fête le 22 Avril.**

« Dans l'église de Plouagat, près de Châtelaudren [...], on voit deux statues en cœur de chêne, bien faites, bien conservées, et représentant, celle qui est au côté de l'épître, le bienheureux Pekan, celle qui tient le côté de l'évangile, le bienheureux Lacop. Ce sont deux jeunes prémontrés prosternés et en adoration [...]. On a fait des recherches infructueuses sur ces deux élus. »

Pas plus que le chanoine Garaby (ouvrage cité en bibliographie), nous n'avons rien trouvé sur ces deux saints très obscurs, comme quelques centaines d'autres en Bretagne.

Logiquement, personne ne s'appelle Lacop.

# Laïn

**Masculin** Voir Alan.

# Lalloc

**Féminin** **Fête le 6 Février.**

Sainte Lalloc serait une fille de Conan Mériadec, premier roi de Bretagne, dont l'existence est mise en doute par la plupart des historiens modernes. Sa progéniture a néanmoins été reconnue par l'Eglise, même si pour la plupart ses enfants, une bonne vingtaine et tous saints, sont inconnus et n'ont pas de descendance toponymique. Car ce prénom semble inusité.

# Lan, Lanig

**Masculin** Voir Alan.

# Landouen

**Féminin** **Fête le 29 Octobre.**

Une sainte qui serait au VIe siècle l'épouse du roi Eusèbe et la mère de sainte Koupaia. Aussi Lannwenn.

Un joli prénom qui ne semble porté par personne.

# Languis

**Masculin**

Ce saint a vraiment le nom de son emploi, ou plutôt l'emploi de son nom : il est invoqué pour son action sur les enfants languissants, dans sa chapelle de Plougastel-Daoulas (Finistère), et aussi à Kergloff (Finistère). Par ailleurs, on ne sait pas grand-chose sur lui.

# Laouenan

**Masculin** **Fête le 23 Janvier.**

Saint Laouenan était un disciple de saint Tudal, et de saint Pol, au VIe siècle. Il a donné son nom à Tréflaouénan (Finistère). *Laouenan* signifie en breton roitelet… mais c'est de l'oiseau qu'il s'agit. Le prénom vient de *laouen* : gai, joyeux.

Laouenan, aussi Laouen, comme Félix Laouen, abbé de Saint-Gildas-de-Rhuys au XIe siècle.

Ce dernier prénom est porté par une dizaine de garçons depuis dix ans. Nous n'en avons pas trouvé de trace plus ancienne. Lavan, Lavant (fêté le 14 août), Léan, Loenan, Loevan, serait le même prénom. On lui attribue la fondation de l'île de Conleau, près de Vannes.

## Lara

**Féminin** Voir Alar.

## Largel

**Masculin**

Saint Largel serait un des nombreux frères du roi Judikael.
Ce prénom semble inusité.

## Launeuc

**Masculin, inusité** Voir Luner.

## Laure

**Masculin** Voir Leri.

## Lavan, Lavant

**(**) Masculin** Voir Laouenan.

## Lavena, Lavinia

**Féminin** Voir Levenez.

## Léan

**Masculin**

Voir Laouenan.
Le féminin Léana est très fréquent depuis dix ans, mais sans doute sans rapport avec l'histoire bretonne.

## Legar

**Masculin** **Fête le 20 Février.**

Legar est la forme bretonne pour saint Léger. Aussi Leyer, Lever.
C'était un ermite, vivant dans la forêt de Cranou.
Il semble que ce prénom ne soit pas porté.

## Lena, Lenaig

**Féminin**

Voir Elen.

## Lénard

**Masculin**

Voir Linart.

# Lénor, Léonor

**Masculin** Voir Luner.

# Lénora, Léonora

**Féminin** Voir Luner

# Leri

**Masculin** **Fête le 30 Septembre.**

Saint Leri était ermite au VII^e siècle. Disciple de saint Méen, il a fondé un monastère près de Mauron (Morbihan), d'où la commune actuelle de Saint-Léry.

Leri (sans doute du germanique *iliut* : peuple, et *rik* : roi), aussi Leuri. Léry, Laure, est une forme francisée.

Apparemment aucune n'est employée.

# Leuri

**Masculin** Voir Leri.

# Levenez

**Féminin** **Fête le 3 Novembre.**

*Levenez* signifie « joie » en breton moderne ; à comparer au prénom latin Laetitia. Sainte Levenez était la femme du comte Romélius, et la mère de saint Gwenael, au VI^e siècle.

Aussi Leveneza, diminutif Levenezig d'où l'abrégé Nezig. Aussi Lavena, Lavinia (une cinquantaine depuis trente ans), et les formes françaises Lévéné, Lévénès (une centaine depuis quarante ans), Lévénez.

# Lever

**Masculin** Voir Legar.

# Levian, Leviatz

**Masculin**

Voir Lewias.

# Lewias

**Masculin** **Fête le 12 Septembre.**

Ce saint plutôt obscur est cité par Anatole Le Braz, comme pilote d'une flottille de saints venus en Armorique avec saint Tudual.

Le Braz signale que le breton *lewia* signifie gouverner. Lewias est-il un saint ou un symbole, d'autant plus méconnu de nos jours que les gens ont la prétention de ne se plus laisser conduire ?
Néanmoins, il a en Trédarzec (Côtes-d'Armor) une chapelle où on l'invoque pour la croissance des enfants rachitiques.
Lewias, aussi Leviatz, Levian.
Prénoms apparemment non portés.

## Leyer

**Masculin**
Voir Legar.

## Lezig

**Féminin**
Voir Gall.

## Libouban

**Féminin**
Voir Elibouban.

## Liczenn

**Féminin** **Fête le 13 Février.**
Forme bretonne ancienne correspondant au prénom français Luce, venant du grec *leukos* : pur.
Apparemment, ce prénom n'est pas usité.

## Linart

**Masculin** **Fête le 6 Novembre.**
Saint Linart (qui est l'appellation locale pour Léonard) est enterré dans la commune d'Andouillé-Neuville (Ille-et-Vilaine). C'est un bandit repenti : touché par la grâce, il décida un jour de se racheter par de bonnes actions. Rencontrant un paysan dont la charrette s'était embourbée, Linart voulut l'aider à se dégager. Mais le paysan prit peur du bandit et lui asséna un grand coup de bâton sur la tête. Linart eut le temps de raconter sa conversion avant d'expirer, et fut populairement sanctifié. La suite, nous la tirons d'un vieux document que nous a confié l'abbé Guiblin, recteur de Saint-Aubin-d'Aubigné : « Ce fut le peuple qui sans aucune assistance de Rome se chargea de la canonisation de saint Lénard, et son tombeau devint

un lieu de pèlerinage où l'on venait implorer la guérison des malades.

Toutefois, il y a des gens qui sont sceptiques à l'endroit de la béatification de Lénard, et l'on raconte qu'un cantonnier passant devant le champ où Lénard avait été inhumé, prononça ces paroles peu respectueuses :

« Saint Lénard,
Si t'as du pouvoir,
Fais-le voir,
Fais-moi tortillard ! »

Paroles imprudentes : dès la nuit suivante, le malheureux devint boiteux. Mais, s'étant repenti, il fut guéri et éleva à Lénard un tombeau bientôt encombré de pèlerins.

On l'a vu, Linard est aussi appelé Lénard. Mais il paraît toutefois qu'il a gardé son mauvais caractère, et on ne l'invoque qu'avec risque.

# Lisa

**Féminin**

Voir Loeiz.

# Liz, Liza, Lizaig, Lizig

**Féminin**

Voir Loeiz.

# Loarne

**Masculin**

Voir Louarn.

# Loaven

**Féminin** Voir Sève.

# Loeiz

**Masculin** **Fête le 25 Août.**

Venant du germanique (*hold* : gloire, et *wig* : combat), Loeiz correspond au prénom français Louis. Loeiz est un prénom courant, en augmentation depuis 2000, ainsi que ses nombreux dérivés :

diminutif Loeizig

Loiz, donné depuis 1980, et diminutif Loizig. Loizo, Louiz, Louizig cités par Anatole Le Braz.

Féminin Loeiza (quelques prénoms donnés récemment) (voir aussi Héloïse), fêté le 16 mars, d'où le diminutif Loeizaig et l'abrégé Zaig (quelques prénoms récemment donnés). Loïza (petite vogue récente), Loïzaig.
Féminin Liz (en vogue), Liza (à la mode depuis trente ans), Lizig, Lizaig. Aussi Lisa et dérivés.
Saint Louis-Marie Grignion de Montfort est le troisième breton canonisé. Né à Montfort-sur-Meu en 1673, il évangélisa les campagnes de Bretagne et du Poitou.
Citons le barde écrivain Loeiz Ar Floc'h (1867-1936), le poète Loeiz Guillamot.
L'écrivain Loeiz Herrieu (1879-1953), l'un des fondateurs de la Fédération régionaliste bretonne.
Loeiz Ropars, organisateur de concours de chants.

## Loenan, Loevan

**Masculin**
Voir Laouenan.

## Loeva, Loève

**Féminin** Voir Sève.

## Lohemel

**Masculin** **Fête le 2 Janvier.**
Saint Lohemel est donné comme prieur de l'abbaye de Redon au IXe siècle, et auteur de nombreux miracles.
Mais il semble que personne ne l'ait choisi pour le prénom de son fils.

## Loig

**Masculin** **Fête le 29 Juillet.**
Gwenole Le Menn fait venir Loig d'une erreur de transcription du poète Brizeux. Loig est un prénom courant, aussi Loïg, Loïk, plus courant depuis les années 1980, à rapprocher du français Loïc. Féminin employé Loïca, une dizaine d'occurrences vers 1980.

## Loiz, Loizig, Loizo

**Masculin**
Voir Loeiz.

# Loiza, Loizaig

**Féminin**

Voir Loeiz.

# Loll

**Masculin**

Voir Olier.

# Lom, Lomig

**Masculin, diminutif de Guillaume.**

C'est un prénom porté actuellement : une centaine de Lomig depuis dix ans. Le Braz écrit Lomm, Lommik. Voir Gwilherm.

# Loman

**Masculin** **Fête le 11 Octobre.**

Saint Loman est fils de Conan Mériadec et neveu de saint Patrick. De telles ascendances, si elles sont prestigieuses, sont bien suspectes aux yeux des historiens. Loman n'en est pas moins considéré comme saint, ayant été évêque en Irlande.

Depuis 2000, quelques dizaines d'enfants portent son nom.

# Lormel

**Masculin**

Voir Luner.

# Louan, Louen

**Masculin**

Voir Elouan.

# Louarn

**Masculin**

Saint Louarn, aussi Loarne, serait un fils du roi de Bretagne Conan Mériadec. Il aurait été évêque en Irlande au V^e^ siècle. Bien qu'il ne soit pas bien connu, il a les honneurs du calendrier breton, qui le fête le 27 mars.

# Louiz

**Masculin**

Voir Loeiz.

## Loup

**Masculin** Voir Bleiz.

## Louthiern

**Masculin** Voir Louziern.

## Louziern

**Masculin** **Fête le 28 Avril.**

Irlandais, passé en Bretagne au VI$^{e}$ siècle, saint Louziern évangélisa la région d'Alet.

Louziern, de Louthiern, du celtique *lou* : lumière, et *thiern* : chef). On trouve aussi Loudiern.

Ces prénoms sont inusités.

## Luan

**Masculin** Voir Elouan.

## Lubin

**Masculin** **Fête le 14 Septembre.**

Saint-Lubin est un hameau des Côtes-d'Armor, sur la route de Rostrenen à Kergrist-Moëlou. Ce saint peu connu, peut-être d'origine galloise, est aussi honoré dans une chapelle de Trédaniel (Côtes-d'Armor), où il guérit des rhumatismes. Ce prénom est d'origine germanique : *leuba* : amour.

Un prénom naguère rare, mais en grande vogue depuis 2000 avec deux cents choix par an.

## Luca

**Masculin, aussi féminin** **Fête le 13 Décembre.**

Luzel donne cet équivalent pour l'évangéliste saint Luc. Luca est un prénom féminin actuellement porté. Sans doute est-il autant masculin que féminin, simplement il est à la mode, et en progression constante.

## Lucaz

**Masculin** **Fête le 18 Octobre.**

C'est un prénom correspondant au français Lucas, et qui vient du grec *leukos* : pur.

# Ludon

Frère du saint roi Judikael, donc saint comme toute sa famille.

# Lugil

**Masculin** Voir Elouan.

# Luhan

**Masculin** Voir Elouan.

# Lunaire

**Masculin** Voir Luner.

# Luner

**Masculin** **Fête le 2 Juillet.**

Nous avons trouvé citation d'un Luner évêque de Rennes au tout début du IVe siècle. Cela est peu vérifiable, et il n'est pas sûr que l'évêché ait existé aussi tôt.

Saint Luner, Lunaire, est un Gallois, nommé évêque très jeune, et passé en Armorique au milieu du VIe siècle. Son voyage a donné lieu à plusieurs relations légendaires : un brouillard très épais empêchait la progression du navire ; Luner le fendit de son épée. Lors d'une tempête, les compagnons de Luner, effrayés, jetèrent à la mer tous leurs bagages, et même la pierre sur laquelle le saint disait sa messe ; mais, quand ils abordèrent, deux colombes vinrent se poser à ses pieds, déposant la pierre sacrée.

Luner débarqua à l'embouchure de la Rance. Il ne s'en éloigna guère, et le monastère qu'il y créa a donné la station balnéaire de Saint-Lunaire. Dans l'église se trouve son gisant, surélevé, sous lequel rampent les pèlerins. Quant à ses reliques, elles sont à Beaumont-sur-Oise depuis les invasions normandes.

Luner, sans doute de *lun*, vieux breton : image, effigie. Aussi Lunaire. Ces deux prénoms ne semblent pas être portés.

Aussi Lormel (d'où Saint-Lormel, Côtes-d'Armor), Launeuc (d'où Saint-Launeuc, Côtes-d'Armor).

Aussi Lénor, Léonor, qui traduirait une étymologie latine. Et au féminin Lénora, une petite vogue récente, Léonor, une soixantaine ces dernières années, et Léonora (quelques vieilles dames et un peu plus de petites filles).

Luner, maître de la brume, est invoqué par les marins contre les dangers de la mer. A sa fontaine de Plouër-sur-Rance, on l'invoque pour soigner les yeux.

## Lupien

**Masculin**

C'est l'un des saints bretons les moins connus, parmi ceux que nous citons bien sûr. Un saint de Machecoul (Loire-Atlantique), aux Marches de Bretagne, à la brève carrière : il mourut juste après avoir été baptisé, mais son tombeau fit de nombreux miracles.
Ce prénom ne semble pas être employé.

## Lupita

**Féminin** **Fête le 27 Octobre.**

Voici une sainte léonarde : Lupita, ou Lupite. Sa vie, sans doute bien arrangée par la légende, n'est qu'une succession d'épreuves comme les affectionnaient les clercs qui l'ont relatée.
Lupita était la fille de Calpurnius et la sœur de saint Padrig, qui est depuis le patron de l'Irlande. Elle mourut jeune, d'une chute sur une pierre, alors qu'elle gardait des moutons avec son frère Patrice. Mais ce dernier lui rendit la vie d'un signe de croix. Plus tard, mariée, elle suivit l'une de ses sœurs, qui avait épousé le roi de Bretagne Conan Mériadec. Mais le royaume naissant fut attaqué par des pirates, en 388. Le mari de Lupita fut tué dans la bataille, ainsi que son père et sa mère. Lupite et plusieurs de ses frères et sœurs furent mis en esclavage. Elle se remaria. Puis fut rachetée par son beau-frère, revint en Armorique, partit en Irlande.
Est-ce tout ? Non : Lupita habitait alors avec son neveu saint Mel, qui était évêque d'Ardachadh. Un envieux émit des doutes sur la sainteté de leurs relations. Saint Padrig coupa court au litige, en établissant Lupita et son neveu sur deux versants opposés de la même montagne. La foi soulève peut-être les montagnes, mais pas l'amour !
Voilà la vie de Lupita. Est-elle vraie, ou trop belle pour ça ?

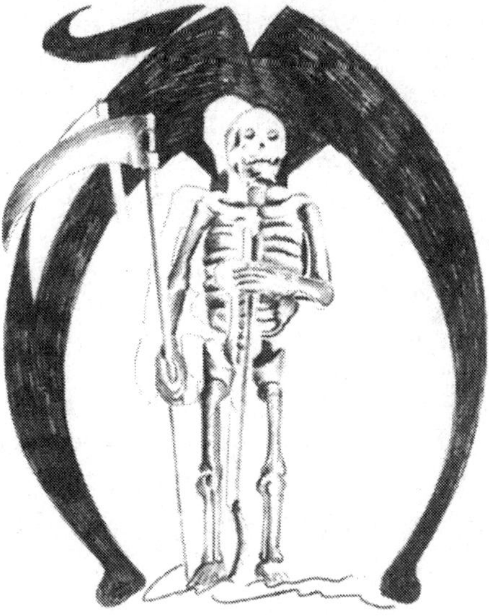

## M COMME MORT

Comme la mort familière aux Bretons, au détour du chemin, au coin d'un intersigne. La mort apportée par l'Ankou, figure épouvantable et pourtant familière, qui a même sa propre chapelle comme un saint ! La mort, aussi, tout près du rivage ou bien à l'autre bout de l'océan, qui remplit les cimetières de plaques sans dépouilles. La mort enfin, qui, en Bretagne plus qu'ailleurs, a fauché les jeunes hommes pour la défense de la France. Jeunes recrues sans expérience, mais courageuses, ils ont payé plus que leur part dans les grandes guerres, affamés à Conlie ou sacrifiés à Verdun, quand l'Ankou troqua sa faux pour une mitrailleuse, et sa charrette pour un char d'assaut.
Nous avons relevé les prénoms inscrits sur le grand mur de Sainte-Anne-d'Auray : 8 000 noms parmi les 240 000 morts bretons de 1914 à 1918. Cela pour juger de la présence des prénoms bretons les plus typiques à la fin du siècle dernier : en pleine vague de régionalisme, mais aussi d'intégration des Bretons dans une France qui ne devait parler que d'une seule voix.

Sur huit mille prénoms, une centaine seulement sont spécifiquement bretons (mais beaucoup plus si l'on y ajoute Yves, et quelques autres). En voici le palmarès :
Corentin (11)/Alban, Tugdual (7)/Patern (6)/Golven ou Goulven, Toussaint (4)/Armel, Donatien (3)/Bily, Mayeul, Melaine, Thuriau (2)/Benoni, Corneille, Cyr, Goal, Goustan, Guigner, Gurval, Magloire, Méliau, Meven, Samson, Servais, Thivisiau, Tual (1)
La moisson n'est pas très riche, à l'époque des Mathurin, des Joachim et des Théodore. Mais on y trouve de l'intérêt : les prénoms sont souvent en relation avec un saint localement connu. Ainsi les six Patern viennent tous du sud du Vannetais, où ce saint est le plus honoré.
Enfin, nous sommes restés perplexes devant ce Yves Héloury de Lanhouarneau. Le patron des Bretons serait-il descendu, pour mourir une autre fois auprès des siens ?

## Mab, Mabig

**Masculin** Voir Mabbon.

## Mabbon

**Masculin** **Fête le 12 Mars.**

Saint Mabbon, évêque de Saint-Pol-de-Léon au X^e siècle, fit transférer les reliques de saint Pol à l'abbaye de Fleury-sur-Loire, pour les mettre à l'abri des Normands. Mabbon : du celtique *mab* : fils, ou bien dérivé du nom d'une divinité gauloise ; aussi Mab abrégé et Mabig diminutif cités dans les ouvrages d'Anatole Le Braz. Ils ne sont apparemment pas portés actuellement.

## Macléo

**Masculin** Voir Malo.

## Macliave

Il serait un fils du roi Hoël au VI^e siècle, frère de Conomor. En lutte contre Conao, un de ses frères, pour la possession du comté de Vannes, il dut se réfugier chez Conomor. Conao, furieux, exigea qu'on lui livre Macliave. Mais Conomor lui répondit que Macliave était mort et célébra ses obsèques. Chaque nuit, en cachette, on ravitaillait Macliave dans son tombeau. Conao finit par découvrir le subterfuge. Finalement, les deux frères se réconcilièrent et Macliave fut nommé évêque de Vannes. Aussi Macliau.

## Maclou, Maclov

**Masculin** Voir Malo.

## Madalen

**Féminin** **Fête le 29 Mars. Et en France le 22 Juillet.**

C'est la forme bretonne correspondant à Madeleine. Madeleine de Bretagne, née vers 1420, a été béatifiée et est fêtée le 29 mars. Aussi Madal.

Citons la harpiste Madalen Buffandeau-Quéré.

Quelques dizaines de prénoms depuis trente ans.

## Madeg

**Masculin** **Fête le 23 Février.**

Au VIIe siècle, saint Madeg était un compagnon de saint Gwenneg. On suppose qu'il était l'un des nombreux frères du saint roi Judikael, et qu'il fit partie de ceux qui suivirent leur aîné saint Josse dans son voyage dans le Nord, qui se termina par la fondation d'une abbaye. Certains auteurs disent que saint Madeg est aussi Doetval. Il y a d'autres saints de ce nom, qui vient de *mad* : bon.

Madeg, aussi Madog, Madoc, Madec.

Ce prénom, rare, est porté. C'est aussi devenu un patronyme, illustré par le nabab René Madec de Quimper, qui devint roi aux Indes.

## Maden

**Masculin** **Fête le 19 Juillet.**

Un saint mendiant, qui transformait la boue en or… Maden était un disciple de saint Goulven au VIe siècle. Son ermitage était Lanvaden, aujourd'hui en Plouénan (Finistère). Il a aussi laissé son nom à Saint-Maden (Côtes-d'Armor).

Maden vient de *mad* : bon. Aussi diminutif Madenig, d'où l'abrégé Denig.

Féminin Maden, Madenn (quelques petites filles depuis une dizaine d'années), Madez, qu'on fête le 1er août ; et aussi Madin, assez fréquent depuis trente ans et en augmentation, Madina, que Gwenole Le Menn rapproche de saint Bonus (du latin *bonus* : bon).

## Madin, Madina

**Féminin** Voir Maden.

## Madoc, Madog

**Masculin** Voir Madeg.

## Mael

**Masculin** **Fête le 13 Mai.**

C'est un mot répandu en combinaison, mais aussi le nom d'un saint du Ve siècle, qui serait fils de Conan Mériadec, neveu du grand saint Padrig et frère de Rieg. Et sans doute le nom de plusieurs autres saints anciens.

*Mael* signifie en breton : prince, chef. On le retrouve dans Coat-Méal (Finistère), et Plémet, anciennement Plomael (Côtes-d'Armor). Fils donc de Conan, il mourut jeune d'une chute de cheval, mais fut ressuscité par saint Gwenole.

La popularité de ce prénom et de ses dérivés commence vers 1980 et s'est amplifiée : plus de deux mille par an. Dérivés : Mel, une petite vogue récente. Diminutif Maelig aussi porté depuis trente ans, Maelan (une soixantaine par an depuis 2000).

Formes francisées : Maé, Méal, et Mailloc.

Féminin : Mael, Maela assez courant, Maelez, Maelenn. Forme francisée Maelys (l'un des vingt prénoms les plus donnés en 2007), Maëlle, qui est fréquent. C'est un prénom bénéfique car, nous écrit Marine de Quimper :

« Si vous voyiez ma Maëlle maintenant ! C'est une petite fille de sept ans et demi, radieuse, spontanée, aux grands yeux bleus. Elle porte très bien son prénom. »

Yannig de Sant Nazer nous écrit : « Maela vient de Mael-Carhaix, patrie de la danse fisel, une de nos danses préférées, nous qui sommes amateurs de *festou-noz*. »

Mael se prête particulièrement bien aux prénoms composés. Nous avons trouvé Maeldan actuellement porté.

## Maelgon

**Masculin** **Fête le 18 Juin.**

Ce saint obscur vécut près de Saint-Brieuc au VIe siècle. Sa chapelle fut reconstruite à diverses reprises, pour devenir l'église paroissiale d'aujourd'hui. Son nom lui aussi, a été transformé : lan-Maelgon, l'ermitage de saint Maelgon, a été patoisé en La Méaugon. L'excellent chanoine Garaby, au XIXe siècle, en a fait un charmant saint Méaugon.

Ce prénom ne semble pas être utilisé.

## Maëlmon

**Masculin**

Saint Maëlom était évêque d'Alet au VII^e siècle, et conseiller du roi Judikael. Celui-ci se retira à la fin de sa vie dans un monastère près de Saint-Méen. Sans doute à Gaël. Peut-être à Lann-Maelmon.
Maëlmon, aussi Malmon.

## Maeoc

**Masculin**

Voir Mayeul.

## Maelwenn

**Féminin** **Fête le 13 Mai.**

Prénom composé de Mael et de Gwenn. Une centaine depuis 2000. Pierre, de Paimpol, nous a écrit l'avoir choisi pour sa petite fille à partir d'une chanson d'Alan Stivell : *Maelwenn Bihan*, qu'il aime beaucoup. Aussi Maewenn, plus fréquent.

## Maglo

**Masculin** **Fête le 24 Octobre.**

Quand les reliques de saint Maglo furent transportées à Paris, pour qu'elles échappent aux pirates normands, ce n'était que la fin de longues pérégrinations. Un peu plus tôt, des moines qui avaient obtenu du roi Nevenoe une concession de terres à Lehon, près de Dinan, étaient en quête de reliques : ils s'emparèrent nuitamment de celles de Maclo, qu'ils allèrent chercher sur l'île anglo-normande de Sercq !
Saint Maclo était venu du pays de Galles au VI^e siècle, après avoir été enseigné par saint Iltud. Il aurait été évêque de Dol, ermite sur le mont Dol, qui est le siège perpétuel de la lutte entre le bien et le mal, enfin ermite sur Sercq.
Maglo : du brittonique *maglos* : prince, chef. Aussi Maglor. Les deux semblent inemployés. Forme française Magloire (d'où les églises Saint-Magloire à Châtelaudren et à Mahalon) assez courante au début du XX^e siècle, en déclin depuis. Ce prénom est souvent confondu avec Melar (voir aussi ce nom).
Avec d'autres saints de Haute-Bretagne, il représente l'évêché de Rennes dans le monument *Breiz d'ha bugale* de Sainte-Anne-d'Auray.

## Magloire

**Masculin** Voir Maglo.

## Mahe, Maho

**Masculin** Voir Mazhe.

## Mahou

**Masculin** Voir Malo.

## Mahyeuc

**Masculin** Voir Mayeul.

## Mai

**Féminin**

Maï Le Manach, fille d'un meunier de Belle-Isle-en-Terre, fut amie des artistes montmartrois, maîtresse d'un Orléans-Bourbon, enfin épouse du roi du nickel. Elle racheta alors le château de Coat-an-Noz en Belle-Isle, puis en fit construire une lointaine réplique au goût des années trente, en pleine ville. Les deux époux reposent au cimetière dans des gisants de marbre. Prénom de faveur récente, en augmentation depuis trente ans. Voir Mari.

## Maian

**Masculin** Voir Majan.
**Féminin** Voir Maiann.

## Maiann

**Féminin** **Fête le 15 Août.**

Maiann, Maian, prénoms composé actuellement portés et en augmentation : de Mari, et Anna. Comme sur les statues, il associe la grand-mère et la mère de Jésus.

## Mailis

**Féminin** **Fête le 15 Août.**

Prénom moderne, semble-t-il, qui associe Mari et Liz : Louise. Il est assez courant depuis trente ans et en augmentation, aussi orthographié Maïlis.

## Maina

**Féminin** Voir Marianna.

## Maiwenn

**Féminin** **Fête le 15 Août.**

Ce prénom féminin, très usité depuis 1995, est un composé de Mari et de Gwenn. C'est littéralement Marie-Blanche.

## Majan

**Masculin** **Fête le 11 Juin.**

Frère de saint Gouesnou. Quand Gouesnou mourut, d'avoir reçu sur la tête le marteau d'un architecte jaloux, Majan emporta sa dépouille qu'il partagea entre le monastère de Saint-Gouesnou et la cathédrale de Saint-Pol. Aussi Maian.

## Malmon

**Masculin** Voir Maëlmon.

## Malo

**Masculin** **Fête le 15 Novembre.**

La ville de Saint-Malo a toujours su affirmer son indépendance : ville de marins et de corsaires, fièrement retranchée derrière ses murs, même les bombardements et les incendies qui l'ont rasée en août 1944 n'ont pu l'abattre : elle fut reconstruite à l'identique. On se souvient qu'au XVI^e siècle, à la faveur des guerres de la Ligue, les Malouins créèrent une république indépendante, qui dura quatre ans. Plus tard, Saint-Malo envoie sur toutes les mers ses navires marchands et ses équipages de course, chargés de corsaires qui pillaient les bateaux des pays ennemis. Duguay-Trouin, Surcouf, sont des noms qui sonnent aux oreilles des amateurs d'aventure. Et, face à la mer, le rocher du Grand Bé est le dernier séjour de François-René de Chateaubriand.

Le grand destin de Saint-Malo commença au XII^e siècle, quand le siège de l'évêché d'Alet (aujourd'hui Saint-Servan) fut transféré sur ce rocher appelé Saint-Malo, en hommage à l'un des sept saints fondateurs de la Bretagne. Mac-Low, un moine gallois, avait vogué pendant sept ans à la recherche de l'île du Paradis, en compagnie de saint Brendan. Et son voyage l'avait mené dans des pays de glaces et de banquises, voyage semé d'aventures merveilleuses, comme cette messe dite sur un rocher, qui était en fait une baleine ! Puis il arriva en Bretagne, au milieu du VI^e siècle, et fonda un monastère à Alet. Le monastère devint un évêché, et Malo en fut le premier évêque. Mais il se fâcha avec ses paroissiens, et décida de repartir, non sans, dit-on, les avoir tous excommuniés. Il arriva en Saintonge, y resta et y mourut. Un siècle plus tard, les habitants d'Alet vinrent chercher – en deux expéditions – ses reliques pour les déposer dans leur cathédrale. Malo vient de Mac-Low, en celtique *mach* : gage, otage, et *lou* : lumière. Le nom originel a dérivé en Macléo, Maclov, Maclou, inusités : voir les aîtres Saint-Maclou à Rouen, qui sont un extraordinaire charnier de pestiférés, conservé depuis le Moyen Age. Enfin en Mahou, Maloù, inusités, et bien sûr Malo, très répandu aujourd'hui : environ sept cents par an.

Saint Malo est l'éponyme de Saint-Malo-de-Phily (Ille-et-Vilaine), Saint-Malo-de-Beignon, Saint-Malo-des-Trois-Fontaines et Locmalo (Morbihan). Dans une chapelle à son nom près de Moncontour (Côtes-d'Armor), les personnes atteintes de furoncles déposent une poignée de clous sur l'autel pour en être guéris.

Avec d'autres saints de Haute-Bretagne, Malo représente l'évêché de Rennes dans le monument *Breiz d'ha bugale* de Sainte-Anne-d'Auray.

Citons Théophile-Malo de La Tour d'Auvergne (1743-1800), que des bonapartistes étourdis surnommèrent « premier grenadier de l'Empire ». En fait, celui qui était encore le général Bonaparte l'avait cité comme « premier grenadier de la France ». Capitaine héroïque dont le corps est enterré au Panthéon et le cœur aux Invalides, La Tour d'Auvergne est aussi connu pour ses recherches sur la langue bretonne. On connaît aussi, bien plus près de nous, l'auteur de bandes dessinées Malo Louarn.

## Maluenne

**Masculin** Voir Nolwenn.

## Mandé

**Masculin** Voir Maodez.

## Maner

**Masculin** Voir Maunoir.

## Manna, Mannaig

**Féminin**

Voir Marianna.

## Mansuet

**Masculin** **Fête le 19 Mars.**

Saint authentique ou image déformée ? Selon le chanoine Garaby, saint Mansuet était présent en 461 au concile de Tours, où il signa comme évêque des Bretons. Il était venu d'Hibernie et s'était fixé dans la région de Dol : « Son diocèse était ce vaste champ d'exil et de douleurs où ses concitoyens étaient dispersés. Il leur prodiguait tous les soins que réclamaient leur âme et leur corps, et passait ainsi partout en faisant du bien. »
Ce saint rempli de mansuétude, conclut Garaby, mourut vers 464 et fut remplacé par saint Libéral.
Ce prénom ne semble pas être porté.

## Maodan

**Masculin** **Fête le 14 Septembre.**

Saint d'origine insulaire du VII^e^ siècle, qui a donné son nom en Bretagne à Saint-Maudan (Côtes-d'Armor), Lanvaudan (Morbihan). A Plumaudan (Côtes-d'Armor), on plonge sa statue dans l'eau de la fontaine pour faire venir la pluie : les Bretons aiment que leurs saints se rendent utiles, et n'hésitent pas à leur forcer la main !
Maodan : du vieux breton *mau* : jeune, et *tan* : feu. Aussi Modan. Forme française Maudan.
Aucun de ces trois prénoms ne semble être employé.

## Maodez

**Masculin** **Fête le 18 Novembre.**

Un saint très estimé, car très utile : il guérit les morsures, les piqûres de serpents et d'insectes, les fièvres, les furoncles, les affections du genou, et délivre des vers. Il guérit aussi le rhumatisme, et si bien qu'on a appelé cette affection « le mal de saint Maudez ». Et, attention, c'est aussi un saint Tu-pe-du : on lui soumet des cas graves de maladie, et il en hâte la conclusion, qu'elle soit bonne ou mauvaise. Toutes ces qualités expliquent le grand nombre de chapelles qui lui sont consacrées, et les statues innombrables à son effigie.
Maodez, fils d'un roi irlandais, vint des îles Britanniques à la fin du V^e^ siècle. Il vécut en ermite sur l'île Maudez, près de Bréhat (Côtes-d'Armor), dont il chassa les serpents, et où l'on peut encore voir la trace de son corps sur son lit de pierre. Voilà du moins ce que

rapporte la tradition. Le recteur de Pont-l'Abbé nous a fourni une documentation sur ce saint, mentionnant sa *Vie* écrite au XI^e^ siècle. On y relève qu'il fut le maître de Budoc et de Tudal.
Il est éponyme de Lanmodez, Saint-Maudez (Côtes-d'Armor), Lanvaudan (Finistère). Il est honoré entre autres à Coatascorn, Hengoat, Landebaeron, Duault (Côtes-d'Armor), Henvic, Le Juch, Lennon (Finistère). Il a une chapelle en Guerlesquin (Finistère), où le pardon annuel donne lieu à un grand repas.
Saint Maodez a aussi une chapelle en Plouyé (Finistère), nous apprend Riwal de Saint-Hern, qui a choisi pour cette raison de proximité le prénom de son aîné.
Maodez est un prénom rare, mais porté.
L'étymologie est peu définie, mais sûrement irlandaise.
Dérivés de Maodez : Modez, Maudez (quelques porteurs âgés), Vaodez. Francisé en Mandé (et à ce titre saint patron de Saint-Mandé dans le Val-de-Marne, où se trouvent certaines de ses reliques) avec quelques porteurs âgés, Maulde, Maudet (connu sous ce nom à Saint-Jean-Trolimon).
Citons l'écrivain Maodez Glanndour (1909-1986), lointain successeur de saint Yves comme recteur de Louannec.

## Marbode

**Masculin** **Fête le 11 Septembre.**

Evêque de Rennes au XI^e^ siècle, originaire d'Anjou. Saint Marbode était un érudit : il laissa plusieurs *Vies* de saints, des recueils de poésie et de rhétorique et un *Poème des pierres précieuses*.
Ce prénom ne semble pas être porté.

## Marcan

**Masculin** **Fête le 20 Juin.**

Saint Marcan était au V^e^ siècle un compagnon de saint Brieg. Il a laissé son nom à Saint-Marcan (Ille-et-Vilaine).
Marcan : de Marc. Aussi Marc'han, Markan.

## Marc'h

**Masculin** **Fête le 25 Avril.**

Le roi Marc'h (ce qui veut dire cheval) est une figure légendaire : mari d'Iseult, et oncle de Tristan, l'amant d'icelle. Il mourut

tragiquement lors des noces de sa fille, après avoir été affublé par Ahès d'oreilles de cheval. Ripailleur, coureur et querelleur, le roi Marc'h aurait dû être damné. Mais il avait une grande dévotion envers la Vierge Marie, et elle intervint en sa faveur ; Marc'h est enterré sur la pente du Ménez-Hom, sous un tas de pierres. Anatole Le Braz rapporte que les passants y rajoutent quelques cailloux, car, quand l'âme de Marc'h pourra voir du haut de ce tas le clocher de la chapelle de Sainte-Marie du Ménez-Hom, elle sera sauvée. Le tas n'est pas encore tout à fait en haut de la montagne.
Marc'h, Mark, Marc est honoré dans plusieurs chapelles dont une en forêt de Quénécan, que l'on prononce « Marr ». On voit alors que ce prénom est bien différencié de celui de l'évangéliste. Il a aussi une chapelle en Penmarch (cap du cheval), dans le pays bigouden. Penmarch était autrefois une ville puissante, avant qu'elle ne soit pillée par La Fontenelle. Elle pourrait être, si l'on suit l'étymologie, capitale du Caput Caballi, le Cap-Caval, plus connu sous le nom de pays bigouden.

## Marc'harid

**Féminin** **Fête le 16 Novembre.**

C'est la forme bretonne correspondant au prénom français Marguerite. La tête de sainte Marguerite, martyre du IIIe siècle, a été rapportée et honorée à Dol.
Marc'harid Fulup (1837-1909) a été une des grandes sources de chansons populaires de Luzel et de Le Braz.
Marc'harid : aussi Marc'haid, Margaid d'où l'abrégé Gaid, rare mais porté, Gaida et le diminutif Gaidig aussi porté.
Aussi Margod, d'où God et Godig cité par Anatole Le Braz ; qui a abondamment cité la conteuse Marc'harid Fulup, dont on peut voir la statue à Pluzunet.

## Margaid, Margod

**Féminin** Voir Marc'harid.

## Mari

**Féminin** **Fête le 15 Août.**

Forme bretonne pour Marie, la mère du Christ. Ce prénom est actuellement assez répandu. Aussi Maria, qui connaît une carrière en dents de scie : très répandu au début du XXe siècle, il est beaucoup

moins donné au milieu du siècle. Il revient en force vers 1960, puis s'efface, avant de redevenir à la mode avec environ cinq cents nouveaux-nés actuellement. Dérivé probable : Mer, d'où Ploemel, anciennement Ploeymer (Morbihan). Forme abrégée : Mai.
Comme en français, Mari est la source de nombreux prénoms composés :
Maiwenn : Mari + Gwenn
Mariannig : Mari + Annig
Marianna : Mari + Anna, aussi Maina, Manna, Mannaig.
Marivon : Mari + Ivon. Diminutif Marivonig
Yann-Vari : Yann + Mari.

## Marijo

**Féminin** **Fête le 15 Août.**

Prénom vraisemblablement moderne : Mari : Marie, et Jo : Joseph. Il associe dans un même prénom les noms de la mère et du père de Jésus-Christ. C'est un prénom actuellement porté.

## Mari-Morgan

**Féminin** Voir Morgane.

## Mariannig

**Féminin** **Fête le 15 Août.**

Prénom composé de Mari et de Annig. Aussi Marianig usité. Littéralement : Marie, et Petite Anne. Ce prénom vieilllissant, aussi sous la forme francisée Mariannick répandue vers 1950 et bien plus rare depuis, est d'un symbolisme très intéressant : Marie, mère de Dieu, est la fille d'Anne, patronne des Bretons. Lesquels Bretons ont très souvent représenté sainte Anne avec sa fille, et parfois aussi avec l'Enfant Jésus, affirmant une trinité « verticale » qui n'a pas toujours été du goût de l'Eglise. Citons la harpiste Mariannig Larc'hantec.

## Marine

**Féminin** **Fête le 20 Octobre.**

Le joli port de Sainte-Marine, à l'embouchure de l'Odet, marque la fin du pays bigouden face à Bénodet. Si Marine est un prénom porté, la sainte du même nom était, à coup sûr, un homme, du nom de Moran (voir ce nom).
Marine est un prénom qui apparaît vers 1960 et culmine en 1990 avec huit cents attributions, avant de redescendre dans le palmarès.

## Marivon

**Féminin** **Fête le 15 Août.**

Prénom composé de Mari et de Ivona, littéralement Marie etYvonne. Un prénom peu courant, mais donné dans les années 1940. Diminutif Marivonig, abrégé Monna (rare mais connu vers 1920), Mona, anciennement donné, en vogue depuis trente ans, Mon. Et aussi Monik (voir Mona). Anatole Le Braz l'écrit Mar'Yvona, ce qui est peu délicat, mais étymologiquement correct.
Citons Mona Ozouf, philosophe et écrivain.

## Mark

**Masculin** Voir Marc'h.

## Markan

**Masculin** Voir Marcan.

## Marmohec

**Féminin**

Marmohec était au IX<sup>e</sup> siècle la femme du roi de Bretagne Erispoé. Un prénom qui n'est pas porté.

## Mars

**Masculin** **Fête le 5 Juillet.**

Saint Mars serait un évêque de Nantes au VI<sup>e</sup> siècle. Mais on connaît aussi un saint Mars, né et mort à la même époque à Bais (Ille-et-Vilaine), où lui est dédiée la chapelle Saint-Marse. Ce prénom vient du latin *martius* : guerrier, à rapprocher du dieu Mars. Mars est l'éponyme de Saint-Mars-la-Jaille, Petit-Mars, Saint-Mars-du-Désert (Loire-Atlantique).
On ne le trouve apparemment que chez des hommes âgés. Le breton Meurzh désigne le mois de mars, le mardi, et le dieu lui-même ; on l'utilise donc logiquement comme correspondant breton de ce prénom.

## Martin

**Masculin** Voir Marzhin.

## Mary-Morgane

**Féminin** Voir Morgane.

## Mar'yvona

**Féminin** Voir Marivon.

## Marzhin

**Masculin**

Ce prénom vient du latin *martius* : guerrier, à rapprocher du dieu Mars.

Aussi Marzin. Le prénom français correspondant est Martin.

On cite un saint Martin, moine à l'abbaye de Landévennec au Ve siècle.

Saint Martin de Vertou fut missionnaire au sud de Nantes au VIe siècle, dans la ville de Herbauge. Comme les habitants restaient sourds à ses prêches, Dieu lui ordonna de quitter la ville, qui fut aussitôt engloutie : c'est aujourd'hui l'immense lac de Grand-Lieu. Il fonda ensuite un monastère à Vertou (Loire-Atlantique). Il est patron d'autres communes de ce département : Pont-Saint-Martin, Le Bignon, Mouzillon. Et patronne aussi l'église Saint-Martin de Lamballe.

Mais Marzhin, du breton *marz* : merveille, est aussi le mot breton pour Merlin, l'illustre magicien du cycle du roi Arthur.

On fête Marzhin le 24 octobre, et le féminin Marzhina le 30 janvier. Mais aucun des deux ne semble être porté.

## Matelin

**Masculin** Voir Mathurin.

## Matéo

**Masculin** Voir Mazhe.

## Mathelin, Mathelinic

**Masculin** Voir Mathurin.

## Mathée, Matheo, Mathieu

**Masculin** Voir Mazhe.

## Mathuedoï

Gendre du roi Alain Ier, comte de Poher au Xe siècle, il lutta contre les Normands avant de s'exiler en Angleterre. Aussi Mathuédoë.

## Mathurin

**Masculin** **Fête le 9 Novembre.**

Saint Mathurin (du latin *maturus* : mûr), mourut à Rome au III^e^ siècle. Il a sa fontaine en la forêt de Ville-Cartier (Ille-et-Vilaine), où il favorise les mariages, mais aussi à Moncontour qui reçut des reliques de ce saint au IX^e^ siècle. L'église lui est dédiée, ainsi qu'un pardon à la Pentecôte. Cela explique pourquoi le prénom est répandu dans la région. Enfin, ce n'est pas son moindre titre de gloire, il patronne une station de la Grande Troménie de Locronan.

Saint Mathurin est invoqué contre les maladies mentales.

Mathurin connaît un cycle classique : courant au début du XX^e^ siècle, assez rare ensuite, il redevient à la mode dans les années 1990. La forme bretonne de ce prénom est Matilin (en vogue depuis dix ans), Matelin, Mathelin refrancisé (diminutif breton Mathilinic chez Luzel). Féminin Matilina, Matelina.

## Maudan

**Masculin**

Voir Maodan.

## Maudet, Maudez

**Masculin** Voir Maodez.

## Maulde

**Masculin**

Voir Maodez.

## Maunoir

**Masculin** **Fête le 28 Janvier.**

Il est rare que des patronymes récents soient repris comme prénoms. C'est le cas de Julien Maunoir, béatifié en 1951 pour son action d'évangélisation de la Bretagne. Né en 1606 à Saint-Georges-de-Reintembault (Ille-et-Vilaine), Julien Maunoir fut instruit chez les jésuites de Rennes, avant d'être ordonné en 1637. Nommé à Quimper, il prit la suite de Michel le Nobletz en organisant des centaines de missions en Basse-Bretagne. Son action était facilitée par sa parfaite connaissance de la langue bretonne, qu'il avait reçue « en don de la Vierge », et qui lui permit de publier un dictionnaire français-

breton et de proposer des réformes du breton écrit. Prêches, confessions, discours sur le démon, exorcismes, « tableaux énigmatiques », processions solennelles, l'ampleur spectaculaire de ses missions multipliait les conversions au catholicisme dans un peuple toujours tenté par ses croyances anciennes.
Voici un exemple des cantiques que l'on chantait dans ces missions : « L'enfer est un abîme profond plein de ténèbres, où ne luit jamais la plus petite clarté ; les portes en ont été fermées et verrouillées par Dieu, et Il ne les ouvrira jamais ; la clef en est perdue ! »
Qu'on compare ce sort implacable aux croyances traditionnelles des Bretons, où des passerelles sont tendues entre les vivants et les morts – d'ailleurs le purgatoire y est plus fréquent que l'enfer – et l'on comprendra ce que ces missions avaient de nouveau, et sans doute de terrifiant pour les paroissiens des campagnes.
Maunoir est devenu un prénom, ainsi que sa transcription bretonne Maner.
Mais aucun des deux ne semble porté.

## Mayeul

**Masculin** **Fête le 11 Mai.**

Voici un saint peu connu, sinon inconnu. Il a néanmoins laissé son nom à l'église Saint-Mayeul de Saint-Nolff – et un soldat mort durant la Grande Guerre portait ce prénom. Il a une église en Saint-Nolff (Morbihan). C'est peut-être saint Mayeux, éponyme d'une commune des Côtes-d'Armor. Et peut-être aussi Meheuc, Maeoc. L'abbé de Rostrenen le nomme Mahyeuc, ce qui est sans doute une transcription hasardeuse.
Mayeul est réapparu dans les années 1980 et est aujourd'hui assez courant.

## Mazé

**Masculin**

Voir Mazhe.

## Mazhe

**Masculin** **Fête le 21 Septembre.**

Ce prénom vient de l'hébreu : *matthaeus* : don de Dieu. Il a évolué en Mathieu, Matheu, Matheo (d'usage récent mais très courant), Mahe (d'usage récent mais courant), Mazhe, Mazheav, Mazhev,

Mazho, Maho (une petite vogue récente), et Mathée, Mazé et Matéo (l'un des vingt prénoms les plus donnés en 2007), qui sont des refrancisations du nom. Il s'agit bien sûr de l'évangéliste. Comme beaucoup de saints étrangers, et en premier lieu la famille de Jésus-Christ, les Bretons se sont approprié Mathieu : son crâne était conservé jusqu'à la Révolution française dans l'abbaye de Saint-Mathieu-du-bout-du-monde, ou Saint-Mathieu Fineterre, qui clôt le Finistère à l'ouest de Brest. Cette relique aurait été ramenée d'Egypte par des marins bretons, à la demande expresse du saint. La belle abbaye est aujourd'hui en ruines. On s'en est servi pour construire le phare voisin.
Et Mahé est devenu un nom de famille répandu.

## Mazheav, Mazhev, Mazho

**Masculin** Voir Mazhe.

## Méal

**Masculin, aussi féminin**
Voir Mael.

## Méaugon

Voir Maelgon.

## Méen

**Masculin** **Fête le 21 Juin.**
Ce saint important est venu du pays de Galles au VI^e^ siècle, en compagnie de Samzun. Il fonda un monastère important près de la forêt de Paimpont, devenu depuis la ville de Saint-Méen-le-Grand (Ille-et-Vilaine). Ses liens avec le roi Judikael sont attestés. On les dit parfois parents, toujours proches, et le monastère de Gaël dans lequel se retira à deux reprises Judikael semble faire doublon avec celui de Saint-Méen-le-Grand.
Méen est souvent représenté chassant un serpent ; il est invoqué aussi pour les maladies de peau, et contre la folie, et patronne à ce titre l'hôpital psychiatrique de Rennes. Il a laissé son nom à Saint-Méen (Finistère).
Avec d'autres saints de Haute-Bretagne, Méen représente l'évêché de Rennes dans le monument *Breiz d'ha bugale* de Sainte-Anne-d'Auray.

Méen est la forme traditionnelle, portée par quelques hommes âgés, de ce prénom originaire de Haute-Bretagne où on l'appelle aussi Miau. En breton, on utilise Meven (une petite vogue depuis trente ans), Mewen (*idem*, plus répandu). Diminutifs Min (d'où une chapelle Saint-Mîn au Saint), Minig.
Féminin Mevena qui apparaît vers 1980 mais reste rare, Mewena (*idem*, plus courant, une trentaine par an) Mevenez, Mewenez.
Locmeven (Finistère), Lannéven (Côtes-d'Armor), Ploéven (Finistère), Tréméven (Finistère et Côtes-d'Armor), se rapporteraient à un autre saint Meven. Cette quadrilogie est un bon exemple de la formation des noms de lieux en Basse-Bretagne, liée à l'organisation religieuse :
*Loc* désigne l'ermitage d'un saint homme ; autour s'est constituée, ou non, une paroisse ;
*Lann* désigne un monastère, lequel a souvent évolué en une paroisse ;
*Plou* désigne la paroisse rurale, parfois très étendue, et desservie par un recteur ; *Tré* désigne la trêve, subdivision d'une paroisse, et desservie par un curé.
Enfin, on doit le château de Fougères, qui est la plus grande forteresse médiévale d'Europe, au chevalier Méen qui en entama la construction au XIe siècle.

## Meheuc

**Masculin** Voir Mayeul.

## Mel

**Masculin, aussi féminin** Voir Mael.

## Melaine

**Masculin** **Fête le 6 Novembre.**

Saint Melaine, mort en 530, est le plus connu des premiers évêques de Rennes. Né sans doute près de Brain (Ille-et-Vilaine), ou bien à Plélauff (Côtes-d'Armor), il aurait succédé à saint Amand au siège de Rennes. On le représente parfois guérissant un possédé. Il rendait aussi à l'occasion la vue et la parole. On lui attribue une action politique importante et des relations avec le chef franc Clovis.
Avec d'autres saints de Haute-Bretagne, Melaine représente l'évêché de Rennes dans le monument *Breiz d'ha bugale* de Sainte-Anne-d'Auray.

Ce prénom ancien connaît un regain de faveur depuis quarante ans. Melaine a de nombreux dérivés de forme bretonne : Melen (quelques prénoms depuis dix ans), Melan (*idem*), Molan, Molien, Molin, Melin (fêté le 5 février), et aussi Melany. L'origine en est peut-être *melen* : doré, blond.
Le féminin Mélina est très courant depuis dix ans, sans qu'on puisse catégoriquement le rattacher à ce saint. Prénom de Haute-Bretagne, il s'écrit aussi avec l'accent : Mélaine. Mais, nous a écrit Pascale, qui enseigne le breton :
« Nous avons choisi sciemment la prononciation Melaine, et non Mélaine, puisqu'en tant que bretonnant cette prononciation peut prêter à confusion avec Melen. »
Ce prénom est illustré en musique par le chanteur Mélaine Favennec.

## Melair, Mélaire

**Masculin** Voir Melar.

## Melan

**Masculin** Voir Melaine.

## Melar

**Masculin** **Fête le 2 Octobre.**

Saint Melar était enterré à Lanmeur, pas très loin de Morlaix. Si le corps a disparu, on voit toujours la fontaine qui coule dans la crypte, l'une des plus anciennes de Bretagne. L'an 538, son père Miliau fut assassiné par son oncle Riwod qui convoitait le trône de Cornouaille. Riwod, ne parvenant pas à faire supprimer Melar, lui fit couper la main droite et le pied gauche : ainsi estropié, ne pouvant ni monter à cheval ni tenir une épée, le pauvre prince devait renoncer au trône. Mais un ange descendu du ciel lui offrit une main en argent et un pied en bronze, qui grandissaient avec lui. Riwod parvint cependant, par traîtrise, à faire tuer Melar. Il avait quinze ans. L'histoire est racontée de façon très expressive dans l'église de Locmélar.
Cette histoire de la main d'argent est répandue dans les nations celtes, et trouve sa récente illustration dans une saga de science-fiction de l'Américain Roger Zelazny, dont les héros ont pour noms Ganelon, Corwin, Fiona, Brand, Julian… les prénoms celtiques sont une source d'inspiration féconde pour l'*heroic fantasy* !

On représente parfois saint Melar tenant, de l'autre, sa main tranchée. Ses reliques ont essaimé dans toute la France.
Il est l'un des saints choisis par l'évêché de Quimper pour figurer dans sa chapelle du monument *Breiz d'ha bugale* à Sainte-Anne-d'Auray.
Melar (du celtique *maël* : prince). Dérivé Meloar, Melair, francisé en Méloir, Mélaire. Mais aucun de ces prénoms ne semble être porté.
Melar est le saint patron de Locmélac (Finistère), Saint-Méloir-des-Ondes (Ille-et-Vilaine), Tréméloir (Côtes-d'Armor).
Certains historiens le différencient de saint Melar, patron de Meilhars (Finistère), enterré à Tréméloir. Dieu reconnaîtra les saints.
Ce prénom est aussi parfois prêté à Maglo (voir ce nom).

## Mélarie

**Féminin**

Voir Nonn.

## Meldroc

**Masculin** **Fête le 9 Avril.**

Saint Meldroc, aussi Meldog, Meldoc, est donné comme évêque de Vannes au VIIe siècle.
Apparemment personne ne porte ce prénom.

## Melen, Melin

**Masculin**

Voir Melaine.

## Méliau, Meliaw

**Masculin**

Voir Miliau.

## Meloar, Méloir

**Masculin**

Voir Melar.

## Menou

**Masculin** **Fête le 12 Juillet.**

Saint d'origine irlandaise venu en Armorique au VIIe siècle, évêque de Quimper après Corentin.

# Mer

**Féminin** Voir Mari.

# Meriadeg

**Masculin** **Fête le 7 Juin.**

Le crâne de saint Meriadeg est séparé en deux parties (en vieux breton, *iatoc* signifie front…) qui sont l'apanage, d'une part de Saint-Jean-du-Doigt (Finistère), d'autre part de Stival, paroisse rattachée à Pontivy dans le Morbihan. Evêque de Vannes où il serait mort en 666, Meriadeg fut évangélisateur du Vannetais. On dit qu'il était venu du pays de Galles. Ou qu'il était de Bretagne armoricaine et de la race du roi Conan Meriadeg. Bref, autant Stival que Saint-Jean-du-Doigt le revendiquent. Dans l'église de Stival, on conserve la cloche – « le bonnet de saint Meriadeg » – qu'il imposait sur la tête des sourds pour les guérir, et on l'invoque encore contre cette affection ; et les fresques racontent sa vie. Pour sa part, Saint-Jean-du-Doigt rappelle son ancien nom, Traoun-Mériadek, avant que le culte de saint Jean-Baptiste ne vienne reléguer au second plan, hôte chez lui, un saint ancien et pourtant méritoire – mais on le fêtait le 24 juin, au sortir d'un feu du solstice que l'Eglise n'a jamais bien accepté.

Meriadeg est rare, mais porté depuis une trentaine d'années. L'étymologie est obscure. Aussi Mariadeg sur son effigie à Stival, Meriadek un petit peu plus courant, et la forme francisée Mériadec, et encore Méréadec donné en 1937.

Mériadec Herrrieu est un grammairien contemporain.

Fête suivie à Stival du pardon le premier dimanche suivant. Patron de Saint-Mériadec (Morbihan). Honoré à Saint-Jean-du-Doigt (Finistère).

# Merlig

**Masculin** Voir Merlin.

# Merlin

**Masculin**

Fils de Lucifer et d'une femme de Barbe-Bleue, l'enchanteur Merlin tient une place centrale dans le cycle du roi Arthur. Capable de revêtir les apparences les plus diverses, il est le conseiller et le guide d'Arthur. Aussi Merlig, Marzhin.

Merlin apparaît vers 1980, et est maintenant donné à une centaine d'enfants.

## Meurzh

**Masculin**

Voir Mars.

## Meven, Mewen

**Masculin**

Voir Méen.

## Mevena, Mevenez

**Féminin**

Voir Méen.

## Miau

**Masculin**

Voir Méen.

## Mieu

**Masculin** **Fête le 2 Novembre.**

Saint ermite du VIe siècle. Bâtit un ermitage dans une forêt, d'où Coëtmieux (Côtes-d'Armor). Dit aussi Mleu, Mieux, Mioc. L'euphonie française ne donne pas beaucoup de chance à ces prénoms. Mais, comme on le dit proche de saint Méen qu'on appelle aussi Miau, il est possible qu'il s'agisse du même personnage.

## Mikael

**Masculin** **Fête le 29 Septembre.**

Mikael est la forme bretonne pour Michel (en hébreu : qui est comme Dieu), l'archange qui veille sur les hommes depuis le haut du Mont-Saint-Michel, et d'autres lieux élevés comme le Ménez-Mikêl, le Mont-Saint-Michel de Brasparts. De là, ce n'est plus la baie mouvante du mont qu'il contemple, mais le Yeun Elez, ce marais tourbeux qui est l'une des principales portes de l'enfer breton.

Saint Michel est invoqué pour la guérison des infirmes.

Mikael, Mikaël, est un prénom courant des années 1980, plus rare aujourd'hui, aussi Mikêl, rare mais en progression depuis quarante

ans. Diminutif Mikaelig (voir la paroisse de Locmiquélic), d'où Kaelig, Kelig.
Mikael Nobletz, Michel Le Nobletz, a été béatifié pour son action d'évangélisation des îles de Bretagne au XVIIe siècle. Féminin Mikaela, Mikela.
Citons le musicien Mikaêl Kerné, le peintre Mikel Chaussepied, le poète Mikaël Madeg.

## Mikel

**Masculin** Voir Mikael.

## Milian

**Masculin** Voir Emilion.

## Miliau

**Masculin** **Fête le 24 Juillet.**

Saint Miliau était roi de Cornouaille au VIe siècle, et patronne la paroisse de Guimiliau (Finistère) qui possède l'un des plus beaux enclos paroissiaux de Bretagne – on peut lire sa vie sur le retable de l'église. Miliau était un bon roi (sous son règne de sept ans, le climat se fit plus doux que jamais), qui finit décapité par son frère jaloux, Riwod. On l'a sanctifié comme martyr, et on le représente parfois en manteau ducal, portant l'épée, le sceptre, et sa tête sous le bras. Il est aussi le patron de Ploumilliau près de Lannion, Plonévez-Porzay (Finistère), Pluméliau (Morbihan). Enfin, on le retrouve – à moins que ce ne soit un homonyme – à l'île Milliau, au large de Trébeurden, où séjournait le poète Saint-John Perse : la Côte de Granit rose est sûrement un beau lieu d'inspiration.
Dérivés : Miliaw, Meliaw, Milio qui semble être le seul utilisé (quelques porteurs dans les années 1930, quelques dizaines depuis 1995). Aussi Méliau francisé.
C'est un prénom utilisé, notamment par Annaig :
« Une grande partie de la famille côté père trouve ses origines à Ploumilliau. C'est au fils qu'est revenu l'honneur de porter le nom de Milio. Nous avons trouvé important de nous référer aux sources, aux origines. De plus, le personnage de Milio nous a toujours plu (roi juste et généreux de Cornouaille, le pays vécut dans la prospérité et la paix durant tout son règne). »

## Milig

**Masculin** **Fête le 22 Mai.**

C'est la forme bretonne pour Emile. De son nom de naissance Emile Le Scanff, Milig ar Scanff (1931-1996), journaliste et poète, est un célèbre chanteur breton sous son pseudonyme de Glenmor.
Ce prénom est peu usité.

## Milion

**Masculin** Voir Emilion.

## Min, Minig

**Masculin** Voir Méen.

## Mioc

**Masculin** Voir Mieu.

## Mleu

**Masculin** Voir Mieu.

## Modan

**Masculin** Voir Maodan.

## Modéran

**Masculin** **Fête le 22 Octobre.**

Nous avons trouvé citation d'un saint Modérand, premier évêque de Rennes au IVe siècle. Son titre de gloire est d'avoir couronné dans sa cathédrale Conan Mériadec, le premier roi de Bretagne. Mais on peut raisonnablement penser qu'il n'y avait, au IVe siècle, ni cathédrale, ni évêque à Rennes, ni roi de Bretagne, et sans doute pas de Conan Mériadec.
Il semble qu'il s'agisse plutôt de Modéran, évêque au VIIIe siècle, et décédé en Italie, qui est connu par une *Vie* tardive. Il est honoré à Saint-Morand en Chevaigné (Ille-et-Vilaine).
Modéran est un prénom d'origine latine. C'est un prénom rare qui semble n'avoir plus été donné depuis les années 1940. Aussi dit Morand, Moran, d'où une certaine confusion avec saint Moran (voir ce nom).

## Modez

**Masculin** Voir Maodez.

## Molan, Molien, Molin

**Masculin** Voir Mélaine.

## Molff

**Masculin**

Ce moine sans doute originaire d'Ecosse n'est jamais venu en Bretagne. Il est l'éponyme de Saint-Molff, au nord de la Brière, et de Saint-Nolff près d'Elven. Le prénom d'origine est Maidulf, devenu Mendulphe, puis Molff ; et voilà pourquoi les habitants de Saint-Molff s'appellent les Mendulphins. Cette commune est jumelée avec Malmesbury en Angleterre, où Molff fonda un monastère réputé au VII^e siècle. Deux noms très différents pour une même origine.

Ce prénom n'est apparemment porté par personne.

## Moluan

**Masculin** Voir Elouan.

## Molvan

**Masculin** Voir Morvan.

## Mon

**Masculin** Voir Yves.

## Mon

**Féminin** Voir Mona.

## Mona

**Féminin.** **Fête le 27 Août.**

Mona vient du celtique *Maudh* : noble. Mais on donne aussi ce prénom comme correspondant au français Monique. Aussi Monna, Monik, courant depuis cinquante ans.

Mona est aussi une forme abrégée de Marivon (voir ce prénom).

Il est courant et en augmentation, mais pas seulement en Bretagne : malgré notre goût pour l'assimilation, Mona Lisa reste italienne.

## Moran

**Masculin** **Fête le 20 Octobre.**

Un vieux saint actif dans le Cap-Caval, autrement dit le pays bigouden. Son nom a migré du masculin au féminin pour donner

Maraine, puis Sainte-Marine, le petit port qui marque la fin du pays bigouden à l'embouchure de l'Odet, que l'on dit la plus jolie rivière de France. Passé le pont de Cornouaille, il retrouve son intégrité en patronnant Saint-Morand en Bénodet. Il est aussi honoré en Beuzec-Cap-Caval, Plozévet, Saint-Jean-Trolimon (Finistère).

Moran : *mor* signifie mer, et cousine avec *meur* : grand ; ces deux mots ont sans doute une origine commune : quoi de plus étendu et insaisissable que la mer pour les Bretons ? Moran serait alors le plus grand. Ce prénom est rare, mais employé, surtout dans les années 1990. Aussi, mais guère employé… Mouran ! Aussi Morand francisé, rare mais assez constant depuis un siècle. (Voir aussi saint Modéran.) Féminin Morana, Morna.

## Morbret

**Masculin** **Fête le 4 Février.**

Saint Morbret était moine à l'abbaye de Landévennec et disciple de saint Gwenole. On ne sait pas grand-chose de plus sur lui. On cite aussi les nom Morvred, Morbad, Morbed.

Tous ces prénoms semblent inusités.

## Morchael

**Masculin**

Morchael est-il l'un des vingt et un frères et sœurs du roi Judikael de Domnonée ? L'excellent chanoine Garaby hasarde l'hypothèse sans pouvoir la confirmer, et nous non plus.

Ce prénom ne semble pas être porté.

## Mordiern

**Masculin** **Fête le 25 Mars.**

Ce saint gallois a donné son nom à Plomodiern (Finistère), où il vécut en ermite. Ce nom vient de *mor* : mer, et *tiem* : chef.

## Morgad

**Masculin**

Vient du breton *mor* : mer et *kad* : combat. Quel est ce combat de la mer ? Saint Morgad a donné son nom à Morgat (Finistère) et Plumergat (Morbihan).

## Morgane

**Féminin** **Fête le 8 Octobre.**

De Morgan, venant du celtique *mor* : mer, et *gan* : né, c'est la fée Morgane du cycle de la Table ronde.

C'est aussi Mari-Vorgan, Mary Morgane, la sirène en laquelle s'est transformée Ahès après la destruction de la ville d'Is. Elle charme les marins et les entraîne dans son royaume souterrain au fond des mers.

Morgan, francisé en Morgane, est un prénom courant depuis 1970, dont la vogue culmine vers 1995 avec plus de trois mille prénoms donnés, puis redescend sensiblement. L'écriture bretonne Morgan connaît le même cycle avec moitié moins de prénoms. Le diminutif Morgana est plutôt rare, et celui de Morganez ne semble pas être porté.

## Moris

**Masculin** **Fête le 5 Octobre.**

Moris est la fome bretonne pour le prénom Maurice, illustré ici par Maurice Duault, né près de Loudéac en 1117. Il fut moine cistercien à l'abbaye de Langonnet, puis abbé, avant de fonder un nouveau monastère dans la forêt de Carnoët.

Ce prénom ne semble pas être utilisé.

## Morna

**Féminin**

Voir Moran.

## Morvan

**Masculin** **Fête le 22 Octobre.**

Roc'h Morvan, un site impressionnant où les ruines d'une citadelle surplombent la vallée de l'Elorn. On l'a francisé en La Roche-Maurice, ce qui est aussi curieux qu'impropre. Ce château (ou plutôt celui qui l'a précédé) était la demeure de Morvan Lez Breiz, ce qui se traduit par Morvan Le soutien de la Bretagne. S'il sut tenir tête à Louis le Débonnaire, il ne régna qu'un an avant d'être assassiné par un Franc déguisé en moine. La saga de Morvan Lez Breiz a été mise en musique par Patrick Ewen.

Mais Morvan est aussi un nom de saint :

Saint Molvan ou Morvan, évêque de Vannes au VII$^{e}$ siècle. Il a une chapelle en Cléguérec (Morbihan), où l'on voit son sarcophage vide.

Il est honoré à Kernevel (Finistère), Loudéac, Le Quillio, Morieux, Saint-Mayeux et Trémel (Côtes-d'Armor). Citons aussi Saint-Morvan en Guidel (Morbihan)

Et aussi Morvan Duo, abbé de Langonnet au XIIe siècle.

L'étymologie est peut-être *mor* : grand, et *gwan*, *man* : pensée, ou assaut ? C'est l'opinion de Gwenole Le Menn. Ou bien *mor* : mer, et *man*, muté en *van* : homme : l'homme de la mer, selon Plonéis ; cette version nous plaît mieux.

Une chose, en tout cas, est sûre : c'est bien abusivement qu'on a traduit ce prénom par Maurice.

Féminin : Morvannen, Morvana. Morwenna, fêté le 31 janvier, est assez fréquent.

Ce prénom est souvent porté, quoiqu'en régression. Citons le barde Morvan Briot, les écrivains Morvan Duhamel, Morven Le Gaélique (qui n'était autre que Max Jacob) Morvan Lebesque (1911-1970), journaliste et éminent auteur de l'essai *Comment peut-on être breton ?*, et Morvan Marchal (1900-1963), créateur du *Gwenn ha Du*, qui est le drapeau breton contemporain.

## Morwenna

**Féminin** Voir Morvan.

## Munis

**Masculin**

Saint Munis était, semble-t-il, fils du roi de Bretagne Conan Mériadec et de sa femme la reine Darérea. Il aurait passé la majeure partie de sa vie religieuse auprès de saint Padrig en Irlande. On l'appelle aussi saint Muin, et on le fête le 18 décembre. Nous n'avons pas trouvé trace contemporaine de ce curieux prénom.

## N COMME NAONED

On ne s'étonnera pas de voir figurer dans cet ouvrage les prénoms et les saints de Loire-Atlantique. La partition administrative opérée par le régime de Vichy n'a jamais été acceptée dans les cœurs, et l'ancienne capitale des ducs de Bretagne, même si elle est de langue française, porte haut son nom breton.
Lorsqu'on éleva à Sainte-Anne-d'Auray le monument *Breiz d'ha bugale*, « La Bretagne à ses enfants », qui commémore les pertes en hommes de la Grande Guerre, chaque évêché de Bretagne choisit ses saints ou martyrs. Voici quel fut le choix de Nantes : Clair, Donatien, Hermeland, Pasquier, Rogatien ; la bienheureuse Françoise d'Amboise et l'enfant Noël. Et aussi Alain Barbetorte, Charette et Lamoricière. Tous liés à l'histoire de cet évêché.

### Naig

**Féminin** Voir Anna.
Voir aussi Allan.
Citons la poétesse Naig Rozmor.

## Nan, Nanna, Nannik

**Masculin et féminin**

Voir Ronan.

## Nazaire

**Masculin** **Fête le 28 Juillet.**

Le port de Saint-Nazaire a emprunté son nom à saint Nazaire, martyr chrétien du Ier siècle, et d'origine juive (de l'hébreu *nazir* : consacré). Ce prénom n'est pas courant, mais régulièrement donné jusqu'aux années 1960 et pas particulièrement en Loire-Atlantique. La forme bretonne usitée est Nazer, qui semble inusitée.

## Nedeleg

**Masculin, aussi féminin**

Forme bretonne pour Noël. Aussi Nouel, Noel, Noelig (quelques jeunes enfants), Nolig diminutif. Féminin Nouela, Noela (assez courant dans les années 1920, un petit regain actuel). Ce prénom se fête évidemment le 25 décembre.

## Nelig, Nellig

**Féminin, diminutif de Oanez.**

Voir ce nom.

## Nenec, Neneg

**Masculin** Voir Ninnog.

## Nennoc'h

**Masculin** Voir Nonna.

## Nennok, Nenog

**Féminin** Voir Ninnog.

## Nérin

**Masculin**

Saint Nérin, évêque, vint de Grande-Bretagne à l'époque des invasions saxonnes. On le fêtait le troisième dimanche de mai. Pour simplifier, sa fête est aujourd'hui fixée au 31 mai.
Féminin Nérina, porté par quelques dames âgées.

# Neven

**Masculin** **Fête le 6 Avril.**

Saint Neven est d'autant moins connu que Neven est généralement rapproché de Nevenoe, qui suit. Mais on peut considérer qu'un saint ancien a nommé Lannéven (Côtes-d'Armor), Lesneven (Finistère)… et Saint-Méen (autrefois Saint-Néven), avant de céder humblement sa place à saint Méen.

Neven : prénom de réapparition récente, avec une trentaine d'enfants par an. Féminin Nevena aussi donné récemment, d'où diminutif Venaig (rare).

# Nevenoe

**Masculin** **Fête le 7 Mars.**

Nevenoe est l'un des grands héros de la Bretagne. Sa statue se dresse sur la place de Bains-sur-Oust, au nord de Redon, en Ille-et-Vilaine. Il est représenté debout, les deux mains posées sur le glaive avec lequel il vainquit l'armée de Charles le Chauve. Sur le socle, est écrite l'inscription mi-bretonne mi-latine :

NEVENOE
TAD AR VRO
PENNTIERN AR VRETONED
NOMINOE
BRITONNUM REX
851

que l'on traduit ainsi : Nevenoe, Père de la Patrie, Chef Souverain des Bretons. Nominoë, Roi des Bretons, 851.

Le traité de Verdun avait partagé l'Empire entre les trois fils de Louis le Pieux. La Francie occidentale avait été attribuée à Charles le Chauve. Nevenoe avait jadis battu Louis le Pieux, mais avait dû se soumettre, et Louis l'avait emprisonné quelque temps, avant de le relâcher et de le nommer comte de Vannes, puis duc de Bretagne. Nevenoe se sentait peut-être un peu l'obligé du père, pas du tout du fils. Charles n'avait qu'à prendre par les armes ce qui lui avait été donné sur le papier. Les deux armées se rencontrèrent près de Bains-sur-Oust en 845. C'est une date que l'on ne voit pas souvent dans les livres d'histoire français, car cette bataille, dite de Ballon, fut une déroute pour l'armée franque, et Charles lui-même faillit être fait prisonnier. L'année suivante, il dut reconnaître l'indépendance de la Bretagne. Par-dessus le marché,

Nevenoe était fait comte de Nantes, du Maine et de l'Anjou. Et le pape Léon IV lui offrit un diadème d'or en reconnaissance de l'indépendance de la Bretagne. Grand guerrier, Nevenoe fut aussi un grand roi, qui développa l'économie et renforça les voies de communication. Nevenoe mourut en 851, alors qu'il menait ses armées sur la route de Paris. Il est sans aucun doute l'une des grandes figures de notre histoire.
Nevenoe vient du celtique *nevez* : nouveau. On le francise en Nominoë, qui a quelques porteurs récemment, Noménoë.
Dérivés : Neven assez fréquent, Nevenou. Mais il convient de ne pas usurper la place de saint Neven (voir ce nom).

## Neventer

**Masculin** **Fête le 7 Mai.**

Saint du VI<sup>e</sup> siècle, frère ou compagnon de saint Derhen. Tous deux firent un pèlerinage en Terre sainte. A leur retour, ils tuèrent un dragon qui terrorisait la rivière Elorn, sauvant la vie du prince Riog. On trouvera à ce dernier nom la relation héroïque qu'en fait Albert le Grand.
Il est le patron de Plounéventer (Finistère).
Son nom ne semble pas être porté.

## Nezig

**Féminin, diminutif de Levenez**

Voir ce nom.

**Féminin, diminutif de Oanez**

Voir ce nom.

## Nic

**Masculin** **Fête le 14 Décembre.**

Saint Nicaise (du grec *nikê* : victoire), évêque de Reims, fut tué par les Barbares au V<sup>e</sup> siècle. Le prénom Nic en dérive sans doute, qu'on trouve dans Saint-Nic (Finistère), et au village de Kernic sur l'île d'Ouessant.
Le prénom Nick ou Nicky, assez courant naguère, n'a pas grand lien avec lui.

## Nicaise

**Masculin** Voir Nic.

## Nicolas

**Masculin** Voir Nikolaz.

## Niel

**Masculin** Voir Ninian.

## Nigouden

**Masculin** **Fête le 15 Septembre.**

C'est la forme bretonne pour saint Nicodème, protecteur des chevaux. C'est saint Nicodème qui enterra le corps du Christ avec Joseph d'Arimathie. Il est l'éponyme de Saint-Nicodème en Pluméliau (Morbihan), et patronne l'église de Perret (Côtes-d'Armor).
Ce prénom ne semble pas être usité.

## Nikolaz

**Masculin** **Fête le 6 Décembre.**

Vient du grec *nikê* : victoire, et *laos* : peuple, et correspond au français Nicolas.
Saint Nicolas est honoré en Bretagne, à Saint-Nicolas-des-Eaux, Saint-Nicolas-du-Tertre (Morbihan), Saint-Nicolas-du-Pélem (Côtes-d'Armor), Saint-Nicolas-de-Redon (Loire-Atlantique).
Cette orthographe est rare à l'état civil, mais fréquente dans l'usage.
Diminutif Nikolazig, d'où abrégé Kolaz, Kola, Kolaig. Féminin Nikola, assez fréquent.
Citons Nikolas Davalan, pédagogue émérite de breton.

## Nin

**Masculin** Voir Ninian.

## Ninian

**Masculin** **Fête le 16 Septembre.**

Saint venu d'Ecosse au Ve siècle, honoré à Roscoff (Finistère), Saint-Jean-Kerdaniel (Côtes-d'Armor). A Pluméliau (Morbihan), il descend du clocher pour allumer le feu de son pardon, chaque premier dimanche d'août.
Ninian : du vieux breton *nin* : sommet. Aussi Nin, Niel, féminin Nina (un prénom de plus en plus populaire, mais sans référence à Ninian).

## Ninnog

**Féminin** **Fête le 4 Juin.**

Sainte morte en 467, originaire de Grande-Bretagne, d'où elle vint avec ses quatorze frères qui sont tous saints. Ninnog fonda un monastère

de femmes à Ploemeur, près de Lorient. Elle est associée à une biche qu'elle avait sauvée des chasseurs.
Ninnog (quelques dizaines de petites filles depuis 2000), Ninnok, Nennok, Ninog, Nenog, Ninoc'h viennent du celtique *nin* : sommet. Ces variantes ne semblent pas être utilisées.
« Un prénom coup de cœur, tant pour sa musicalité que pour son étymologie », selon Annaig, qui l'a choisi pour son aînée.
On trouve Saint-Nenec (Neneg) en Lignol et Burbry (Morbihan). Est-ce un saint différent ou une forme masculine du prénom ?

## Noalig

(**) **Féminin** Voir Nolwenn.

## Noaluenn

**Féminin** Voir Nolwenn.

## Noan

**Féminin** Voir Oanez.

## Noël, Noela, Noelig, Nolig

**Masculin, aussi féminin** Voir Nedeleg.

## Noluen, Noluenn

**Féminin** Voir Nolwenn.

## Nolwenn

**Féminin** **Fête le 6 Juillet.**

Sainte du VIe siècle, patronne de Noyal-Pontivy. Mais les érudits ne s'accordent pas sur l'existence ou non de Nolwenn, sur la confusion possible entre plusieurs saints. Nous avons choisi la voie la plus foulée : fille d'un prince anglais, Nolwenn vint en Armorique pour y vivre une vie d'ermite. S'enfonçant dans les terres, elle fut courtisée par un seigneur de Bignan qu'elle repoussa. Le seigneur la fit alors décapiter. Nolwenn prit sa tête entre les mains et poursuivit sa route, jusqu'à ce qu'elle trouve le lieu propice, non plus à son ermitage, mais à sa sépulture. On y édifia la chapelle Sainte-Nolwenn, dont le plafond retrace cette histoire simple et tragique. La fontaine est ornée de la statue de la sainte, sa tête entre les mains. La commune s'appelle Noyal-Pontivy, au sud de Pontivy.

Selon Gwenole Le Menn, Nolwenn vient de Noal, qui est un nom de lieu, et de *gwenn* : blanc. Cette sainte Gwenn ou Guen serait différente de Gwenn, épouse de saint Fragan. Nolwenn est un prénom d'ascendance récente (1960) qui culmine à huit cents noms vers 2000 pour redescendre actuellement. Le prénom Noluenn, Noaluen, est aussi correct (Noluen relevé comme prénom en 1968). On le trouvait aussi inversé : Gwennoal, d'où Noalig. Noyale est la forme francisée. On trouve aussi Maluenne au XIXe siècle.

## Nominoë

**Masculin** Voir Nevenoe.

## Nona

**Masculin** Voir Nonna.

## Nonn

**Féminin** **Fête le 1er Mars.**

Protectrice des nourrissons, sainte Nonn était galloise, et sans doute fille de roi. Violée par un prince, elle s'enfuit en Bretagne armorique où elle accoucha d'un fils, lequel est célébré sous le nom de saint Dewi. Le lieu de sa naissance, où l'on voit encore la forme du berceau dans le rocher, s'appelle depuis Dirinon (le chêne de Nonn), près de Landerneau dans le Finistère. Nonn termina ses jours à Dirinon où se trouve son tombeau et son gisant qui la représente foulant aux pieds une salamandre. Depuis, elle secourt les enfants qui ont du mal à marcher.
Ce prénom, comme son dérivé Nonna, est porté par quelques très vieilles dames. : (mais Nonna est sans doute un saint à part entière, et masculin). Nonne francisé.
Les diminutifs masculins Nonnic, Nonnik cités par Anatole Le Braz se rapportent soit à Nonn, soit à Nonna.
Quant à l'excellent chanoine Garaby, il l'appelle sainte Mélarie !

## Nonna

**Masculin, aussi féminin** **Fête le 15 Juin.**

Beaucoup de prénoms bretons peuvent être donnés indistinctement aux hommes et aux femmes. Les terminaisons féminines classiques sont *a*, *ez*, *enn*. Mais, ici, Nonna (sans doute aussi Nona) est un homme, alors que Nonn est une femme (voir ce nom). Saint Nonna

est un évêque irlandais du VIe siècle, compagnon de saint Dewi – lui-même fils de sainte Nonn, ce qui laisse planer une certaine confusion –, et patron de Penmarch en pays bigouden. Il traversa la Manche sur un rocher, et aborda à Penmarch. Puis, fuyant la foule de ses admirateurs, il s'enfonça dans la forêt pour y établir son ermitage, aujourd'hui Saint-Vougay (Finistère).
Quelques prénoms connus vers 1920. Aussi anciennement Nennoc'h. Ce nom a été transformé en Vougay, Vouga, aussi Gougae. Et même Nouga. Tous ces prénoms semblent inusités.

## Nonnic, Nonnik

**Masculin, aussi féminin**

Voir Nonn, et Nonna.

## Norig

**Féminin, diminutif de Enora**

Voir ce nom. Voir aussi Aenor.

## Nouel, Nouela

**Masculin, aussi féminin**

Voir Nedeleg.

## Noun

**Masculin** Voir Yves.

## Noyale

**Féminin** Voir Nolwenn.

## Nun

**Masculin** Voir Yves.

## Nuz

**Masculin**

C'est un dieu gallois, qui reçut un bras d'argent miraculeux pour remplacer celui qu'il avait perdu au combat (on retrouve cette légende à propos de saint Melar). On retrouve ce nom à Kernuz en Pont-l'Abbé (Finistère).
Prénom inusité.

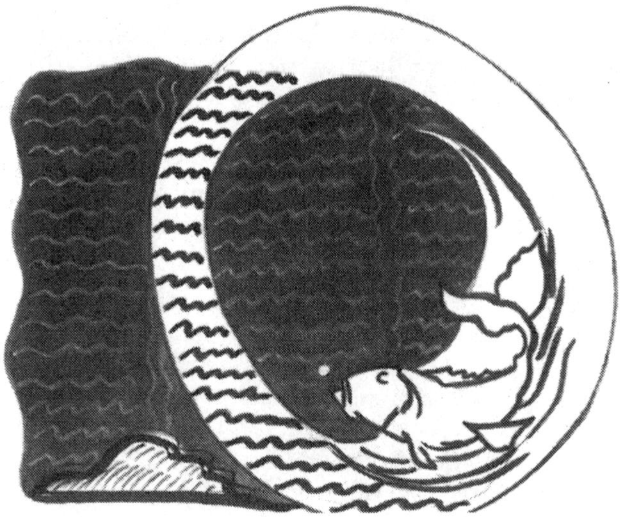

## O COMME OCEAN

Océan parcouru de long en large, et de haut en bas par les marins bretons à la recherche d'aventures, de découvertes, de soieries précieuses, ou plus prosaïquement de poissons.
On connaît Jacques Cartier qui donna le Canada à la France, et Yves de Kerguelen qui lui apporta ses terres Australes. On n'aurait garde d'oublier la Compagnie des Indes, les négociants en tout genre, les terre-neuvas et la grande pêche. Comme l'écrit Bernard Le Nail (*op. cit.*), « la Bretagne n'a jamais été aussi rayonnante et prospère que lorsqu'elle a été grande ouverte sur le monde ».

# Oan, Oanig

**Masculin, diminutif de Oanez** Voir ce nom.

# Oanez

**Féminin** **Fête le 21 Janvier.**

Vient de oan : agneau, et correspond au prénom français Agnès, du latin agnus. Oanez, aussi Oanell (petite vogue récente). Diminutifs Oanezig, Oanellig, apparemment non employés ; abrégé Noan, courant depuis quelques années, Nezig, Nelig, Nellig. Masculin Oan, diminutif Oanig.

# Ober, Oberon

**Masculin** Voir Arthur. Voir aussi Aubert.

# Oedmal

**Masculin** **Fête le 26 Septembre.**

Saint Oedmal est cité comme évêque d'Alet au VII^e^ siècle. Ce prénom ne semble pas être porté.

# Olcan

**Masculin** **Fête le 20 Février.**

Olcan, aussi Bolcan, ou Volcan, est donné par le chanoine Garaby comme un fils – encore un – de Conan Mériadec et de sainte Darérea, sœur de saint Patrick d'Irlande. Nous n'avons gardé son nom que pour sa sonorité, car l'essentiel de sa biographie, peu connue, se déroule en Irlande.

Ce prénom ne semble pas être porté.

# Olier

**Masculin** **Fête le 12 Juillet.**

C'est la forme bretonne pour Olivier, prénom très répandu au Moyen Age. On trouve le féminin Olive aux XIV^e^ et XV^e^ siècles, et encore au début du XX^e^ siècle, avant un petit regain récent. Et Olier, Ollier dans les contes bretons. Abrégé Loll.

Ce prénom ne semble pas être porté.

# Onen

**Masculin** **Fête le 27 Février.**

Saint Onen était moine à l'abbaye de Saint-Méen au X^e^ siècle. Il a donné son nom à Saint-Onen-la-Chapelle (Ille-et-Vilaine). Il est honoré en Plénée-Jugon (Côtes-d'Armor). Aussi Onet.

Ni l'un ni l'autre ne semblent être portés.

# Onet

**Masculin** Voir Onen.

# Onnen

**Féminin** **Fête le 30 Avril.**

Cette sœur du roi Judikael est une sainte. Elle vécut en ermite, au VII^e^ siècle, à Tréhorenteuc dont elle est la patronne. Elle est aussi

Docteur de l'Eglise. Son église de Tréhorenteuc est parsemée de vitraux et de tableaux référents à la légende du Saint-Graal. Il est vrai qu'ils sont assez récents. Et que Tréhorenteuc est la porte de Brocéliande…

Garaby rapporte que le château que s'était fait construire Onnen était « tout en briques, même la couverture ».

Onnen (celtique *onn* : fort). Dérivés : Oona (quelques noms récents), Onenn, prénoms féminins. Francisé en Onenne. Elle est invoquée contre l'hydropisie, dont elle est morte.

## Osmane

**Féminin** **Fête le 19 Septembre.**

Un prénom très rare porté par quelques vieilles dames. Une sainte ermite venue d'Irlande, au VIIe siècle, pour fuir un mariage arrangé avec un prince païen. Elle vécut dans la région de Saint-Brieuc, où elle est connue sous le nom breton de Ozvan, inusité semble-t-il.

## Oudocée

**Masculin** **Fête le 2 Juillet.**

Il serait le fils du roi Budic et le neveu de saint Telo – et aussi frère de saint Tifeide et saint Ismaël – et encore oncle de Kinède et de saint Budoc. Malgré ce beau pedigree, on n'a pas retenu grand-chose de saint Oudocée, qui aurait exercé son ministère en Angleterre. On l'appelle en breton Ouzog.

Et personne apparemment ne perpétue son nom.

## Ozvan

**Féminin**

Voir Osmane.

## P COMME PARIS

(sur un air de Charles Trenet)

A Paris…

Quand un pauvre Breton coiffé du chapeau rond
Dérapait sur la glace du pavé d'Montparnasse,
Venu seul en garçon pour nourrir sa maison,
Les Parisiens qui passent lui bousculaient sa place

A Paris…

Quand une bécassine qu'on jugeait sur sa mine,
Qui ne savait ni boire ni céder le trottoir,
Venue là pas trop fine, pour nourrir sa chaumine,
Cherchait de quoi s'asseoir, on lui donnait l'trottoir…

De Paris…
Mais Paris !

Si la chère était chère, et si manquaient les mères,
Si se clevaient les portes, si leur langue était morte,
Et si manquaient les pères courbés dans les chaumières,
Parfois le vent apporte de la mer l'odeur forte,

Car Paris...

Chaque jour on y lutte, chaque jour on s'y butte,
Et on cache sa peine, et parfois même on aime,
Et le sort on chahute pour sauver sa cahute,
Et revoir ceux qu'on aime, et retrouver son chêne

Loin d'Paris...

De Paris...

Flics, bonniches ou garçons, un jour ils reviendront,
Vieux, usés, abîmés, mais enfin consolés.
Un jour ils reviendront bâtir leur pavillon,
Et trouver le repos, auprès de leur clocher,

Loin d'Paris (*ter*)...

## Paban, Pabu

**Masculin** **Fête le 30 Novembre.**

C'est le surnom du grand saint Tudal, Tugdual. Il aurait séjourné brièvement à Rome et y aurait été fait pape. On ne le retrouve pas sur les listes officielles (adoptées après bien des atermoiements), mais cela n'empêche pas de le représenter parfois coiffé de la tiare papale, et de l'appeler Pabu. Sous ce nom il patronne Saint-Pabu, Trébabu (Finistère), et Pabu (Côtes-d'Armor), il a une chapelle en Saint-Guen (Côtes-d'Armor). Et il y eut un couvent de Saint-Pabu près du château de Suscinio, déplacé au XIIIe siècle par le duc Jean. Paban ni Pabu ne semblent être des prénoms portés. Voir Tudal.

## Padern

**Masculin** Voir Patern.

## Padrig

**Masculin**

Padrig est le saint patron de l'Irlande, que l'on fête le 17 mars dans tous les pubs non anglais du monde. Ce Gallois enlevé par des pirates irlandais, mis en esclavage, atterrit en Gaule, où il fut élevé dans la religion chrétienne et nommé évêque. En 432, il retourna en Irlande, et fut l'initiateur de l'évangélisation de cette île – un grand succès si l'on en juge par le nombre des saints irlandais qui traversèrent ensuite la Manche pour s'installer en Bretagne armorique.

Padrig est la forme celte du latin *patricius* : patricien, noble. Le français a adopté Patrice, l'anglais Patrick, le breton Padrig (qui reste rare), Patrig, aussi Patrik en petite vogue vers 1950, Padraeg. Féminin Patriga, Padrigez, apparemment inusités.

Citons le sculpteur Patrig Ar Goarnig,
Padrig Malrieu, fondateur de *Dastum* ;
et bien sûr le célèbre journaliste Padrig Pebr an Arvor !

## Padriga, Padrigez

**Féminin** Voir Padrig.

## Paer

**Masculin** Voir Patern.

## Paol, Paolig

**Masculin**

Voir Pol.

## Pascweten

**Masculin** Voir Paskweten.

## Paskal

**Masculin** **Fête le 1er Mai.**

C'est la forme bretonne pour Pascal, qui rappelle bien sûr la résurrection du Christ. Existe, mais très rare. Paskou dans le *Barzaz Breiz*. Féminin Paskela, qui semble ne pas être porté.

## Pasker

**Masculin** Voir Pasquier.

## Paskweten

**Masculin**

Neveu du roi Salomon, ou Salaun, et son envoyé auprès de Charles le Chauve en 867. Il fut cependant impliqué dans son assassinat en 874. Prétendant à la couronne de Bretagne, il mourut en 876. Aussi Pascweten, qui ne semble pas plus porté que le précédent.

## Pasquier

**Masculin** **Fête le 10 Juillet.**

Saint, et évêque de Nantes, aussi fondateur du monastère de Saint-Hermeland, Pasquier est aussi appelé Pasker. L'évêché de Nantes l'a honoré en le faisant figurer dans sa chapelle du monument *Breiz d'ha bugale*, « La Bretagne à ses enfants », qui commémore à Sainte-Anne-d'Auray les pertes en hommes de la Grande Guerre.

Apparemment, personne ne porte ce prénom.

## Patern

**Masculin** **Fête le 16 Avril.**

Ce prénom d'origine latine (*pater* : père) est celui de l'un des sept saints fondateurs de la Bretagne. Appelé par le comte de Vannes Gwereg, il fut élu comme premier évêque de Vannes, vers l'an 465. Mais il dut quitter son siège, en butte à l'hostilité d'une partie des habitants de Vannes. Les reliques de saint Patern furent de grandes voyageuses. Lorsqu'on voulut les ramener à Vannes, elles pesaient si lourd qu'on ne put les soulever… jusqu'à ce que les Vannetais promettent de doter richement la cathédrale. Alors elles se firent légères. Au IXe siècle, devant le risque des invasions normandes, les reliques de saint Patern, comme celles de beaucoup d'autres saints bretons, partirent en exil avec le clergé, d'abord dans le Berry, puis à Issoudun. Une partie en revint à Vannes au XIe siècle, le danger écarté. Il est le saint patron de Vannes (selon le chanoine Garaby, il y a eu trois évêques de Vannes du nom de Patern). L'église Saint-Patern dans un vieux quartier, et non pas la cathédrale, qui est à Saint-Pierre, lui est dédiée. Il a donné son nom à Pédernec (Côtes-d'Armor).

Patern. Un prénom ancien, porté par quelques vieilles personnes, et dont la mode n'est pas encore revenue. La forme bretonne est Padern. Dérivé Paer, peut-être Pedern, Pern (confusion possible avec d'autres saints oubliés, et avec saint Padrig), tous semblant inusités.

## Patrice, Patrick, Patrig, Patrik

**Masculin**

Voir Padrig.

## Patriga

**Féminin**

Voir Padrig.

## Pedern

**Masculin** Voir Padrig, et aussi Patern.

## Pekan

**Masculin** **Fête le 22 Avril.**

« Dans l'église de Plouagat, près de Châtelaudren [...], on voit deux statues en cœur de chêne, bien faites, bien conservées, et représentant, celle qui est au côté de l'épître, le bienheureux Pekan, celle qui tient le côté de l'évangile, le bienheureux Lacop. Ce sont deux jeunes prémontrés prosternés et en adoration [...]. On a fait des recherches infructueuses sur ces deux élus. »

Comme le chanoine Garaby (ouvrage cité en bibliographie), nous n'avons rien trouvé sur ces deux saints très obscurs, comme quelques centaines d'autres en Bretagne.

Et le prénom reste inconnu.

## Per

**Masculin** **Fête le 29 Juin.**

C'est la forme bretonne de Petrus, saint Pierre, premier pape et détenteur des clefs du paradis. On l'ignore souvent, mais Pierre vint en Bretagne avec Jésus-Christ il y a très longtemps. C'est du moins ce que dit la tradition.

Per, Pêr, sont des prénoms portés, mais plus souvent par habitude qu'à l'état civil. Les diminutifs Perig (rare, mais constant depuis trente ans), Pierrig (*idem*), sont des prénoms portés. Luzel cite Pierig (donc Pier) qui est porté, Pezr, et aussi Pipi (peu usité). Féminin Perez, Pezrez, non portés semble-t-il. Francisé en Pierrick, fréquent depuis 1950.

Ploubezre (Côtes-d'Armor) viendrait d'un saint Per de qui on ne sait pas grand-chose.

On connaît le célèbre écrivain bigouden Per-Jakez Helias, auteur du *Cheval d'orgueil*, et de bien d'autres ouvrages sur la Bretagne.
Citons aussi le linguiste Per Denez.
Les poètes Pier Er Go (1860-1941), Per Diolier, l'historien Per Honoré.
Les compositeurs Perig Herbert, Pierig Houdy.
Pierre de Dreux, dit Mauclerc, prince capétien, fut marié en 1212 à Alix, héritière du duché de Bretagne. En tant que cadet de sa famille, il avait brisé le blason de Dreux d'un quartier d'hermine. L'écu de Bretagne est devenu en quelques générations « d'hermine plein », et ne doit donc rien à la duchesse Anne.
Un autre Pierre fut duc de Bretagne de 1450 à 1457.

## Peran

**Masculin** **Fête le 6 Janvier.**

Saint Peran serait un évêque en Irlande au V^e^ siècle et le père de saint Patern, premier évêque de Vannes. Il y a sûrement plusieurs saints de ce nom. L'un ou l'autre patronne Saint-Péran (Morbihan), Trézilidé (Finistère)... Port-Louis (face à Lorient), qui fut la plus grande ville de commerce de Bretagne au temps de la Compagnie des Indes, s'appelait Lopéran, avant qu'on ne la débaptise pour saluer Louis XIII.
Peran, Petran, en français Péran, est un dérivé de Pierre, donc de Petrus, disciple de Jésus-Christ et premier des papes.
Quelques jeunes enfants portent ce prénom.

## Perec

**Masculin**

Voir Pereg.

## Pereg

**Masculin** **Fête le 5 Juin.**

Saint venu du pays de Galles, compagnon de saint Gwezheneg. Il est le patron de Trégon (Côtes-d'Armor) sous le nom de Petrog, et aussi de Lopérec (Finistère).
Pereg : vient du latin *Petrus* : Pierre. Aussi Perec, Perreux d'où Saint-Perreux (Morbihan), Pétroc.
Mais aucune de ces variantes ne semble être portée.

## Perez

**Féminin**

Voir Per.

## Pergad, Pergat, Pergobat

**Masculin** Voir Bergat.

## Perick

**Masculin** Voir Per.

## Perlezenn

**Féminin** **Fête le 16 Novembre.**

C'est une traduction savante du prénom Marguerite. Ce prénom ne semble pas être porté. Voir aussi Marc'harid.

## Pern

**Masculin** Voir Patern.

## Perreux

**Masculin** Voir Pereg.

## Petran

**Masculin** Voir Peran.

## Pétroc, Petrog

**Masculin** Voir Pereg.

## Petrounel

**Féminin** **Fête le 25 Mars.**

Petrounel est la forme bretonne correspondant au français Pétronille, et dérive du latin *Petronius* (un patronyme). Sainte Petrounel est la sœur de saint Goulven, tous deux nés en Armorique de parents fraîchement débarqués d'Angleterre.

Apparemment, ce prénom n'est porté par personne.

## Pever

**Masculin** **Fête le 14 Mai.**

La commune de Saint-Péver (Côtes-d'Armor) honore ce saint local qui a été un peu dépassé par le culte de saint Pierre.

## Pezr

**Masculin**

Variante de Per citée par Le Braz et Luzel. Voir Per.

## Philbert, Philibert

**Masculin** Voir Filberz.

## Philippe

**Masculin** Voir Fulup.

## Piarik

**Masculin, diminutif de Per**

Voir ce nom.

## Pier, Pierig, Pierrick, Pierrig

**Masculin**

Voir Per.

## Plezou

**Féminin** Voir Bleiz.

## Pipi

Ce diminutif de Per (voir ce nom) est employé par Luzel. Nous n'en trouvons pas d'exemple dans l'état civil récent. C'est peut-être mieux ainsi.

## Pol

**Masculin**

Pol Aurélien, disciple de saint Iltud, vint de Galles au VIe siècle pour évangéliser la Bretagne. Il établit son ermitage sur l'île de Batz. Hélas ! un dragon terrorisait la population. On demanda à Pol de lutter contre lui. Pol se contenta de revêtir son étole, et marcha sur le dragon, lui enroula l'étole autour du cou et le mena ainsi en laisse jusqu'à la falaise. Sur son ordre, le dragon se jeta dans la mer et ne revint plus jamais ; le lieu du prodige est appelé Toul-ar-Sarpant, et l'étole miraculeuse est conservée dans l'église de l'île (qu'on appelait autrefois Batz-Pol). On représente saint Pol frappant le dragon de sa crosse d'évêque. Car il fonda l'évêché de Saint-Pol-de-Léon, et est à ce titre l'un des sept saints fondateurs de la Bretagne. Après avoir démissionné de sa charge, saint Pol se retira sur l'île de Batz où il mourut. Après sa mort, les habitants de Batz-Pol voulurent garder le corps. Mais ceux de Saint-Pol faisaient valoir qu'il devait revenir au siège de son évêché. Pour trancher la querelle, on laissa le choix au saint. On mit dos à dos deux chariots à bœufs, à égale distance de la cathédrale et du rivage de Roscoff (d'où l'on embarque pour Batz), et on posa le cercueil au milieu, reposant à moitié sur chacun des chariots. Quand les bœufs s'ébranlèrent, le cercueil devint invisible. Chaque population suivait son chariot en cortège, espérant y voir apparaître la précieuse relique. Enfin, les bœufs s'arrêtèrent. Un chariot se tenait devant la cathédrale, et l'autre sur le rivage. Et le cercueil apparut… à Saint-Pol-de-Léon. En bon politique, saint Pol avait fait primer l'autorité de son trône épiscopal sur son attachement à sa terre d'élection. Batz eut quand même une petite relique que l'on voit toujours dans la nouvelle église paroissiale.

Dans la cathédrale se trouve aussi la cloche en cuivre qui avait été apportée à saint Pol par un poisson. Elle est utilisée pour guérir la surdité.

On fête Pol le 12 mars, alors que son homonyme saint Paul est fêté le 29 juin.

Pol est l'un des saints choisis par l'évêché de Quimper pour figurer dans sa chapelle du monument *Breiz d'ha bugale* à Sainte-Anne-d'Auray. Il a donné son nom à Lampaul-Plouarzel (Finistère), Lampaul-Ploudalmézeau (Finistère), Lampaul, le village principal d'Ouessant, Mespaul (Finistère) et d'autres lieux.

C'est un prénom répandu : courant au début du XX$^{e}$ siècle, plus rare ensuite, il revient à la mode avec une cinquantaine de petits Pol par an. Dérivés : la forme bretonne la plus usitée est Paol, de vogue récente. Diminutifs Paolig, Polig. Féminin : Polla.

Curieusement, Anatole Le Braz donne Pôl, Pôlig comme surnom du diable.

Citons l'écrivain Paol Keineg, les poètes Paol Kermarc'heg, Pol Le Doré, le généalogiste Pol Potier de Courcy (1815-1891), Polig Montjarret, le fondateur du *Kan ar Bobl*…

## Pompée

**Féminin** Voir Koupaia.

## Potan

**Masculin** **Fête le 1er Novembre.**

Disciple de saint Colomban au VIIe siècle. Aussi Potentin.
Mais un prénom inconnu.

## Potentin

**Masculin**

Voir Potan.

## Preden

**Masculin**

Trébeurden (Côtes-d'Armor) s'appelait autrefois Trebreden, et Rosporden (Finistère) Rospreden. Tous deux se rapportent à saint Preden, dont on ne connaît pas la vie. Un terme gallois, Prydain, désigne les Bretons.
Ce prénom ne semble pas être utilisé.

## Primel

**Masculin** **Fête le 15 Mai.**

Ce Breton insulaire, ermite en Cornouaille bretonne vers la fin du Ve siècle, aurait instruit saint Corentin, le premier évêque de Quimper. Il serait le frère cadet de saint Meriadeg. Il est au centre d'un texte d'Anatole Le Braz qui relate ce qui arriva au roi Grallon après qu'il eut, sur l'injonction de saint Gwenole, rejeté à la mer sa fille Ahès, lors de l'engloutissement de la ville d'Is. Gwenole l'emmena dans une profonde forêt où vivait en ermite saint Primel, alors âgé de plusieurs siècles, puisqu'il avait connu l'époque du Christ. A force d'immobilité, il était devenu lui-même un arbre, et « on racontait de lui qu'il vivait à la façon des arbres, des sucs de la terre et de l'air du ciel ». Grallon ne survécut pas à son chagrin, mais mourut apaisé par la parole de Primel : « Les bois sont tendres à l'homme qui souffre. Dieu en a fait des asiles sacrés. »
Les anciens Celtes vénéraient la forêt dont ils faisaient leurs cathédrales. Ici, on n'est pas très loin de cette conception.
Primel (du celtique *bri* : dignité, et *mael* : prince) ne semble pas se rattacher à la racine latine *primus* : le premier, qui a donné le prénom français Prime. Aussi Primaël (quelques prénoms donnés récemment), Privel, Privael, Privaël. Féminin Primela, Privela.

Il est le patron de Primel, Primel-Trégastel, Saint-Evarzec (Finistère). Il a donné son nom à Primelin (Finistère).

## Privael, Privel

**Masculin**

Voir Primel

## Privela

**Féminin**

Voir Primel

## Pyriec

**Masculin**

**Fête le 1er Novembre, comme nombre de saints inconnus.**

On trouva il y a longtemps une statue enterrée à trente pieds sous terre, sur le port de Roscoff. Elle fut identifiée comme étant celle de saint Pyriec, qui aurait été évêque du Léon.
Le prénom ne semble pas porté.

## Q COMME QUOTAS

Et, à travers eux, l'Europe. Les quotas laitiers ont ruiné les campagnes, les quotas de pêche ruineront peut-être les ports. Malgré cela, les Bretons restent résolument européens : leur isolement est leur force. L'arc atlantique est un challenger bleu, léger et maritime à la banane jaune, dense et routière qui, de la Hollande au nord de l'Italie, cumule les richesses et leurs dangers.
Par l'Europe, les Bretons retrouvent leurs voies maritimes d'autrefois, et leurs cousins de la grande Celtie. Cette richesse-là n'est pas encore si puissante, mais elle est inestimable.

## Quadanoc

**Masculin**

Voir Eumael.

## Quay

**Masculin**

Voir Ke.

## Quémeau

**Masculin** **Fête le 13 Mars.**

Saint Quémeau, patron des pêcheurs, est honoré à Locquémeau (Finistère), où il avait fondé son ermitage. Le recteur de Ploumilliau nous a appris qu'il était sans doute venu en Bretagne avec saint Efflam. On n'a pas beaucoup de renseignements sur lui. La forme bretonne du prénom est Kemo, dont on relève quelques enfants récemment.

## Querrien

**Masculin**

Voir Kerrien.

## Quideau

**Masculin**

Voir Guido.

## R COMME ROAZHON

Rennes, Roazhon, si souvent disputée au cours des siècles, est aujourd'hui la capitale administrative de la région Bretagne. Sous de faux airs de ville moyenne, elle cache un dynamisme tous azimuts qui la mène régulièrement en haut des palmarès du bien-vivre. On en viendrait presque à oublier une longue histoire mouvementée.
Dans le monument *Breiz d'ha bugale*, « La Bretagne à ses enfants », de Sainte-Anne-d'Auray, la chapelle dévolue à l'évêché de Rennes représente les saints suivants :
Gilduin, Magloire, Armel, Malo, Méen, Melaine, Amand, Convoion, Samson, Suliac, Judicael.

## Raffig

**Masculin** **Fête le 29 Juillet.**

C'est une forme bretonne correspondant au français Raphaël. Raffig Tuffou, sculpteur, est connu pour son appartenance au mouvement moderniste breton des *Seiz Breur*. Mais le prénom ne semble plus être donné.

# Ratian

**Masculin** **Fête le 10 Janvier.**

Ratian n'est pas un saint bien illustre. Mais il est le héros de *La Peste d'Elliant*, un chant tragique du *Barzaz Breiz*.

La peste qui traversa l'Europe au VI^e^ siècle fut meurtrière en Bretagne. Certains cantons perdirent tous leurs habitants. Tourc'h fut épargné, grâce aux prières du solitaire Ratian, qui s'y était installé après avoir été moine à Landévennec. Il offrit à Dieu sa vie en échange de celle de ses paroissiens. Ceux-ci furent épargnés, et aussi le saint. Mais la population voisine d'Elliant, qui n'avait personne pour intercéder en sa faveur, fut toute emportée, à l'exception d'une vieille femme et de son fils :

« Sur la place publique d'Elliant, on trouverait de l'herbe à faucher,

Hormis dans l'étroite ornière de la charrette qui conduit les morts en terre. »

Il semble que personne ne porte son nom.

# Ravent

**Masculin** **Fête le 23 Juillet.**

Martyr du IV^e^ siècle. D'origine bretonne, il se fit missionnaire près de Sées, dans l'Orne. Il y fut arrêté et supplicié, vers l'an 363.

Ce prénom semble inusité.

# Renan

**Masculin**

Voir Ronan.

# Renea

**Féminin** **Fête le 19 Octobre.**

C'est la forme bretonne féminine correspondant au français Renée. L'excellent abbé Grégoire de Rostrenen nous signalait, il y a deux cent cinquante ans, deux diminutifs de ce prénom : Reneaocq, que nous écririons aujourd'hui Reneaok. Et Reneocq, que nous écririons aujourd'hui Reneok. Il prenait soin de préciser que ces variantes viennent du bas latin, et qu'il ne les avait rencontrées que dans la paroisse de Guimiliau.

Aucune ne semble être utilisée aujourd'hui.

# Reun

**Masculin** **Fête le 19 Octobre.**

C'est la forme bretonne usuelle pour René. Citons le poète Reun ar C'halan, l'écrivain Reun Menez Keldreg.
Mais ce prénom ne semble pas usité, du moins pour l'état civil.

# Reunan

**Masculin**

Voir Ronan.

# Revarai

**Masculin**

Voir Riware.

# Riagad

**Masculin** **Fête le 29 Juin.**

Saint d'origine irlandaise, au Ve siècle. Fondateur d'un monastère d'où Tref-Riagat, devenu Treffiagat (Finistère). Le port de cette commune du pays bigouden s'appelle Léchiagat et est formé sur la même racine. Saint Riagad est invoqué contre les douleurs diverses.
On décompose en breton Riagad en *ri* : roi, et *kad* : combat. Mais il existe aussi un missionnaire venu des rives de la Méditerranée au Ve siècle, et nommé Riochatus. Aussi Riagat.
Ce prenom n'est apparemment pas utilisé.

# Riauc

**Masculin** Voir Riog.

# Riec, Rieg

**Masculin** Voir Riog.

# Rien

**Masculin**

Voir Rion. Voir aussi Drien.

# Rieuc, Rieul

**Masculin**

Voir Riog.

# Rigour

**Masculin**

Frère et tuteur de sainte Riwanon, il accorda sa main à Hoarvian. De cette union naquit Herve, l'exorciste aveugle. Et Rigour fut fait saint pour cela. C'est peut-être saint Riware. Ce prénom ne semble pas être porté.

# Rigual

**Masculin** Voir Riwal.

# Rigald

**Masculin**

Un frère du roi Judikael et donc saint comme toute sa famille, même si l'on ne sait pas grand-chose de lui. On confond allégrement les générations dans la famille royale de Domnonée. Peut-être Riguald est-il seulement un avatar de son ancêtre Riwal ?
En tout cas, ce prénom ne semble pas être porté.

# Rioc, Riocat

**Masculin** Voir Riog.

# Riog

**Masculin** **Fête le 12 Février.**

Avant de devenir un saint honoré à Lanriec, Riec-sur-Bélon (Finistère) et Saint-Rieul (Côtes-d'Armor), Riog fut sauvé d'une mort peu commune par saint Derhen et saint Neventer. A cette époque-là, un dragon ravageait le pays d'Elorn. Il exigeait comme tribut un homme par semaine, et le seigneur devait tirer au sort un homme qui devait combattre le dragon. Chaque fois, le malheureux était dévoré. La famille d'Elorn avait ainsi été décimée. N'ayant plus que sa femme et son fils Riog âgé de deux ans, il avait décidé de mettre fin à ses jours quand le sort avait désigné ce dernier. Au moment où il se jetait dans la rivière, qu'on appelle depuis l'Elorn, les deux saints le surprirent et l'en empêchèrent. Avertis de l'affaire, ils promirent de combattre le dragon si Elorn se convertissait. Elorn répondit qu'il ne pouvait abandonner la religion de ses ancêtres, mais accepta de faire construire une église sur ses terres. Ainsi les deux saints s'en allèrent vers le dragon, qui « estoit long de cinq toises, et gros par le corps comme un cheval, la teste faite comme un coq, retirant fort au basilic, tout couvert de dures écailles, la gueule si grande que, d'un seul morceau, il avaloit une brebis, la veuë si pernicieuse que, de son seul regard, il tuoit les hommes », selon la prose exquise d'Albert le Grand. Bref, une bête impressionnante, sauf pour un saint breton. Derhen lui mit une écharpe autour du cou, et l'emmena en laisse jusque sur un bateau, où il lui ordonna de se jeter dans la mer.

Et c'est Riog qui construisit, avec une aide miraculeuse, l'église de Plounéventer. A la mort de sa mère (mais après l'avoir ressuscitée par une aspersion d'eau bénite), Riog se retira sur un rocher près de Camaret, où il demeura quarante et un ans. Il était le patron de Camaret, jusqu'à ce qu'on lui substitue saint Rémy.

C'est sans doute un autre saint homonyme qui vint d'Irlande avec son frère saint Mael.

On connaît aussi Riok, un abbé de Saint-Gildas au XIe siècle. Et au moins un quatrième.

Dérivés : Riok, Riec, Rioc, Rieg, Riou, qui tous se rapportent à la racine *ri* : roi. Francisé en Riauc, Riocat, Rieul, Rieuc, Rieu.

Tous peu employés.

## Riom

**Masculin** Voir Rion.

## Rion

**Masculin** **Fête le 13 Août.**

Saint Rion fut moine à l'abbaye Saint-Sauveur-de-Redon au IXe siècle, il est honoré à celle de Beauport, mais son nom est attaché à celle de l'île de Saint-Rion, près de Bréhat. Cette abbaye aurait été très éphémère, puisque, construite à la du fin XIIe siècle, elle aurait disparu au début du XIIIe.

On dit qu'un jour où il était occupé à faner, il s'aperçut qu'il allait être en retard pour dire sa messe. Plutôt que de contourner la Vilaine, il la traversa en marchant, et arriva ainsi à temps.

Rion, aussi Riom, Rien (d'où Plurien, et Kerrien en Bréhat, Côtes-d'Armor), aussi Riowen. Ses reliques sont à Plouézec, face à son île.

Mais son prénom semble inconnu.

## Riothime

**Masculin**

Riothime, aussi Riothame, serait un Romain, « le dernier des Romains » selon le mot de saint Gildas, venu en Armorique après avoir remporté, vers 480, la bataille du mont Badon contre les Saxons. Et qui aurait ensuite régné en Armorique. Il est peut-être le même homme qu'Ambroise Aurélien, cité comme roi de Bretagne à la même époque. Sur les décombres de l'Empire romain se dessinait alors une nouvelle carte de l'Europe.

On trouve le prénom Riotus à Rennes au XVIe siècle.

Mais pas de Riothime.

## Riou

**Masculin** Voir Riog.

## Riowen

**Masculin** Voir Rion.

## Riual

**Masculin** Voir Riwal.

## Rivalin

**Masculin** Voir Rivelen.

L'abbé Mahé, dans un essai ancien sur le département du Morbihan, cite un saint Rivalin « vivant dans un tel détachement de toutes choses, qu'il ne vit jamais un autre saint qui vivait sur l'autre flanc de la hauteur »...

Rivalan est un patronyme répandu.

Mais apparemment pas un prénom porté.

## Rivanone

**Féminin** Voir Riwanon.

## Rivelen

**Masculin** **Fête le 28 Février.**

Ce prénom proche de Riwal (voir ce nom) est donné à deux princes anciens de Cornouaille. Rivelen, aussi Rivalin, est cité dans la saga arthurienne, mais ne semble pas être porté. Aussi Riwalann, qui peut aussi bien se rapporter à Riwal.

# Rivoal

**Masculin** Voir Riwal.

# Rivoaré

**Masculin** Voir aussi Riware.

# Riwal

**Masculin** **Fête le 15 Juillet.**

Ce saint venu de Grande-Bretagne, roi de Domnonée insulaire (sur ce royaume fut calquée la Domnonée armoricaine) au V^e^ siècle, serait l'un des premiers émigrés bretons. Il battit les Danois près de Carantec (Finistère). Il est apparenté aux saints Brieg et Tudal. Il est saint patron de Trézelan (Côtes-d'Armor) et Saint-Rivoal (Finistère). Riwal : du celtique *ri* : roi, et *gwal* : valeur. C'est un prénom attesté sur plusieurs siècles, et régulièrement porté depuis trente ans. Variantes possibles Riwall, Riual, Rivoal, Rigual, Rivelen (voir ce nom). Diminutif Riwalig d'où Walig. Féminin Riwalenn.

Aussi Riwallon, prénom qui a été depuis porté par un seigneur de Combourg au XI^e^ siècle, un abbé de Bon-Repos au XIII^e^ siècle

# Riwalann

**Masculin**

Voir Rivelen.

# Riwan

**Masculin** **Fête le 18 Février.**

Un disciple de saint Malo. On ne sait pas grand-chose d'autre sur ce saint. Riwan est formé sur *ri* : roi. Un prénom réapparu il y a trente ans, en augmentation : une cinquantaine chaque année. Féminin Riwana de même fréquence.

# Riwana

**Féminin, dérivé de Riwanon**

Voir aussi Riwan.

# Riwanon

**Féminin** **Fête le 19 Juin.**

Riwanon, prénom francisé en Rivanone, est la mère de saint Herve l'aveugle. Elle l'eut d'un barde nommé Hyvarnion. Pour épargner à

son enfant la vue des jouissances trompeuses du monde matériel, elle demanda à Dieu de le faire naître aveugle. Cela fut exaucé, et n'empêcha pas Herve de devenir d'une rare clairvoyance. Riwanon était aussi la sœur de sainte Urfol et de saint Riware.
Riwanon est porté, mais rare. Plus fréquent, Riwana a réapparu il y a trente ans, et est en augmentation : une cinquantaine chaque année. La racine en est *ri* : roi, et *gwan* : pointe, pique.

## Riware

**Masculin** **Fête le 19 Septembre.**
La malice de l'ordre alphabétique rapproche Riware de sa sœur Riwanon, mère de saint Hervé. Ce saint du VIe siècle fonda l'abbaye de Lanrivoaré (Finistère), qui porte son nom.
Riware : de *ri* : roi, et vieux breton *uuaroe* : jeu, liesse (?). Francisé en Rivoaré. Chez dom Lobinau, il est appelé Revarai.
Rivoaré Lustuc, dit Carret, fut, selon Alexandre Dumas, cuisinier d'Anne de Bretagne. Riware est un prénom porté de nos jours, mais rare.

## Robert

**Masculin** Voir Roparzh.

## Roch

**Masculin** **Fête le 16 Août.**
Le choléra menaçait l'île de Sein. Sur le continent, cette épidémie signifie la douleur et la mort d'une grande partie de la population. Sur une île, c'est la disparition pure et simple. Les Sénans partirent sur le continent et en ramenèrent des reliques de saint Roch. Ainsi ils sauvèrent leurs vies et leur île.
Saint Roch, qui était né à Montpellier, est aussi honoré à Lescouët-Gouarec (Côtes-d'Armor) – où il frappa les habitants de dysenterie pour les empêcher de changer l'emplacement de sa chapelle. On ne joue pas impunément avec un saint spécialiste des épidémies. A Plomelin (Finistère), la fontaine Saint-Roch est aussi visitée pour garantir des maladies.
Saint Roch est souvent représenté accompagné d'un chien.
Ce prénom est couramment donné, mais en régression continue depuis un siècle.

## Rogatien

**Masculin** **Fête le 24 Mai.**

Donatien et Rogatien, fils du comte de Nantes, furent martyrisés au IIIe siècle, à l'époque où le christianisme faisait sa première apparition en Armorique. Ces deux Enfants Nantais y sont toujours vénérés. Et tous deux furent choisis par l'évêché de Nantes pour figurer dans sa chapelle du monument *Breiz d'ha bugale*, « La Bretagne à ses enfants », qui commémore à Sainte-Anne-d'Auray les pertes en hommes de la Grande Guerre.

Rogatien vient du latin *rogatio* : prière. Un prénom rare, mais attesté jusque dans les années 1950, essentiellement en Loire-Atlantique. La forme bretonne est Rogasian, qui ne semble pas usité.

## Ronan

**Masculin** **Fête le 1er Juin.**

Ann Droveni, la Grande Troménie, qui a lieu tous les six ans autour de Locronan, perpétue le souvenir de ce saint, parmi les plus connus de Bretagne. C'est toujours le plus grand pardon de Bretagne. C'était aussi un pardon obligatoire pour les Bretons : si on y manque, on devra le refaire après sa mort ; mais on n'avancera alors, chaque jour, que de la longueur de son cercueil. La Petite Troménie est une version réduite qui a lieu chaque année. Ces deux pèlerinages sont encore très suivis, et Anne de Bretagne n'a pas manqué de saluer monsieur saint Ronan lors de son triomphal Tro Breiz de 1505. Ces deux pardons ont pour cadre le somptueux village de Locronan construit autour de l'ermitage de Ronan, sur ce qui était autrefois la forêt de Névet. On dit qu'une année, où la montagne était labourée par la pluie, le clergé décida de différer la procession. Alors saint Ronan releva les morts, et se mit lui-même en tête du cortège, pour que la Troménie ait lieu à l'heure dite.

Ronan, ami de saint Patrick, vint d'Irlande au VIe siècle. Lui n'eut pas besoin de bateau ni d'auge en pierre : il se contenta de traverser la Manche à pied. C'est un saint puissant – l'un des plus puissants de Bretagne – et son patronage est recherché.

Fuyant son premier ermitage de Saint-Renan (Finistère), il s'installa dans cette forêt, mais eut fort à faire avec une magicienne nommée Keben (et depuis Keben est un nom générique pour les méchantes femmes), qui tenta de le faire exécuter par le roi Grallon. Disculpé,

Ronan se retira dans un autre ermitage à Hillion (Côtes-d'Armor), lieu devenu, par une francisation abusive, Saint-René. Après sa mort, tous les évêchés réclamèrent ses reliques. Mais un attelage de deux bœufs ramena son cercueil en forêt de Névet. Il est enterré dans la chapelle du Pénity, au flanc gauche de l'église de Locronan ; chapelle construite grâce à un don de la duchesse Anne, la petite Brette.
Ronan, l'évêque sans évêché, est bien entendu le saint patron et éponyme de Locronan, l'un des villages les plus touristiques de Bretagne, mais aussi, pour peu qu'on s'y rende le soir, ou, mieux, qu'on y vienne tôt le matin, l'un des plus authentiques. Il est aussi le patron de l'île Molène et de Laurenan (Côtes-d'Armor).
Il est l'un des saints choisis par l'évêché de Quimper pour figurer dans sa chapelle du monument *Breiz d'ha bugale* à Sainte-Anne-d'Auray.
C'est un prénom très répandu en Bretagne, réapparu vers 1940, culminant à quatre cents en 1980, donné plus de deux cents fois ces dernières années. Aussi Reunan, rare mais donné vers 1980. Abrégé Nan d'où diminutif Nannig et féminin Nanna cités par Le Braz. Féminin Ronana, Ronannez, Reunannez. Il a été francisé en Renan, assez fréquent depuis trente ans, et Ernest Renan lui a consacré plusieurs pages marquées des traits de caractère qu'on attribue à ce saint : « C'était un esprit de la terre plus qu'un saint. »
Etymologie : viendrait de l'irlandais *ronan* : petit phoque. Hersart de La Villemarqué fait observer que Reunan signifie en breton *velu*, et le rapproche du français Renaud. Ceci à propos de la Ballade du seigneur Nann et de la fée, dans le *Barzaz Breiz*.
Citons quelques Ronan contemporains :
les écrivains Ronan Caerleon et Ronan Huon.
Le peintre Ronan Ollier.

## Roparzh

**Masculin** **Fête le 25 Février.**

Roparzh Hémon est le plus célèbre illustrateur de ce prénom. Né en 1900 à Brest, il a lancé la revue *Gwalarn*, publié de nombreuses œuvres littéraires, et est l'auteur d'un dictionnaire breton-français, et d'un cours de grammaire bretonne qui a vu passer plusieurs générations de fonds de culottes. Il est décédé en Irlande en 1978.

Roparzh, prénom rare mais porté, vient du germanique ancien Hrodbertht (de *hrod* : gloire, et *berht* : brillant) qui a donné le français Robert. Aussi Roperzh.
Le bienheureux Robert d'Arbrissel est né à Arbresec (Ille-et-Vilaine) au XIe siècle. Après avoir été au service de l'évêque de Rennes, puis chancelier du duc de Bretagne, il se fit ermite dans la forêt de Craon, en Anjou, puis s'adjoignit une communauté mixte qui défraya la chronique – sans qu'on puisse l'accuser de trahir ses vœux. Enfin, il fonda l'abbaye de Fontevrault, près de Saumur, un monastère mixte, mais placé sous l'autorité d'une abbesse.
Citons aussi le poète Roparzh Broudig.
Et un peu de science-fiction pour finir : Robert a aussi donné le nom du nain légendaire Ober ou Obéron, maître des formes et grand ordonnateur de la saga de Roger Zelazny, intitulée *Les Neuf Princes d'Ambre*.

## Roza

**Féminin** **Fête le 4 Septembre.**

Rare, mais régulièrement donné depuis cinquante ans. Forme bretonne pour le prénom latin Rosa, d'où le français Rose.

## Rozenn

**Féminin** **Fête le 23 Août.**

Rozenn vient du latin rosa, et correspond au français Rose. Sainte Rose de Lima est depuis le XVIIe siècle la patronne des Amériques ; une chapelle lui est dédiée en Guimaëc (Finistère), depuis le naufrage d'un navire péruvien.
Rozenn est un prénom très porté avec un pic vers 1970. Nous avons trouvé Rozenn-Gwenn, donné en 1947, qui est une Rose Blanche…

## Ruellen

**Masculin** **Fête le 28 Février.**

Disciple de saint Tudal, saint Ruellen fut désigné par lui pour lui succéder comme évêque de Tréguier. Comme la décision était contestée après la mort de Tudal, le saint réapparut dans l'assemblée du clergé pour réaffirmer son choix.
Ruellen : aussi Ruellan, Ruellon cités comme prénoms au XIIIe siècle, ne semblent pas être portés. Aussi francisé en Ruéllin ; enfin en Ruéllan, devenu le patronyme de Gilles Ruellan : ce fils de charretier

est le héros d'une *success story* peu commune : né à Antrain, il devint baron et marquis par récompense d'Henri IV, construisit trois châteaux, et maria ses filles aux plus grandes familles de France ; si vous voulez en apprendre plus sur ce personnage, nous vous renvoyons à notre ouvrage *La Cuisine des châteaux de Bretagne*.

## Ruivas

**Masculin**

Un frère du roi Judikael et donc saint comme toute sa famille, même si l'on ne sait pas grand-chose de lui. Il est permis d'émettre de nombreux doutes sur la généalogie de cette famille royale de Domnonée : les aînés se sont tous signalés par des coups d'éclat, qui roi, qui grand saint, alors que leurs cadets sont des saints obscurs, sinon anonymes. Et le prénom Ruivas n'est apparemment pas porté.

## Rumon

**Masculin** **Fête le 4 Janvier.**

Saint Rumon serait un frère de saint Tudal. Il était le saint patron d'Audierne (Finistère), mais une coquille – ou un excès de zèle – l'a changé en Raymond… Treff Rumon, « la trêve de Rumon », a donné Saint-Jean-Trolimon (Finistère).

Rumon : du latin *romanus* : romain. Forme bretonne Ruvon, d'où le féminin Ruvonenn, Ruvona.

Aucun de ces prénoms ne semble être porté.

## Ruvon

**Masculin**

Voir Rumon.

## Ruvona, Ruvonenn

**Féminin**

Voir Rumon.

## S COMME SAINTS

« On reste perplexe devant le nombre de saints que l'on attribue à la Bretagne. Dans la plupart des cas, il est vrai, ce sont des saints particuliers, dont le culte n'est attesté que sur une aire très limitée et parfois même ne sort pas de la paroisse : survivance christianisée de cultes païens, souvenirs de lointains ermites gallois, canonisations populaires de prêtres vénérés, christianisation de statues romaines, tout a contribué à peupler la Bretagne d'une multitude de saints locaux » (Pierre Trepas, in *Annales de Bretagne*, 1954).

Tout est dit dans ce texte, et explique l'étendue du choix dont nous disposons. Si, depuis 1215, le Vatican s'est réservé le droit de canonisation, et en instruit les procès complexes et souvent très longs, beaucoup de saints sont de notoriété antérieure. L'Eglise les accepte, pour les raisons décrites ci-dessus. De ceux que nous citons dans cet ouvrage, certains sont sûrement apocryphes. D'autres sont douteux, et ne se retrouvent que dans un lieu-dit. Qui étaient Ouszal, Vary, Vreguet, Doué ? Peut-être personne. Peut-être simplement n'ont-ils pas eu la chance de prendre le bon bateau pour l'Armorique, de rencontrer un plus illustre qu'eux, ou un biographe attentif... Ils sont la cohorte des saints bretons inconnus, qu'aucun nouveau-né ne viendra relever.

Mais la plupart de nos saints, pour obscurs qu'ils soient, sont maîtres en leur paroisse. Une histoire rapportée par Anatole Le Braz :

Un brave paroissien de Saint-Théleau avait fait vœu de pèlerinage à Sainte-Anne-d'Auray. En route il croise un couple âgé.

« Où allez-vous, mon brave ?

— Je pars pour mon pèlerinage à Sainte-Anne.

— Et d'où venez-vous ?

— Mais, de Saint-Théleau !

— C'est aujourd'hui, vous le savez, le pèlerinage de saint Théleau. Et vous partez de chez vous ce jour-ci ? »

L'homme explique qu'il a fait vœu ; et poursuit sa route. Arrivé à Sainte-Anne, allant se confesser, il se fait rabrouer de la sorte par le curé.

Sur le chemin du retour, voici de nouveau le couple âgé.

« Avez-vous fait bon voyage ? demande la femme.

— Pas du tout. Le prêtre, comme vous, m'a grondé de ne pas être resté au pardon de saint Théleau.

— S'il vous a mal accueilli, c'est peut-être que ni sainte Anne ni saint Joachim n'étaient chez eux aujourd'hui… »

Alors le brave homme comprend :

« Sainte Anne, mère des Bretons, je vous reconnais maintenant. Je n'ai pas voulu vous manquer de respect, ni à monsieur saint Théleau. »

La mère des Bretons est douce et indulgente. Elle le relève et lui dit :

« Sachez désormais que les vraies indulgences se gagnent aux pieds des saints de son pays. »

« Les saints de son pays », tout le Breton religieux est là : le Breton en a des centaines, de saints. Et les autres, Anne, Mathieu ou Jean-Baptiste, il se les est appropriés. Et, prudent, il préfère pour demander de l'aide s'adresser à ses saints plutôt qu'à Dieu. Voilà pourquoi ils lui sont familiers, voilà pourquoi leurs qualités sont si minutieusement répertoriées.

A chaque saint sa spécialité – parfois plusieurs, car il y a en la matière des généralistes et des spécialistes. Encore une fois, nous citons Anatole Le Braz, au sujet d'une pèlerine nommée Marguerite Philippe : elle connaissait six espèces de furoncles, pour lesquelles on devait faire agir six saints différents : Clet, Eloi, Spej, Men, Cadô, Léned. Qui dit mieux ?

# Salaun

**Masculin** **Fête le 25 Juin**

Ce prénom, qui est aussi un patronyme répandu, est la forme bretonne de Salomon, illustré par le roi hébreu fils de David. C'est aussi un nom de roi, en Bretagne : Salomon Ier serait le petit-fils de Conan Mériadec et deuxième roi de Bretagne, Salomon II le dixième roi, au VIIe siècle (dont la fête est le 4 octobre), et Salomon III le seizième et dernier roi. Cette généalogie est à examiner avec prudence, sauf en ce qui concerne l'histoire du dernier.

Il avait pris le trône en assassinant son cousin germain, le roi Erispoé, sur les marches d'un autel qui plus est ! Il mourut de la même façon à La Martyre (Finistère nord), après dix-sept ans de règne, le 25 juin 874. Il n'en fut pas moins canonisé en 910. Et l'enclos paroissial de La Martyre est le plus ancien du Léon. Mais il y a controverse sur le lieu de l'assassinat du dernier roi de Bretagne. Selon Albert le Grand, cela se serait en fait passé à Plélan. Ou, selon d'autres, au Merzer en Langoëlan (Morbihan).

Il est aussi, plus près de nous, un autre Salaun célèbre : un pauvre d'esprit qui vivait dans la forêt de Lesneven au XIVe siècle, Salaun ar Foll. Il n'avait pu apprendre à l'école que les mots Ave Maria, qu'il répétait continuellement. Après sa mort, un lys jaillit du sol, portant l'inscription Ave Maria, un lys d'une blancheur éclatante dont la racine était la bouche de Salaun. Comme le désirait la Vierge Marie, on éleva une basilique dite du Folgoët, en breton bois du fou, où se déroule un pèlerinage important chaque 8 septembre. Notre-Dame-du-Folgoët fut richement dotée par les rois de Bretagne, et Prosper Mérimée, le plus célèbre inspecteur des monuments historiques, la qualifia de « plus belle église de France ».

Salomon vient de l'hébreu *shalom* : prospérité. Dérivé : Salaün, qui est aussi un patronyme répandu.

Ce prénom est régulièrement donné. Nous avons trouvé un joli Gildas-Salaun, donné en 1953.

# Salomon

**Masculin** Voir Salaun.

# Samson

**Masculin** **Fête le 28 Juillet.**

Samson est une grande figure de la Bible, un juge doué d'une force prodigieuse. Le prénom s'est répandu dans la chrétienté, et le nôtre

est un Gallois venu en Bretagne au VIe siècle, disciple de saint Iltud. A son arrivée en Bretagne, il guérit la femme et la fille d'un seigneur qui lui donna en récompense des terres où il fonda un monastère. C'est l'un des sept saints fondateurs de la Bretagne, et aussi le fondateur de cette entité curieuse que fut l'évêché de Dol, éparpillé en confettis sur le nord-est de la Bretagne, et jusqu'au Léon et en Basse-Seine.
Avec d'autres saints de Haute-Bretagne, il représente l'évêché de Rennes dans le monument *Breiz d'ha bugale* de Sainte-Anne-d'Auray.
Samson mourut en 565 à Dol, dont la cathédrale conserve ses reliques. On le représente souvent porteur d'une croix à double branche, qui signalait les nombreuses enclaves du diocèse de Dol au milieu de celui d'Alet. D'ailleurs, Dol devint par la suite un siège archiépiscopal, relevant directement de Rome. C'est à Dol que Nevenoe fut couronné roi de Bretagne pour la seconde fois, mais avec un diadème donné par le pape, signe de la reconnaissance par celui-ci de l'indépendance totale de la Bretagne. Il n'y a plus d'évêché de Dol depuis 1801, car il a été rattaché à l'archevêché de Rennes. Reste la cathédrale qui contient les reliques de saint Samson.
Il est l'éponyme de Saint-Samson-sur-Rance (Ille-et-Vilaine). A Landunvez (Finistère), il guérit les maladies des yeux et les rhumatismes.
Samson est un prénom assez fréquent. Dérivé : Samzun est la forme bretonne correcte.

## Samzun

**Masculin** Voir Samson.

## Sane

**Masculin** Voir Sezni.

## Santig du

Voici un nom qui n'en est pas un. Mais Santig du, le petit saint noir honoré dans la cathédrale de Quimper, mérite bien une mention. Voir Yann.

## Secondel

**Masculin** **Fête le 29 Avril.**

Saint Secondel, ou Segondel, ou Sekondel, est associé à saint Friard dans l'église de Besné (Loire-Atlantique). Tous deux vivaient dans un ermitage sur une île de Brière. Aussi, pour l'anecdote, Second.
Aucun de ces prénoms ne semble être porté.

# Segal

**Masculin** **Fête le 17 Octobre.**

Une fois de plus, nous rappelons le caractère arbitraire des fêtes des saints bretons. La fête de saint Segal était autrefois célébrée le dimanche le plus proche du 18 novembre.

C'est sans doute un dérivé de Sengar (qui pourrait venir de l'irlandais *sen* : ancien, et *kar* : parent). Saint Sengar aurait été ermite sur l'île Segal, près de Lampaul-Plouarzel (Finistère), et a donné son nom à Saint-Segal (Finistère), anciennement Saint-Sengar. On lui donne aussi le nom de Cedval, mais apparemment aucun de ces prénoms n'est porté.

Selon Geoffroy de Monmouth, qui écrivait au XIIe siècle, il s'agit en fait d'un roi irlandais, mort à trente ans, qui aurait fui au VIIe siècle la peste jaune et serait, de son vrai nom, Cadvaladyr.

# Segondel, Sekondel

**Masculin** Voir Secondel.

# Segwo

**Féminin** Voir Sève.

# Selvestr

**Masculin** Voir Sylvestre.

# Senan

**Masculin**

On fête le 6 Mars ce prénom. On ne connaît rien sur ce saint, que l'histoire a agrégé à Sezni. Voir Sezni.

# Sengar

**Masculin** Voir Segal.

# Seni

**Masculin** Voir Sezni.

# Seo

**Masculin** Voir Sève.

# Seoc

**Masculin** Voir Sieuc.

## Servais

**Masculin** **Fête le 14 Mai.**

Le pardon de Saint-Servais, dans la forêt de Duault, était chaque année l'occasion d'une bataille rangée entre Cornouaillais et Vannetais, pour la possession de la bannière. Une année où l'affrontement fut particulièrement meurtrier, au siècle dernier, l'évêque interdit cette manifestation.

C'était pourtant une obligation pour les Bretons, si l'on en croit Anatole Le Braz : et ceux qui ne le faisaient pas de leur vivant, devaient le faire après leur mort, leur cercueil sur le dos… n'avançant chaque jour que de la longueur de leur cercueil. Quand le purgatoire se mesure à la distance…

Servais vient du latin. Le tombeau du saint est à Maastricht. Sa chapelle en Plumergat fut construite au début du XVII$^{e}$ siècle par un paysan riche, qui y faisait chaque année un pèlerinage. Saint Servais est en effet garant des bonnes récoltes.

Ce prénom a été régulièrement donné jusqu'en 1970. Il est bretonnisé en Jelvestr, Gelvestr, apparemment inusités.

## Servan

**Masculin** **Fête le 12 Mai.**

Saint-Servan vit dans le souvenir du passé prestigieux de la cité d'Alet, siège de l'évêché transféré au XII$^{e}$ siècle sur le rocher voisin de Saint-Malo.

Saint Servan serait venu d'Ecosse au VIII$^{e}$ siècle, après y avoir évangélisé les habitants des îles Orcades. Il a laissé son nom à Saint-Servan (Ille-et-Vilaine), Saint-Servant (Morbihan). Le prénom est rare, mais régulièrement donné depuis 1970. Le féminin est Servane, courant depuis les années 1950.

D'autres sources prétendent que Servan n'est pas venu en Armorique, mais que saint Malo, qui le vénérait, se serait rendu aux îles Orcades. Un autre saint Servan, dont le culte s'est vraisemblablement mélangé à celui-là, était évêque de Tongres au IV$^{e}$ siècle. Il est mort en 384 à trois cents ans, après avoir été évêque cent soixante-seize ans ! Qui dit mieux ?

## Servane

**Féminin** Voir Servan.

## Sève

**Féminin** **Fête le 23 Juillet.**

Sainte Sève est la fille de Koupaia et la sœur de saint Tudual, venue d'Angleterre au VIe siècle. Elle est patronne de Sainte-Sève, près de Morlaix. Sève est un prénom porté actuellement. Le prénom celtique original est Sew, donné depuis quelques années, aussi Segwo, inusité. Masculin Sev, Seo, donnés depuis quelques années.

Sainte Sève est aussi appelée Loeva, Loaven, à rapprocher de l'île Loaven. Francisé en Loève.

## Séver

**Masculin** **Fête le 4 Juin.**

Ce berger du Cotentin a gagné sa place dans cet ouvrage en devenant évêque d'Avranches, et donc seigneur spirituel du Mont-Saint-Michel, au temps où celui-ci était une terre bretonne. On sait que depuis, c'est-à-dire en 709, lors d'une grande tempête,

« Le Couesnon en sa folie

Mit Saint-Michel en Normandie. »

On trouve ce prénom rare, au début du XXe siècle.

## Sew

**Féminin** Voir Sève.

## Sez, Sezig

**Masculin, diminutifs de Fransez**

Voir ce nom.

## Seza, Sezaig

Diminutifs de Franseza Voir ce nom.

## Sezni

**Masculin** **Fête le 8 Mars.**

Mais, en certains lieux, Sezni est fêté le 19 septembre.

Saint Sezni, d'origine irlandaise, vint en Bretagne au VIe siècle, et fonda son ermitage à Guisséný (cette commune du Finistère a pris la place de la paroisse de Plouzény). Ne manquez pas dans l'église sa statue édifiée au XVIIIe siècle, où on lui a prêté les traits de Louis XVI. Très dévot, il pouvait allumer des fagots par l'intensité de sa prière. Il mourut à Guisséný, à l'âge très respectable de cent vingt-sept ans. Sezni est aussi

le patron de Trezeny (Côtes-d'Armor), il a des chapelles à Kerlouan et à Plogonnec (Finistère), on l'honore au Bouvron (Loire-Atlantique), et à Loguivy-Plougras (Côtes-d'Armor). Voir aussi Gérand.
Sezni est un prénom rare, porté actuellement, et qui l'était aussi au début du XX$^{e}$ siècle.
Dérivés : Senan (quoique Senan puisse être un autre personnage), Sane, Seni (donné depuis quelques années), Sézin (francisation). Féminin possible Sana, en vogue depuis trente ans. Un autre dérivé, Sezneg, est devenu le patronyme Seznec. En 1924, Guillaume Seznec fut condamné au bagne de Cayenne pour le meurtre d'un conseiller général. Cette célèbre affaire judiciaire, qui n'a finalement pu être révisée, est devenue un symbole de l'obstination des Bretons à demander justice. Le petit-fils de Guillaume Seznec a publié plusieurs ouvrages sur cette affaire.

## Sieuc

**Masculin** **Fête le 26 Mai.**

Saint Sieuc est un disciple de saint Brieuc, venu comme lui de Grande-Bretagne au V$^{e}$ siècle. Son monastère fut appelé Lann Sieuc, et a donné la paroisse côtière de Lancieux, à l'est des Côtes-d'Armor. Il aimait regarder la mer qu'il avait autrefois traversée. Tant et si bien que lorsqu'il mourut, et qu'on l'enterra dans son église paroissiale, son cercueil disparut. On le retrouva le lendemain au bord de l'eau. Les paroissiens crurent à une mauvaise farce et ramenèrent le corps de leur saint dans l'église. Mais le lendemain, il était retourné au rivage. Au bout de quelques allées et venues, ils comprirent que c'était la volonté de Sieuc, et lui construisirent une église au bord de la mer. Satisfait, Sieuc arrêta de voyager. Une fontaine près de la chapelle porte son nom, et l'eau y tombe en gouttes qui sont les larmes de saint Sieuc.
On dit aussi Sieu, Seoc. Et encore Cieux, Siman, Siviau. Et aussi Kieuc : d'où le nom de Langueux : ermitage de Kieuc, et de Trégueux : trève de Kieuc. Les documents que nous a transmis le recteur de Langueux soutiennent cette hypothèse, en nous apprenant que cette paroisse s'appelait autrefois Languieuc. Mais il semble que son nom ait changé plusieurs fois au cours des siècles.
Nous n'avons pas trouvé trace de l'usage de ces prénoms.

## Silvestik, Silvestr

**Masculin** Voir Sylvestre.

## Similien

**Masculin** **Fête le 16 Juin.**

L'un des premiers évêques de Nantes. C'est lui qui ensevelit les corps des deux martyrs Donatien et Rogatien, au IVe siècle. Un prénom rare porté par quelques hommes âgés. Féminin Similienne. La forme bretonne de ce prénom est Similian.

## Siril

**Masculin** Voir Kirill.

## Sklaer

**Masculin** Voir Clair.

## Sklerijenn

**Féminin** **Fête le 12 Août.**

Prénom correspondant à Clara, et au français Claire (*sklaer* : clair). Aussi Sklaera, Sklaerenn donné à quelques nouveau-nés depuis 2000, Sklaerder. Sklaer est la forme bretonne pour saint Clair, premier évêque de Nantes (voir ce nom).

## Soa, Soaig

Diminutifs de Fransez Voir ce nom.

## Soaz, Soazig

Diminutifs de Franseza Voir ce nom.

## Soen

**Masculin** Voir Yves.

## Soez, Soezic

**Féminin, diminutifs de Franseza cités par Anatole Le Braz**

Voir Franseza.

## Soig

**Masculin, diminutif de Fransez, voir ce nom.**

Citons le musicien Soïg Sibéril.

## Soizic, Soizig

Diminutifs de Franseza Voir ce nom.

## Solen

**Masculin et féminin** **Fête le 23 Septembre.**

Saint Solen est peut-être saint Solonius, connu en Ecosse. Il est patron de Saint-Solen (Côtes-d'Armor). Solen. Plus employé au féminin : Solen courant depuis les années 1970, Solenn, courant depuis 1980, aussi Solena, donné depuis 1995, Solène francisé, très courant depuis 1980, en repli actuel.

## Stefan

**Masculin** **Fête le 26 Décembre.**

Ce prénom est une forme bretonne pour Stéphane (qui vient du grec *stephanos* : couronne).

Assez courant dans les années 1930, revenu en faveur vers 1970. « Pour Stéphane, c'est devenu Stefan. Cela a été difficile de faire admettre la prononciation. » Edith, du Rheu, se félicite maintenant d'avoir choisi un prénom breton, et son fils aussi.

Aussi Stévan (voir ce nom) et, semble-t-il, Steon.

## Steon

**Masculin** Voir Stefan.

## Steren

**Féminin**

Ce prénom signifie étoile. On le rapproche de Astemis, Artemis. Il est fêté le 10 août, et aussi le 21 octobre. Aussi Sterenn, prénom de la fille du chanteur Glenmor.

## Stévan

**Masculin** **Fête le 26 Décembre.**

Lorsqu'il fut question, pour les Pays d'Accueil touristiques du Morbihan, de se choisir un nom, chacun chercha dans son histoire un homme prestigieux. L'un prit le nom des Rohan, la grande famille princière. L'autre alors voulut un roi, et prit pour étendard Morvan. Le troisième voulut un roi d'une autre sorte, et moins ancien : il prit le nom du roi Stévan.

Né sans doute vers 1750, Stévan était roi des mendiants, qui sont respectés en Bretagne car ils apportent les nouvelles, permettent d'exercer la charité et, parfois, comme Stévan, ont le don de double vue. Ce prénom connaît une petite vogue croissante depuis 1980.

# Suliac

**Masculin** **Fête le 2 Octobre.**

Ce saint venu de Galles au VI^e^ siècle a eu quelques démêlés posthumes avec l'Eglise : on l'a remplacé à Camaret par Saint-Julien, et à Briec par Sainte-Cécile ! Serait-ce dû à son nom, qui évoque le soleil (*sul* : soleil) et fait penser aux anciens rites préchrétiens ?
Saint Suliac a donné son nom à la paroisse de Saint-Suliac, au nord de l'Ille-et-Vilaine, qui conserve ses reliques. Auparavant, ce disciple de Saint Samson y avait fondé une abbaye. Il est aussi patron de Sizun (Finistère) sous le nom de saint Sullian, de Tressignaux (Côtes-d'Armor). Il a accompli quelques beaux miracles, dont celui-ci : son abbé rêvait de voir Rome, et se désolait de ne pouvoir y aller. Alors Suliac le fait monter en haut d'une colline ; et, de l'autre côté, voilà toute la ville de Rome, que Suliac lui décrit en détail. Quelle belle translation !
Avec d'autres saints de Haute-Bretagne, Suliac représente l'évêché de Rennes dans le monument *Breiz d'ha bugale* de Sainte-Anne-d'Auray.
On l'honore à Pleyben (Finistère) sous le nom de Suliau, aussi Sulio. Et aussi Sulien, et Sul (une chapelle sur le Jaudy portait autrefois ce nom).
Au féminin, peut-être Sule, prénom donné il y a dix ans. Suliac est un prénom rare, mais donné depuis quelques années.

# Suliau, Sullian, Sulio

**Masculin** Voir Suliac.

# Sylvestre

**Masculin** **Fête le 31 Décembre.**

Ce prénom courant jusqu'aux années 1960, en déclin depuis, vient du latin (*silva* : la forêt). C'est une des rares fêtes que tout le monde connaît : la Saint-Sylvestre. Il est régulièrement cité dans les nobiliaires bretons. Il patronne l'église Saint-Sylvestre à Plouzélambre (Côtes-d'Armor). On trouve dans le *Barzaz Breiz* le diminutif bretonnisé Silvestik. Et anciennement Silvestr, Selvestr. En breton, c'est aussi Jelvestr.
Ces variantes ne semblent pas être portées.

## T COMME TREGOR

Le pays de saint Yves allie les contrastes : hérissé de chapelles et de calvaires, il vote à gauche. Pays des poètes et des chanteurs, eldorado des collecteurs de contes, il est aussi connu pour ses industries de pointe. Le Trégorrois vit un pied sur terre, l'autre sur la mer… et le troisième dans les nuages !

### Tadeg

**Masculin** **Fête le 2 Décembre**

Saint Tadeg fut assassiné pendant qu'il disait sa messe, par le seigneur du Faou, au VI^e siècle, en même temps que saint Jud. Saint Jaoua reprocha son geste au seigneur, qui en repentance fonda l'abbaye de Daoulas, qui signifie « deux meurtres ».

Le prénom vient de *tad*, *tadig* : père. Aussi Tadoc, Tadou, Tadec.

Nous n'avons pas trouvé d'emploi de ces prénoms, si ce n'est le dernier dans les années 1940.

## Tadoc, Tadou

**Masculin** Voir Tadeg.

## Taliésimm

**Masculin**

Taliésimm, ou Taliésin, est un barde, converti au christianisme par saint Gildas, et qui le suivit en Bretagne armorique.
Ce prénom semble inusité.

## Tangi, Tangou

**Masculin** Voir Tanguy.

## Tanguy

**Masculin** **Fête le 19 Novembre.**

Ce prénom connu vient du celtique (*tan* : feu, et *ki* : guerrier). Saint Tanguy était fils d'un seigneur de Trémazan, au VI^e^ siècle. Sa sœur s'appelait Eodez, et il la tua sur la foi de calomnies. Pour obtenir repentance, il s'adressa à saint Pol, qui lui infligea un jeûne de quarante jours, puis le prit comme moine. Tanguy fonda plus tard l'abbaye de Gerber, au Relecq dans le Finistère, où il est mort en 595. Il est aussi connu comme premier abbé de Saint-Mathieu, où il aurait reçu le crâne de l'évangéliste, et pour avoir séjourné sur l'île de Batz. L'île Tanguy porte son nom.
Tanguy : toujours porté, très courant de 1990 à 2000. La forme bretonne pure est Tangi, régulièrement porté, surtout de 1980 à 2000. Diminutif Tangou. Dérivé : Gurguy.
Autres orthographes françaises : Tanneguy, rare, Taneguy possible.
Tanneguy du Chastel (dont la famille possédait le château de Trémazan), grand écuyer du roi de France Charles VII, fut en 1419 l'assassin du duc de Bourgogne Jean sans Peur.
Citons plus près de nous l'auteur dramatique Tanguy Malmanche (1875-1953).

## Taran

**Masculin**

Plusieurs auteurs emboîtent sur ce prénom les pas de Gwenole Le Menn ; nous en faisons autant, mais en citant notre source.
*Taran* signifie tonnerre en vieux breton, et se rapproche du dieu antique du tonnerre Taranus. Ce nom aurait été donné à un saint

imaginaire, après l'exhumation à Plaintel (Côtes-d'Armor) d'une statue représentant une divinité tenant un maillet.
Une demi-douzaine de Taran vers l'an 2000.

## Tarieg

**Masculin** **Fête le 20 Janvier.**

Saint Tarieg est né en Bretagne au Ve siècle. Il fut instruit par saint Gweltas, puis devint évêque. Il est le patron de Lannilis (Finistère) où il a une chapelle. Il est vraisemblablement l'éponyme de l'île Tariec.
Tarieg, aussi Tariec, est à rapprocher du vieux breton *tar* : colline.
Ce prénom ne semble pas être porté.

## Tegoneg

**Masculin** **Fête le 6 Septembre.**

Ce disciple de saint Gwenole vint en Léon au Ve siècle. Il a fondé un monastère d'où sort le village de Saint-Thégonnec, près de Morlaix. On y trouve l'un des plus merveilleux enclos paroissiaux de Bretagne, qui lui est dédié. L'église a été victime d'un incendie, mais elle a été remarquablement restaurée. Une statue le représente ayant à ses pieds le bœuf qui aurait charrié seul les matériaux nécessaires à la construction de l'église. Il est protecteur des bêtes à cornes. A voir aussi, sa chapelle en Plogonnec (Finistère), dans laquelle se trouve une fontaine dont l'eau traverse le bâtiment.
Saint Tegonec serait mort en Irlande. Voir aussi Koneg : c'est sans doute le même saint.
Tegoneg : dérivés : Koneg, Konog (d'où Plogonnec dans le Finistère). Et aussi Egoneg. La forme française est Thégonnec.
Aucun de ces prénoms ne semble employé.

## Teï

**Masculin** **Fête le 7 Juillet.**

La chapelle de Saint-Teï surplombe la baie des Trépassés, près de la pointe du Raz. On le devine, le temps n'est pas toujours au beau sur ce promontoire. La mer guette : un jour sans doute, saint Teï rejoindra dans les fonds, les cathédrales de la ville d'Is. Teï était sans doute moine à Landévennec au VIe siècle. Il a aussi laissé son nom à Lothey, près de Châteaulin, où saint Fiacre lui a ravi l'église paroissiale.
Teï, aussi They francisé.

## Teïla

**Féminin** Voir Telo.

## Tekl

**Masculin** **Fête le 24 Septembre.**

Ce saint breton cité par Anatole Le Braz porte un nom bien grec, qui vient de *theos* : Dieu. Féminin Tekla.

En français, c'est Théau (de vogue récente avec un pic en 2000), et aussi Thècle, rarement mais constamment porté.

## Téliau

**Masculin** Voir Telo.

## Tella

**Féminin** Voir Telo.

## Telo

**Masculin** **Fête le 9 Février.**

Ce prénom vient vraisemblablement du grec *thoos* qui signifie Dieu. Cet évêque de Cambrie fuit, ainsi que de nombreux habitants, une maladie appelée la peste jaune. En Bretagne, Telo fut évêque de Dol au VI^e siècle, remplaçant saint Samzun.

On le représente monté sur un cerf. Car, son ermitage construit, le seigneur de Kastell Gall, dont la chronique n'a pas retenu le nom, lui offrit tout le territoire qu'il pourrait parcourir en une nuit. Telo, aussitôt, s'approcha de la forêt et siffla, et un cerf vint s'agenouiller devant lui. Après, quelle galopade… jusqu'à ce que sa propre sœur, qui craignait pour son territoire, ne fît chanter un coq au plus tôt de l'aurore. Ainsi va la vie des saints, et ainsi la paroisse resta de dimensions modestes. Elle s'appelle Landeleau, et il s'y déroule tous les ans, au dimanche de la Pentecôte, une « petite » Troménie, un pardon ambulatoire précédé par les reliques du saint, et sa statue montée sur son cerf ; ce pardon est l'occasion de retracer – au sens propre – le territoire de saint Telo.

Malgré cette monture originale, Telo est le patron des cavaliers bretons. Il est patron, bien sûr de Landeleau, mais aussi de Leuhan (Finistère), Montertelot (Morbihan), Plédéliac, anciennement Plou-Téliau (Côtes-d'Armor).

Telo (quelques porteurs récents), aussi Tlio, Tilio (d'où l'île Tilio, prénom assez courant depuis quelques années). Féminin Tella, Teïla, donné depuis vingt ans. Les formes françaises Thélo (d'où Saint-Thélo, dans les Côtes-d'Armor), Téliau, Théliau, Théleau, ne semblent pas être portées.

## Tenenan

**Masculin** **Fête le 16 Juillet.**

Parmi les lettres que nous avons reçues de parents de l'école Diwan, celle d'Annyvonne nous a enchantés :

« Bonjour Théodore,

Je réponds à ta lettre pour te dire que nous avons un petit garçon de trois ans qui se prénomme Tenenan. Nous avons choisi ce prénom car c'est celui du saint patron de Plabennec, auquel se rattache l'histoire de la commune et de nombreux anciens portent ce prénom. Le plus jeune des Tenenan avait cinquante-huit ans quand notre petit est né, et il était très fier que la relève soit assurée pour porter ce prénom. »

Effectivement, il reste quelques porteurs âgés de ce prénom, mais nous nous demandons si ce jeune Tenenan n'est pas le seul. Cet évêque du Léon, au début du VII^e siècle, était venu du pays de Galles. Trop beau pour échapper aux femmes, il demanda à Dieu de le défigurer par la lèpre. Puis, sous l'égide de saint Karanteg qui l'avait guéri, il parcourut le Léon pour évangéliser les populations.

Saint Tenenan est le patron de Guerlesquin, Plabennec, La Forest-Landerneau (Finistère). Sous le nom de saint Eleran, il est honoré à Languidic (Morbihan). Lors des invasions normandes, ses reliques furent mises en sécurité sur l'île de Groix.

Tenenan : du vieux breton *nenan* : hauteur. Déviation Eleran, apparemment inusité, et vraisemblablement Tinidor, Tenedor.

## Tergat

**Masculin** Voir Ergat.

## Tetvin

**Masculin** Voir Tethwin.

## Tethwin

**Masculin** **Fête le 5 Janvier.**

Un saint obscur, dont parle Garaby (*op. cit.*) comme d'un disciple de saint Konwoion à Redon au IX^e siècle. Aussi Tetvin, Tezwin.

Ces prénoms ne semblent pas être portés.

## Tévet

**Masculin** Voir Démet.

## Teune

**Féminin** Voir Tunvez.

## Tévé

**Masculin**

Tévé est un saint venu d'Angleterre au Ve siècle ; il a donné son nom à la paroisse de Santeve, devenu aujourd'hui Saint-Avé, à quelques kilomètres au nord de Vannes. On connaît un certain nombre de telles déformations : elles sont dues soit à l'action de l'Eglise pour édulcorer certaines pratiques trop peu catholiques, soit simplement au glissement progressif des prononciations qui affecte notre vocabulaire. Et on a oublié le pauvre saint Tévé, dont personne ne semble perpétuer le nom.

## Tezwin

**Masculin** Voir Tethwin.

## Théau

**Masculin** Voir Tekl.

## Thégonnec

**Masculin**

Voir Tegoneg, et aussi Koneg.

## Théleau, Théliau, Thélo

**Masculin** Voir Telo.

## Théodore

**Masculin** **Fête le 9 Novembre.**

L'aide de Théodore du Pontavice pour notre enquête sur les prénoms des élèves de l'école Diwan n'aurait sans doute pas suffi à faire inclure ce prénom d'origine grecque dans cet ouvrage, si saint Théodore, martyr romain, n'était honoré à Primelin (Finistère) et Tréduder (Côtes-d'Armor). Et surtout si deux illustres Théodore n'avaient fait connaître ce prénom en Bretagne :

Théodore Hersart de La Villemarqué (1815-1895) est l'auteur du *Barzaz Breiz*, recueil de contes et de poèmes épiques qui révéla une littérature bretonne ancienne et de grande qualité.
Théodore Botrel (1868-1925), barde et chanteur, composa bien sûr *La Paimpolaise*, mais aussi deux cents chansons dont beaucoup sont d'inspiration bretonne, notamment « Fleur de blé noir ».
Théodore, le don de Dieu, Théophile, l'ami de Dieu, sont d'origine grecque (*theos* : Dieu). On trouve aussi un saint Théo, qui est le titulaire de l'église paroissiale du Bodéo (Côtes-d'Armor). Mais le recteur de cette paroisse, que nous avons consulté, pense qu'il s'agirait plutôt de l'ermite Théoctiste, qui vivait en Palestine au IVe siècle.
Théodore, très courant jusqu'en 1940, de nouveau à la mode à partir de 1990. Diminutif Théo, apparaissant dans les années 1980, très courant en 2000, en baisse depuis. On peut donner comme formule bretonne Teodor (rare, mais donné depuis 2000) et au féminin Teodora (*idem*).

## Theomatha

**Féminin** Voir Tunvez.

## Théophile

**Masculin** Voir Théodore.

## Thernen

**Masculin** Voir Hernin.

## They

**Masculin**

La chapelle Saint-They se trouve en Plogoff, non loin de la pointe du Raz, et la fontaine du saint est, elle, au bord de la falaise. On dit que le saint veille sur la mer, et sonne la cloche de sa chapelle lorsqu'un bateau est en danger. Saint They serait un moine de l'abbaye de Landévennec, au VIe siècle. Il a aussi laissé son nom à Lothey, près de Châteaulin, où saint Fiacre lui a ravi l'église paroissiale. Aussi Tei, Teï (voir ce mot).
Ce prénom n'est apparemment pas porté.

## Thiphaine

**Féminin** **Fête le 6 Janvier.**

Ce vieux prénom français est bien connu en Bretagne. Il a été porté notamment par Thiphaine Raguenel, une femme astrologue du

XIV$^{e}$ siècle, plus connue par son mariage avec Bertrand du Guesclin. Ce dernier fut, au service du roi de France, l'allié de Charles de Blois contre Bertrand de Montfort dans la guerre de Succession de Bretagne. Les Bretons ne le lui ont pas pardonné, et en ce siècle encore, ont dynamité une statue qui le représentait, sur la route qui relie Dinan à Lamballe.
Ce prénom viendrait du masculin, grec, Epiphane : *epi* : sûr, et *phainem* : paraître, du nom d'un évêque de Chypre du IV$^{e}$ siècle. Thiphaine, pas très courant, depuis les années 1980. Aussi Tiphaine, courant depuis 1970, un pic de huit cents prénoms en 1988, deux cent cinquante par an actuellement..
La forme bretonne correspondante est Tifenn, un prénom apparu vers 1960, et depuis en augmentation : une centaine par an.

## Thivisiau

**Masculin** Voir Tivizio.

## Thumeth, Thumette

**Féminin** Voir Tunvez.

## Thuriaf, Thurian, Thuriau, Thurien

**Masculin** Voir Turio.

## Thuriane

**Féminin** Voir Thurio

## Tieri

**Masculin**
C'est une orthographe moderne correspondant au prénom Thierry. L'usage en est rare.

## Tiervael

**Masculin** **Fête le 19 Janvier.**
On connaît très peu de chose sur saint Tiernvael, aussi Tiernmaël, évêque de Dol au VI$^{e}$ ou au VII$^{e}$ siècle. Ce prénom semble inusité.

## Tifenn

**Féminin** Voir Thiphaine.

## Tigrid, Tigride

**Féminin** Voir Tirid.

## Tilio

**Masculin** Voir Telo.

## Tina, Tinaig

**Féminin** Voir Corentin.

## Tiphaine

**Féminin** Voir Thiphaine.

## Tirid

**Féminin** **Fête le 30 Décembre.**

Sainte Tirid était fille de Calpurnius, et surtout femme de Grallon, roi de Bretagne en 432. Est-ce le roi Grallon que nous connaissons ? Vraisemblablement non. On dit qu'elle finit sa vie en Irlande auprès de saint Padrig. Tirid est aussi appelée Tigrid, Tigride.
Ces prénoms ne semblent pas être portés.

## Tivio

**Masculin** Voir Tivizio.

## Tivizio

**Masculin** **Fête le 18 Juillet.**

Ce saint est connu pour avoir nommé Landivisiau (Finistère). Il est réputé pour renforcer les enfants rachitiques : pour cela on habille sa statue des habits de l'enfant. Il est aussi honoré à Guiclan (Finistère). Tivizio, aussi Tiviziav : de *Gwiziav*, vieux breton, de *gwiz* : savoir, science. Tivio et peut-être aussi Vizio abrégés. Francisé en Thivisiau. Aucun de ces prénoms ne semble utilisé.

## Tlio

**Masculin** Voir Telo.

## Toll

**Masculin** Voir Dogmael.

## Tomaz

**Masculin** **Fête le 21 Décembre.**

C'est une orthographe moderne correspondant au prénom Thomas (de l'hébreu *theom* : jumeau), qu'on fête en France le 3 juillet. Parfois (rarement) utilisée depuis 2000.

## Tonan

**Masculin** Voir Donan.

## Touezeg

**Masculin** Voir Gouesnou.

## Toussaint

**Masculin** **Fête le 1er Novembre.**

C'est un prénom qui est régulièrement porté. C'est bien sûr un hommage à tous les saints, connus ou inconnus. Un prénom fréquent en 1900, déclinant ensuite régulièrement. On désigne aussi sous ce vocable saint Tujen (voir ce nom).

## Trefin

**Féminin** Voir Trifina.

## Tréguier

**Masculin**

Voir Tudal.

## Trémar

**Masculin** Voir Tremeur.

## Tremeur

**Masculin** **Fête le 8 Novembre.**

La fantaisie de l'ordre alphabétique nous fait citer saint Tremeur avant sa mère sainte Trifina. Après que Conomor eut tué sa femme Trifina parce qu'elle portait un enfant de lui, et que saint Gildas eut ressuscité la malheureuse, il la ramena à la cour de son père Gwereg, le roi de Vannes. Elle y donna naissance à un fils qu'on appela Tremeur. Conomor n'acceptait pas cette naissance : une sorcière lui avait jadis prédit qu'il serait tué par son fils, et il s'était appliqué depuis à éliminer toutes ses femmes dès qu'elles portaient un enfant. Il fit rechercher l'enfant, et finit par le retrouver. Nous connaissons même la date, c'était le 8 mai 554. Aussitôt, il lui trancha la tête. Tremeur prit sa tête entre les mains, et la porta sur le tombeau de sa mère à Sainte-Tréphine (Côtes-d'Armor). C'est aussi là qu'il est enterré. Tremeur, prénom assez répandu il y a un siècle, vient de *Trech Meur*, « grande victoire ». On dit aussi Treveur (quelques garçons depuis trente ans), Trever, Trevor (quelques dizaines depuis vingt ans) et, de forme francisée, Tréveur (très rare), Trémeur, Trévor. Albert Poulain l'appelle Trémar. On invoque saint Tremeur pour la guérison des blessures. A Saint-Nicolas-du-Pélem, il aide les jeunes enfants à marcher. Il est le patron de Carhaix (Finistère) où une statue le représente portant sa tête, patron aussi de Kergloff (Finistère), Camlez (Côtes-d'Armor). Il a donné son nom à Tremeur, près de Broons dans les Côtes-d'Armor. Il est honoré à Plobannalec (Finistère).

## Tréphine

**Féminin** Voir Trifina.

## Trestan, Trestana

**Féminin** Voir Tristan.

## Trever, Treveur, Trévor

**Masculin** Voir Tremeur.

## Trifina

**Féminin**

Trifina, en français Tréphine, est l'épouse infortunée de Conomor, le Barbe-Bleue breton. Sa légende est très répandue, et revendiquée par plusieurs lieux en Bretagne. Mais l'une des localisations les plus certaines est à Saint-Aignan, au bord du Blavet (et nous la retenons aussi par esprit de clocher...). L'histoire se passe au V^e^ siècle. Trifina est la fille de Gwereg, comte de Vannes. Conomor la demanda en mariage, après que ses quatre premières épouses eurent péri. Assassinées par lui ? On ne le sait pas trop, mais l'Histoire ne prête qu'aux riches. Gwereg hésita fort, sachant la réputation sulfureuse de ce prince ambitieux. Mais Conomor, qui voyait dans ce mariage un rapprochement profitable à ses affaires, le menaça d'entrer en guerre contre le comté de Vannes. Gwereg prit alors l'avis de saint Gildas en son ermitage de Bieuzi. Cela

fait, il avertit Conomor qu'il lui donnerait sa fille, si saint Gildas lui en faisait la demande. Conomor eut fort à faire pour convaincre saint Gildas, mais il faut croire qu'il avait commis quelques bonnes actions, ou encore que ses menaces de guerre firent effet, car le saint finit par accepter. Le mariage donna lieu à de grandes festivités. Saint Gildas, qui demeurait inquiet, donna à Trifina un anneau d'argent, lui disant :
« Garde toujours cet anneau sur toi. Si, un jour, il devient noir, ce sera le signe que tu cours un grand danger. »
Mais Conomor n'oublie pas ses visées politiques. Il veut succéder à Gwereg, à la place des enfants de celui-ci. Le ton monte, il s'en prend à Trifina, part à Vannes plaider sa cause… quand il revient, il trouve Trifina brodant un bonnet d'enfant.
« Que faites-vous ?
— Je prépare la layette de notre enfant qui naîtra bientôt. »
Or, une sorcière avait prédit à Conomor qu'il mourrait de la main de son fils. C'est pour cette raison qu'il s'était débarrassé de ses épouses précédentes. Il se met en colère, et Trifina réalise en voyant son anneau noirci qu'elle est en grand danger. Elle cherche à s'enfuir, trouve une porte dans la chapelle, et entre dans un caveau qui contient cinq (ou six ?) cercueils. L'un est vide. De l'autre sortent les cadavres des femmes de Conomor :
« Trifina, sauve-toi d'ici, car tu es en grand danger. Il nous a toutes tuées pour éviter la naissance du fils qui le tuera un jour. Ce dernier cercueil, c'est le tien.
— Mais comment puis-je m'enfuir ? », implore Trifina.
Alors les défuntes lui donnent, l'une le poison qu'elle a bu, l'autre la corde qui l'a étranglée, une autre le cheval qui l'a traînée. Et Trifina s'enfuit, après avoir pris soin de placer les fers de son cheval à l'envers. Elle fuit le château de Castel-Finans, et traverse le Blavet dans les bois de Quénécan.
Conomor a vite découvert sa disparition. Il se lance à sa poursuite, et la retrouve avec l'aide de son lévrier. Trifina tombe à terre ; elle implore son mari, furieux, qui tire déjà son épée. A ce moment, Trifina aperçoit le faucon d'or de son père. Elle lui donne l'anneau magique, qu'il emporte vers le pays de Vannes. Mais il est trop tard. D'un grand coup de son épée, le sinistre mari lui a fendu le crâne.
Quand Gwereg reçoit de son faucon l'anneau noirci, il sait que le drame est arrivé. Il court voir saint Gildas et lui dit :

« Je t'ai donné ma fille pour Conomor. Il lui est arrivé malheur par ta faute. Retrouve-la et rends-la-moi ! »
Gildas se rend à Castel-Finans où s'est retranché Conomor. Celui-ci refuse de lui ouvrir, sachant bien qu'il ne pourra cacher son forfait au saint homme. Alors Gildas prend une poignée de terre et la lance contre le château, qui s'écroule en ruines, et est resté ainsi depuis. Puis il suit le faucon d'or qui le mène au cadavre de Trifina. Et Gildas lui rend la vie. Puis il la mène auprès de Gwereg, suivant en cela la promesse qu'il avait faite.
Cela n'est qu'une des nombreuses versions de cette histoire merveilleuse. On sait que Conomor fut finalement jugé pour son crime. Et que sainte Trifina donna naissance à un fils, saint Tremeur ; mais ceci est déjà une autre histoire…
On fête sainte Trifina le 21 juillet ; mais aussi le 8 novembre avec son fils.
Anatole Le Braz rapporte une autre belle légende, celle de Tryphina et de son fils, où l'on retrouve le roi Arzur, le pape, et quelques prodiges maritimes.
Trifina s'écrit aussi Trifin, Trefin, mais ces orthographes ne sont pas courantes. La forme française, plus répandue, est Tréphine, un prénom vieillissant, d'où la chapelle Sainte-Tréphine en Saint-Aignan (Morbihan), sur l'emplacement de Castel-Finans, et la paroisse de Sainte-Tréphine (Côtes-d'Armor).
Anatole Le Braz écrit Tryphine, Tryphina.
Mais tous ces beaux prénoms sont curieusement rares.

## Tristan

**Masculin** **Fête le 12 Novembre.**

C'est le neveu du roi Marc'h aux longues oreilles. Tristan est l'un des héros des chevaliers de la Table ronde. Une effroyable méprise fut à l'origine de son malheur : chargé par Marc'h de ramener la main d'Iseult, il en revint avec la promise, mais aussi un philtre d'amour devant lier l'un à l'autre Iseult et Marc'h. Las ! Les jeunes compagnons boivent ensemble le philtre, et deviennent amoureux, des amoureux fous. On leur pardonna, mais l'amour était le plus fort : Tristan, à l'article de la mort, fit chercher son amante éternelle. Mais par un subterfuge de sa nouvelle femme, l'autre Iseult aux Blanches-Mains, il crut qu'elle était morte. Il expira de chagrin, et Iseult aussi. Le roi Marc'h leur pardonna une seconde fois, et les fit enterrer ensemble.

L'histoire de Tristan et Iseult a connu un grand retentissement à l'époque des romans de l'amour courtois.
Tristan : sans doute du gallois Drystan (sans rapport avec le français triste). Erratique, ce prénom devient fréquent vers 1980, et est très courant depuis 1990. En breton, aussi Trestan. Féminin Tristana parfois donné depuis 1990, Trestana.
Citons le poète Tristan Corbières (1845-1875).

## Tual

**Masculin**
Voir Tudal.

## Tuala, Tualenn

**Féminin**
Voir Tudal.

## Tudal

**Masculin** **Fête le 30 Novembre.**

Ce saint connu généralement sous le nom moderne de Tugdual est fondateur de l'évêché de Tréguier, et à ce titre un des sept saints fondateurs de Bretagne. Fils de sainte Koupaia, il vint d'Angleterre au VIe siècle avec une forte troupe de clercs évangélisateurs... et aussi fuyant les ravages des Saxons. Après avoir parcouru la Bretagne, Tudal fut appelé par Deroch, roi de Domnonée, pour fonder un monastère, qui devint Tréguier, dont la cathédrale porte son nom.
Tudal a donné son nom à Saint-Tugdual (Morbihan), Saint-Tugdual, Pludual, Landual (Côtes-d'Armor), Saint-Thual (Ille-et-Vilaine), Landudal, Pontuzval, Bronsduval (Finistère)... Il est honoré à Grand-Champ (Morbihan).
On a dit que Tudal avait séjourné deux ans à Rome et qu'il y aurait été fait pape, et on le représente parfois coiffé de la tiare papale. Ce n'est pas le seul pape que les Bretons revendiquent. De là vient le surnom de Pabu (voir ce nom) qu'on lui a donné, et sous lequel il patronne Saint-Pabu, Trébabu (Finistère), et Pabu (Côtes-d'Armor), et encore Lanbabu, paroisse aujourd'hui en la commune de Pouldreuzic en Cap-Caval.
Per-Jakez Helias cite un dicton populaire qui en dit long sur sa notoriété :
« Notre grand saint Tudal est roi du peuple élu.
S'il n'est pas Dieu le Père, il ne l'a pas voulu. »

Tudal (du celtique : *tud* : peur, et *wal* : valeur) a été donné quelques dizaines de fois depuis quarante ans, et a de nombreux dérivés : Tudel (quelques dizaines depuis trente ans), Tudual (*idem*), Tugal, Tuzal, Tual, Tudwal, et Tugdual qui est le plus porté : rare jusqu'en 1970, il augmente régulièrement depuis, sans dépasser une trentaine de prénoms par an.
Nous avons aussi trouvé Tréguier, utilisé comme surnom de Tudal.
Féminin : Tudala, Tudalenn, Tuala, Tualenn, qui ne semblent pas usités.
Citons les écrivains Tugdual Kalvez et Tudual Huon.

## Tudec

**Masculin** Voir Tudeg.

## Tudeg

**Masculin** **Fête le 11 Mai.**

Saint Tudeg, aussi Tudec, aurait été moine à l'abbaye de Landévennec au VIe siècle. Il serait l'éponyme de Landudec (Finistère). Mais peut-être est-ce seulement une déviation de Tudi (voir ce nom). On l'invoque contre la surdité dans sa chapelle près de Gourin (Morbihan).
Tudeg, Tudec, ne sont apparemment pas portés.

## Tudel

**Masculin**

Voir Tudal.

## Tugdual

**Prénom courant en Bretagne. Masculin**

Voir Tudal.

## Tudi

**Masculin** **Fête le 11 Mai.**

Venu de Bretagne insulaire à la fin du Ve siècle, saint Tudi fonda son ermitage en Cornouaille. Il est le patron de Loctudy, L'Ile-Tudy (Finistère), et de l'île de Groix dont le village s'appelle Port-Tudy. Ces trois lieux revendiquent l'emplacement de l'ermitage de ce saint voyageur. L'Ile-Tudy est le cadre d'un pardon annuel, en juillet. Loctudy aussi. On y invoque le saint contre les maux de tête et la surdité.
Tudi vient sans doute de *tut* : favorable. Ce joli prénom, rare, est donné depuis trente ans. On écrit plus souvent Tudy (quelques

dizaines d'enfants), ce qui est une forme francisée. Dérivé : Tudeg (voir ce nom).

## Tudon

**Masculin** **Fête le 17 Mai.**

Saint Tudon, venu de Bretagne insulaire au VI^e siècle, est le père de saint Gouesnou. Son nom est haut porté par le Roc-Trédudon, l'un des sommets de la Bretagne.

Tudon : sans doute de *tud* : peuple. Aussi Tugdon.

Aussi Tudona, féminin, du nom de sa fille, francisé en Tugdonie, sainte elle aussi, et qui vécut au couvent de Locronan. On la fête le 25 octobre. Aucun de ces prénoms ne semble être porté.

## Tudual

**Masculin**

Voir Tudal.

## Tudwal

**Masculin**

Voir Tudal.

## Tudy

**Masculin**

Voir Tudi.

## Tugal

**Masculin**

Voir Tudal.

## Tugdon

**Masculin**

Voir Tudon.

## Tugdonie

**Féminin**

Voir Tudon.

## Tugdual

**Masculin**

Voir Tudal.

## Tugen

**Masculin** Voir Tujen.

## Tujan

**Masculin** Voir Tujen.

## Tujane

**Féminin** Voir Tujen.

## Tujen

**Masculin** **Fête le 26 Janvier.**

Au pardon de la chapelle Saint-Tugen en Primelin (Finistère), on distribue de petites clefs en plomb bénites. Relais des dons de Tujen, elles guérissent la rage des chiens… et des dents ! Saint Tujen est en effet souverain pour le traitement de ces affections, et on le représente souvent porteur d'une clef miraculeuse qu'un ange lui avait offerte sur l'ordre du Saint-Père : en effet, Tujen avait juré de veiller sur la virginité de sa sœur ; il ne la quittait pas d'une semelle, et finit par s'écrier un jour :

« Je préférerais garder un troupeau de chiens enragés que d'empêcher une fille de mal faire ! »

Dieu, qui entendit ceci, le prit au mot et lui ordonna de soigner les chiens enragés et leurs victimes. Depuis, Tujen, s'acquitte de sa tâche avec une certaine réussite. Les personnes qui pensent avoir été mordues par un animal enragé font trois fois le tour de sa fontaine, puis se regardent dans l'eau : s'ils y voient la gueule d'un chien, c'est qu'ils sont atteints. Pour les cas de rage que son action ne suffit pas à guérir… reste « la prison de saint Tujen », près du portail de la chapelle, où les malades attendaient la mort. On n'y enferme plus personne, mais lors du pardon de juin, le recteur pique la clef de petits bouts de pain qui sont souverains contre les rages de dents.

Abbé du VIe siècle à l'abbaye de Daoulas, patron de Brasparts (Finistère) et de Landujan (Ille-et-Vilaine), Tujen venait de Cornouailles anglaise.

Tujen, aussi Tugen, Tujan, Tujean francisé ne semblent pas être portés.

Voir aussi Toussaint, qui est le nom sous lequel il était autrefois connu.

Dans la chapelle Notre-Dame-du-Haut en Trédaniel (Côtes-d'Armor), une statue représente sainte Tujane (connue aussi comme

Ujane) qui guérit des migraines. C'est peut-être une version féminine de Tujen, qui semble aussi inusitée.

## Tumett

**Féminin**

Voir Tunvel.

## Tunevel

**Féminin** Voir Tunvel.

## Tunvel

**Féminin** **Fête le 8 Mai.**

Sainte Tunvel, honorée à Botlezan en Bégard, serait la sœur de saint Idunet, et la mère de saint Méen, Meven, fondateur de l'abbaye de Saint-Méen-le-Grand au VI^e siècle. Aussi Tunevel, Dunvel, Dunvael. Aucun de ces prénoms ne semble être porté.

## Tunvez

**Féminin**

A l'époque de Conan Mériadec, lequel régnait sur la Bretagne, une flotte de onze mille vierges quitta la Grande-Bretagne pour la Bretagne armorique, où elles se destinaient aux valeureux guerriers bretons. Mais une tempête se leva, et toute la flotte fut déroutée, jusqu'en Allemagne où elles tombèrent entre les mains des Barbares. Toutes moururent plutôt que de perdre leur honneur.

Tunvez est l'une de ces saintes, connue dans le monde latin sous le nom de Theomatha. On peut dire aussi Tuvezh, Tunvezh, Teune, Tunvé, et en français Thumette, qui est la patronne de Kérity (Finistère), donné jusqu'en 1920, enfin la rebretonnisation, sans doute, Tumeth, porté actuellement. Les autres variantes ne semblent pas être employées.

Sainte Tunvel et sainte Tunvez sont fêtées toutes deux le 8 mai. Cela renforce la thèse d'une confusion entre les deux personnages.

## Turial, Turiau, Turiaw

**Masculin** Voir Turio.

## Turien

**Masculin** Voir Turio.

# Turio

**Masculin** **Fête le 13 Juillet.**

Evêque de Dol au VII^e^ siècle, saint Turio est invoqué contre la fièvre. Il est le patron de Saint-Thurial (Ille-et-Vilaine), Plumergat, Quintin (Côtes-d'Armor). Ses reliques sont revenues de Saint-Germain-des-Prés pour être déposées à Vannes et à Crach (Morbihan) dont il patronne l'église. Sa vie est racontée sur le plafond de l'église de Saint-Thuriau (Morbihan). Dans le Vannetais, on l'invoque contre la fièvre.

Turio, aussi Turial, Turiau, Turian, Turiaw (donné avant 1920), Urio. Formes françaises Thuriau (donné avant 1920), Thurian, Thuriaf, Thurial, Thurien, Turien, Urien (devenu patronyme). Ces prénoms ne semblent pas portés, mais on trouve le féminin Thuriane.

# Tuvezh

**Féminin** Voir Tunvez.

# Tuzal

**Masculin** Voir Tudal.

## U COMME UTER

Uter ou Uther, Pendragon, était le fils du roi Constant, au royaume de Logres en Bretagne, qui était alors insulaire. Quand son père mourut, le sénéchal Vortiger fit mettre à mort le fils aîné, mais le second lui échappa.

Vortiger régnait, mais dans l'angoisse que le fils de son maître ne revînt un jour lui reprendre son trône. Aussi fit-il bâtir une tour si haute, et si forte, qu'elle ne pourrait jamais être démantelée. Mais la tour tomba, et tomba une seconde fois, et tomba à chaque fois qu'elle était reconstruite, alors que les meilleurs maçons du royaume y étaient employés.

Alors se présenta un enfant qui n'en était pas un – car il était Merlin, né des amours de Lucifer et d'une terrienne. Il offrit à Vortiger de lui révéler pourquoi cette tour, la plus puissante jamais bâtie, ne pourrait jamais rester debout. Et il dit ceci :

« La tour que tu construis s'appuie sur deux dragons. L'un est roux, et l'autre blanc. Sous deux grandes pierres ils dorment ; mais le poids de ta tour les réveille, ils se retournent, et la font s'écrouler. »

Vortiger, que l'on appela aussi Vortigen, fit aussitôt creuser sous les fondations ; et l'on mit au jour les deux dragons, l'un roux, et l'autre blanc. Sitôt qu'ils furent réveillés, ils se mirent à se battre. Et c'était une bataille de dragons, dent contre dent, griffe contre griffe, feu contre feu. Et elle dura tout un jour, puis le dragon roux mourut, consumé par les flammes du dragon blanc. Et Merlin dit au roi Vortiger :
« Tu peux maintenant bâtir ta tour, elle tiendra debout.
— Mais, me diras-tu ce que signifie la lutte de ces deux dragons ?
— A ton aise, grand seigneur. Voici : le dragon roux s'appelle Vortiger, et il a usurpé le trône du royaume de Logres. Le dragon blanc s'appelle Uter, il est le fils du roi Constant, et il débarquera dans trois jours au port de Winchester. »
Ainsi débute la saga du roi Arthur, fils du roi Uter Pendragon, qui lutta contre les envahisseurs saxons, et périt finalement. C'est, à travers ses divers compilateurs, le premier grand roman européen, qui s'est décliné en d'innombrables variantes. Il a engendré les chevaliers de la Table ronde, l'histoire de la quête du Saint-Graal, les aventures de Lancelot du Lac, de la fée Viviane et l'éternelle vie de l'enchanteur Merlin. Il ne mourra jamais : on s'étripe toujours (à la plume) sur l'emplacement de la sépulture du roi Arthur.

## Ujane

**Féminin** Voir Tujen.

## Uniac

**Masculin** **Fête le 4 Août.**

Sans doute venu d'Irlande, saint Uniac était moine à l'abbaye de Saint-Méen-le-Grand au VI^e^ siècle. On conservait avant la Révolution française le récit de sa vie à Saint-Uniac (Ille-et-Vilaine), dont il est le patron. Elle a alors été brûlée. Nos sources en sont d'autant réduites. Uniac a donné Unieg en breton. Ce prénom est d'origine latine : *unus*, un, unique.
Il n'est apparemment pas employé.

## Unieg

**Masculin** Voir Uniac.

## Uria

**Féminin** Voir Urielle.

# Urbien

Urbien aurait été au Ve siècle le fils du premier roi de Bretagne Conan Mériadec. Aussi Urnan.
Aucun de ces prénoms ne semble utilisé.

# Urfol

**Masculin** **Fête le 17 Septembre.**

Saint Urfol était le frère de sainte Riwanon et de saint Riwal, au VIe siècle. Il éleva son neveu le grand saint Herve. Son tombeau se trouve dans l'église du Bourg-Blanc, ou de Plouguin.
Urfol : sans doute de *urb*, vieux breton : héritage, et *foll* : fou. Aussi Urfold, Urfoed. Mais aucun des trois ne semble être usité.

# Urielle

**Féminin** **Fête le 1er Octobre.**

Sainte Urielle est une fille du roi Judael, sœur de Judikael. Elle est la patronne de Sainte-Urielle en Trédias (Côtes-d'Armor).
Urielle : de l'hébreu. L'archange Uriel : Dieu est lumière. Un prénom plutôt rare, que l'on voit depuis 1980. Aussi Eurielle, rare, donné depuis 1970.
Formes bretonnes Uriell, plutôt rare, depuis 1970, Uria, Euriel (quelques prénoms dans les années 1960).

# Urien

**Masculin**

Voir Turio.

# Urio

**Masculin**

Voir Turio.

# Urlo, Orlou

**Masculin**

Voir Gurloës.

# Urnan

**Masculin**

Voir Urbien.

## Urnel

**Masculin**

Avec saint Urnel, notre recherche de saints bretons anciens (et donc de prénoms possibles) s'apparente à une enquête de Sherlock Holmes, non sur les landes d'Ecosse, mais sur les dunes du Cap-Caval. Selon les renseignements que nous a fournis M. Le Cossec de Plomeur, il existe un lieu-dit nommé Saint-Saturnin, mais autrefois Saint-Urnel, sur la commune de Plomeur (Finistère). Il n'y a pas souvenir de l'existence d'une chapelle dédiée à ce saint. Mais… au début du siècle on découvrit une nécropole datée du haut Moyen Age. Peut-être est-ce le tombeau de saint Urnel ?
En tout cas, nous n'avons trouvé aucune trace de ce prénom.

## Urvoan

**Masculin** Voir Erwann.

## Usen

**Masculin** Voir Eozenn.

## Uwan

**Masculin**

Voir Ewen.

## V COMME VENUS

… et bien sûr Vénus de Quinipily. Elle mesure 2,20 mètres de haut, et son granite la supporte depuis vingt siècles. Elle vient de Castennec, près de Baud. Le culte qu'on lui portait, comme déesse de fécondité, n'était pas du goût de l'Eglise. Et on finit par la jeter dans le Blavet, au XVIIe siècle. Elle en est ressortie depuis. Flaubert l'a vue et en écrit : « Elle vous semble d'une sensualité à la fois toute barbare et raffinée… »
La Vénus de Quinipily est vieille, au regard de nos saints bretons dont on peut dater l'arrivée massive des îles aux Ve et VIe siècles. Mais c'est une jeunette, si on la compare aux mégalithes qui parsèment la Bretagne ; souvenirs des Celtes anciens dont on ne sait que très peu de chose, mais qui ont façonné nos paysages, il y a plus de trois mille ans. La Bretagne, sauf erreur temporaire, ne détruit pas : elle entasse, et assimile. Les menhirs ont été taillés en croix, les fontaines antiques parées de vertus des saints nouveaux… mais c'est la même eau qui y coule depuis très longtemps.

## Valay

**Masculin** Voir Ballay.

## Vaodez

**Masculin** Voir Maodez.

## Vedan

**Masculin**

Donné comme dérivé de Brendan (voir ce nom), c'est peut-être Bedan.

## Vefa

**Féminin** Voir Genovefa

## Vellé

**Masculin** **Fête le 10 Février.**

Saint ermite d'où viendrait Guic-Vellé, aujourd'hui Quiquelleau dans le Finistère.

## Venaig

**Féminin** Voir Neven.

## Vendal

**Masculin** Voir Gwenael.

## Venec

**Masculin** Voir Gwenneg.

## Venier

**Masculin** **Fête le 21 Décembre.**

C'est une curieuse histoire que celle de saint Venier, connu comme patron de Pluvigner (Morbihan) sous le nom de Gwiner. Et surtout comme – ancien – patron de la chapelle Sainte-Agathe en Langon (Ille-et-Vilaine). Les mères l'invoquaient pour faire venir le lait. Mais, au XVIII^e^ siècle, l'Eglise éjecta Venier pour lui substituer une sainte Agathe, martyre honorable certes, mais sicilienne et sans aucun rapport avec Langon. Pourquoi ? Une hypothèse a été émise par Gwench'lan Le Scouëzec : Venier aurait été une femme, d'un rite bien plus ancien, comme l'est la chapelle elle-même. Ou, pourquoi pas, la transcription d'un ancien rite de Vénus, attesté en Bretagne par la célèbre statue de la Vénus de Quinipily.

Dérivés : Vener, Gwiner. Aucun de ces prénoms ne semble être porté. Venier est aussi connu comme saint Eginer (voir ce nom).

## Vennec

**Masculin** Voir Gwenneg. Et aussi Gwezheneg.

## Venoc

**Masculin** Voir Gwenneg.

## Ventroc

**Féminin** Voir Ediltrude.

## Vial, Viaud

**Masculin** Voir Vio.

# Vincaton

**Masculin** **Fête le 3 Janvier.**

Conseiller au IX^e^ siècle de l'évêque de Vannes Reinier, ami de Lohemel et disciple de Konvoyon, saint Vincaton était connu du roi Nevenoe. Il reste cependant assez obscur.

# Vincent

**Masculin** Voir Visant.

# Vingomar

**Masculin** Voir Jungomar.

# Vinien

**Masculin** Voir Guinien.

# Vinoc

**Masculin** Voir Gwenneg.

# Vio

**Masculin** **Fête le 16 Octobre.**

Vio, aussi Viaud, est un saint venu d'Irlande dans une auge de pierre. Installé au pays de Retz, il a laissé son nom à Saint-Viaud (Loire-Atlantique). Et aussi aux chapelles Saint-Viaud en Tréguennec (Finistère), Saint-Vio en Saint-Jean-Trolimon, où il guérit des fièvres, à la fontaine de Saint-Vio en Plomeur (Finistère) où il soulage les reins ; mais, par une malice que l'on rencontre souvent chez les saints guérisseurs, il faut, pour être guéri, parvenir à ébranler la pesante auge de pierre dans laquelle il avait traversé la Manche ; de quoi attraper un nouveau tour de reins !

On rapproche Vio de Vial, Vital (le seul de ces prénoms usité, assez courant en 1900, en régression depuis, mais toujours là, Vital !). Mais on connaît aussi un saint Vital abbé de Sainte-Croix de Quimperlé au XI^e^ siècle.

Francisé en Viaud.

# Visant

**Masculin** **Fête le 5 Avril.**

C'est une variation de Vincent, qui vient du latin *vincere* : vaincre.

Saint Vincent Ferrier, moine dominicain d'origine espagnole, est mort en 1419 à Vannes, où il est honoré. Ce prénom est très rare. Citons l'écrivain Visant Seite.

# Vital

**Masculin** Voir Vio.

# Viviane

**Féminin**

Les lieux de la légende du roi Arthur sont si nombreux qu'on a bien du mal à situer les épisodes. Ainsi, près d'une dizaine de sites se disputent la tombe du roi Arthur. Mais la fée Viviane est le plus souvent associée à la forêt de Brocéliande, où elle retint prisonnier l'enchanteur Merlin dans une cage invisible – après qu'il lui en eut dévoilé le secret.
Un prénom très populaire des années 1940 aux années 1960. En breton Vivian, masculin et féminin, que nous partageons avec les Anglais, assez courant, et au féminin breton Viviana, rare mais donné depuis 1960.

# Vizio

**Masculin** Voir Tivizio.

# Volcan

**Masculin** Voir Olcan.

# Vollon

**Masculin** **Fête le 1er Novembre, parmi les saints obscurs.**

Saint Vollon fut évêque, après avoir émigré de Grande-Bretagne. Il avait une chapelle en Plédran (Côtes-d'Armor), et a sans doute donné son nom à Lanvollon (Côtes-d'Armor).
Ce prénom ne semble pas être porté.

# Von, Vonig

**Masculin** Voir Yves.

# Votrom

**Masculin** **Fête le 22 Mai.**

Compagnon de saint Tudal, saint Votrom vint en Armorique avec lui. Il était né en Irlande. Il s'installa en un lieu devenu Trédarzec, près de Tréguier. On l'invoque contre les fièvres. Votrom, aussi Autrom, ne semblent pas être portés.

# Vouga, Vougay

**Masculin** Voir Nonna.

## W COMME WARC'HOAZH

Warc'hoaz, c'est demain.
Et demain ? Quel avenir nous attend ? Riche ou pauvre ? A la pointe excentrée de l'Europe, ou au centre d'un réseau qui, par les mers et les airs, reliera les régions ? Nous savons que la Bretagne est immensément riche. Pas du sous-sol, qui épuise ses maigres ressources. Pas seulement de son sol, pas seulement de ses côtes – la mer est fertile, mais fragile. Mais de sa beauté, qu'on n'a pas réussi à cacher. Et de ses monuments innombrables et émouvants. Et encore plus de sa langue et de son esprit : quelle région d'Europe peut nous offrir mille huit cents prénoms, et tant de musiciens ?
Qu'on le sache, les petits Alan, Benoni, Clair, Dewi, et les petites Anjela, Berc'hed, Coulma, Enora… partent dans la vie avec la bénédiction de saint Bonus, dit Maden.

### Walde

**Masculin** Voir Gaud.

### Walig

**Masculin** Voir Riwal.

### Waroc

**Masculin** Voir Gwereg

### Werec

**Masculin** Voir Gwereg

### Wergat

**Masculin** Voir Ergat.

## Weithnoc

**Masculin** Voir Gwezheneg.

## Weltas

**Masculin** Voir Gweltas.

## Weroc

**Masculin** Voir Gwereg.

## Wihenoc

**Masculin**

Ce nom est celui d'un chevalier breton qui, comme bien d'autres, accompagna Guillaume le Conquérant dans la prise de l'Angleterre en 1066. Ils en furent largement récompensés. C'est l'origine des grandes possessions des Bretons en Angleterre, et de liens de vassalité qui plus tard entravèrent leur liberté. Wihenoc, lui, reçut la terre de Monmouth. Le nom est célèbre, par Geoffroy de Monmouth, chanoine d'Oxford, qui au XIIe siècle écrivit l'*Histoire des rois de Bretagne*, décrivant l'arrivée en Armorique, puis le règne de Conan Mériadec ; et surtout les romans qui servirent de Matière de Bretagne, colorant de celtisme toute la littérature européenne du Moyen Age.
Ce prénom semble inusité.

## Winifrid

**Féminin** Voir Gwenvred.

## Winoc

**Masculin** Voir Gwenneg.

## Winwalloe

**Masculin** Voir Gwenole.

## Wiomarc'h

**Masculin** Voir Guyomarc'h.

## Withur

**Masculin**

Withur était un *tiern*, chef local, qui résidait sur l'île de Batz et fit de saint Pol le premier évêque du Léon.

**X**

Comme tous les prénoms que nous n'avons pas trouvés – comme tous les enfants sans noms.

## Y COMME YVES

*N'an nous keut e Breiz, n'an neus ket unan,*
*N'an nous ket euz zant evel zant Erwan !*
« Il n'y a pas en Bretagne, il n'y en a pas un seul,
Il n'y a pas un seul saint comme saint Yves ! »
Et, pour en témoigner, voici au terme provisoire de nos recherches :

## LES QUATRE-VINGT-DIX-NEUF NOMS DE SAINT YVES

Bon. Cheun. Een. Eon. Eonet. E'ouann. Eosen. Eozen. Eozena. Eozenez. Eozenn. Eozennig. Eozenou. Ervoannic. Ervoannig. Erwana. Erwanez. Erwanig. Erwann. Erwin. Esoain. Esoen. Eudes. Eudo. Eudon. Eusen. Euuen. Euzen. Evain. Evan. Even. Evin. Evo. Evon. Ewan. Ewen. Ewon. Ezen. Hélary. Hélaury. Helori. Hélouri. Heloury. Hiouwain. Ieun. If. Iffig. Iffik. Ifig. Ioen. Iouan. Iouen. Iouenn. Iouennic. Iv. Iveine. Iven. Ivin. Ivo. Ivon. Ivonig. Izo. Izoène. Izoenn. Izoin. Izou. Iwan. Iwen. Mon. Noun. Nounn. Nun. Soen. Urvoan. Usen. Uwan. Von. Vonig. Wanig. Yeun. Yeuna. Yoen. Yon. Youen. Youenn. Youn. Youna. Youwain. Youwan. Yuen. Yuna. Yvelin. Yves. Yvette. Yvig. Yvo. Yvon. Yvona. Yvonnick.

## Yaël

**Masculin** Voir Joël.

## Yaëlle

**Féminin** Voir Joël.

## Yagu

**Masculin** Voir Jagu.

## Yann

**Masculin**

Fête le 27 Décembre et le 11 Mars. Saint Jean est fêté le 24 Juin. Ce prénom très connu correspond bien sûr au français Jean. L'évangéliste aimé de Jésus est cependant moins proche des Bretons que saint Jean-Baptiste.

« Voici l'Agneau de Dieu », avait-il déclaré en pointant vers Jésus-Christ l'index de sa main droite. Et des reliques dispersées dans toute la chrétienté de Jean-Baptiste, la plus précieuse est bien celle-ci, ce doigt offert à une abbaye normande, puis venu de son propre chef en Bretagne, en un lieu que l'on appelle aujourd'hui Saint-Jean-du-Doigt, vénéré par les ducs de Bretagne. Ce doigt guérit les affections des yeux, sur place, ou à distance si on les baigne dans l'eau du doigt proposée par le clergé.

On connaît aussi un saint du XII^e siècle dit Jean de la Grille. C'est lui qui transféra à Saint-Malo le siège de l'évêché d'Alet, alors à Saint-Servan. Jean Discalcéat (le va-nu-pieds), en breton *sant Yann Divotou*, est né en 1279 à Saint-Vougay (Finistère). Franciscain à Quimper, il y meurt de la peste noire en 1349. Il est resté très populaire à Quimper sous le nom de Santik du, « le petit saint noir ». Sous sa statue, les habitants déposent du pain, spécialement le pain noir et très dense qu'on ne trouve qu'ici, en remerciement de son intercession, et à l'attention des nécessiteux.

Yann est un prénom populaire : son ascension débute vers 1940 et culmine en 1970 avec trois mille garçons, puis il baisse régulièrement, mais reste important. Aussi Yan, moins courant, fréquent vers 1970, une centaine par an actuellement ; Iaun, apparemment inusité ; Yannig, Jan assez rare mais constant, et plus rarement Iannig en diminutif, des prénoms des années 1970. Féminin Yann, plus rare qu'au masculin, mais existant ; Yanna, pas très courant mais en augmentation ; Yannez, possible mais apparemment non donné.

Aussi Yoan, très courant depuis 1980, le pic en 1990, Yoann, très courant depuis 1970, le pic en 1990, en baisse ; Yohann *idem*.

La terminaison en *g* est la plus probante. Mais on la trouve aussi en *k*, et en *ck* qui est une forme francisée. Ainsi on trouve Yannig, Yannik, et Yannick, très courant surtout dans les années 1970. Féminin Jeannick, courant dans les années 1960 et 1970, et, cités par Luzel, Jann, Jannedig et Jannet (erratique depuis 1960). Et encore Janig, Janik, rare mais présent dans les années 1960.

Jehan Lagadeuc est l'auteur du *Catholicon*, imprimé en 1499 à Tréguier. Ce lexique en trois langues, latin, breton, et français, est aussi le premier dictionnaire de langue française – un patois qui connut une réussite exceptionnelle.

C'est un prénom très porté en Bretagne, et en dehors de la Bretagne. Citons les écrivains Yann Poilvet, Yann Queffélec, Yann Mikael, Yann Brékilien, Yan Balinec, Janig Corlay.

Le barde Yann Ar Gwen (1774-1849).

Les musiciens Yann Goasdoué, Yann-Fanch Kemener.

L'artiste Yan Dargent.

Le sculpteur Yann Larc'hantec (1829-1913).

Le géographe Yann Poupinot (1921-1976).

Le militant et linguiste Yann Sohier (1901-1935).

Le grammairien Yann Desbordes.

Et l'artiste-de-lumière Yann Kersalé. Et, bien sûr, les Tri-Yann !

## Yann-Ber

**Masculin** **Fête le 27 Décembre ou le 24 Juin.**

Illustrée par les poètes Yann-Ber Kalloc'h et Yann-Ber Piriou, c'est la forme bretonne correspondant à Jean-Pierre.

## Yaouank

Quoique Yaouank, qui signifie le jeune, soit plutôt un sobriquet, on cite un saint Yaouank, qui ne serait autre qu'un avatar de sainte Yuna, qu'on avait d'abord traduite en sainte Jeune. Voir Yuna. Fête le 2 Septembre.

## Yaouen

**Masculin** Voir Jaoua.

## Yaume

**Masculin** **Fête le 29 Juillet.**

C'est une forme abrégée pour Guillaume, qu'on relève en Haute-Bretagne. Paul Féval et Albert Poulain citent ce prénom.

## Yegu

**Masculin** Voir Jagu.

## Yekel

**Masculin** Voir Judikael.

## Yeltas

**Masculin** Voir Gweltas.

## Yeun

**Masculin** Voir Youenn.

## Yeuna

**Féminin** Voir Youenn.

## Yoan, Yoann

**Masculin** Voir Yann.

## Yoël

**Masculin** Voir Joël.

## Yoëlle

**Féminin** Voir Joël.

## Yohann

**Masculin** Voir Yann.

## Yon

**Masculin** Voir Yves.

## Yonnet

**Masculin** Voir Idunet.

## Yoran

**Masculin** Voir Jorand.

## Youenn

**Masculin** **Fête le 19 Mai.**

« J'aime beaucoup sa douceur, la bonté et la droiture qui se dégagent de ce nom », nous a écrit Virginie, qui a nommé ainsi son premier-né. Bien vu, Virginie : il y a, dans ce prénom, un peu de la douceur du Trégor.

C'est un prénom dérivé de Yves, et répandu sous différentes prononciations : Youenn apparaît vers 1960, devient courant en 2000, et reste populaire ; Youen est moins fréquent, plus récent mais en augmentation ; Yoen et Youn sont encore plus rares et plus récents, en augmentation ; Yeun ne semble pas être usité.

Au féminin, c'est Youna, courant depuis 1990 ; Yeuna, Yuna courant depuis 2000 (voir aussi Yuna).

Albert Poulain cite Louan, Anatole Le Braz Iouenn, et le diminutif Iouennic, qui sont des transcriptions de vieux breton. Aussi Ioen, Ieun. Citons le poète Youenn Gwerig, les écrivains Youenn Drezenn (1899-1972), Youenn Olier, Youenn Coic, les musiciens Youenn Le Bihan, Youenn Guillenton.

## Youn

**Masculin** Voir Youenn.

## Youna

**Féminin** Voir Youenn.

## Yuna

**Féminin** Voir Jûna. Voir aussi Youenn.

## Youwan, Youwain

**Masculin** Voir Yves.

## Yseult

**Féminin** Voir Iseult.

## Yuen

**Masculin** Voir Yves.

# Yuna

**Féminin** **Fête le 21 Août.**

Sainte venue de Galles au VIe siècle, avec son frère Envel. Ils construisirent leurs ermitages près de Belle-Isle-en-Terre. Mais, par esprit de contrition, ils ne se revirent jamais. Chaque jour à l'heure de la prière, Yuna faisait sonner sa cloche. Un jour Envel ne l'entendit plus. Alors il sut que sa sœur était morte.

Yuna est la patronne des sabotiers. Ce prénom est courant depuis 2000. Aussi Jûna. Le prénom a été francisé par les chroniqueurs ecclésiastiques en Jeune.

On cite une variante masculine Junan.

# Yvelin

**Masculin** Voir Yves.

# Yves

**Masculin** **Fête le 19 Mai.**

Saint Yves Héloury est le patron des Bretons. Un patron qui détonne dans cette saga de saints héroïques, conquérants et souvent batailleurs. Lui est humble, modeste : un modèle. Il faut dire que sa vie s'est déroulée au XIIIe siècle, bien après les temps héroïques de l'évangélisation bretonne. Ecoutons d'abord la voix de l'Eglise :

Yves Héloury naquit en 1253 au manoir de Kermartin, près de Tréguier. Il suivit son maître Jean de Kérangos à Paris, où il étudia, frappant les esprits par sa piété et sa modestie. De retour en Bretagne, ses études achevées, il devint official de l'archidiacre de Rennes. A ce titre, il jugeait des différends entre clercs et laïcs. C'était déjà un travail de juriste, justifié par ses études, et un passage à Orléans où l'on enseignait le droit. Puis il fut appelé aux mêmes fonctions à l'évêché de Tréguier, où il fut ordonné prêtre et nommé recteur (en Bretagne, on appelle le curé recteur) de Trédrez. A la croisée des affaires de Dieu et de celles des hommes, Yves se fit une grande réputation d'homme juste et de défenseur de la cause des plus pauvres.

Il fut ensuite nommé recteur de Louannec. Là aussi il fit merveille par ses actes et ses prêches, parmi une population souvent éloignée de l'Eglise. On l'admirait pour sa générosité : un jour qu'il avait distribué à ses pauvres, comme souvent, presque tout le pain retiré de son four, un mendiant hideux entra alors qu'il s'apprêtait à manger le peu qu'il lui restait. Yves lui offrit aussitôt son repas. Alors le mendiant se leva, et, sur le seuil, se retourna, lumineux et revêtu d'une robe blanche. Il dit :

« Que le Seigneur soit avec vous », et Yves sut qu'il venait de nourrir le Saint Christ.

Yves fut aussi l'auteur de nombreux miracles. Son combat auprès des plus démunis le conduisit parfois à braver avec succès les rois et les princes. Ainsi, en 1295, Philippe le Bel leva une taxe sur les biens de l'Eglise, qu'il prétendit étendre à la Bretagne. Saint Yves était alors official de Tréguier. Il refusa de céder aux prétentions outrées du roi de France, et fit mettre dans la cathédrale tous les objets précieux de l'évêché. Des officiers royaux se rendirent sur place, et s'emparèrent, en hors-d'œuvre, d'un cheval. La population de Tréguier, refusant ce coup de force, reprit le cheval. Situation tendue : la troupe française allait-elle piller par la force un lieu sacré breton ?

Le soir même, le tonnerre se déclencha. Pendant la tempête, Yves se rendit à la cathédrale, où il conversa avec les reliques de saint Tudual. Yves en revint satisfait, déclarant : « Nous pouvons nous coucher, la paix est faite. »

Le lendemain les envoyés du roi de France avaient quitté la ville.

A sa mort en 1303, son tombeau devint un lieu de pèlerinage. Le duc Jean III, appuyé par de grands personnages de l'Occident, obtint du pape Clément V l'ouverture d'un procès en canonisation. Ce fut fait en 1330, et Yves Héloury fut déclaré saint en 1347, sous le pontificat de Jean XXII.

Le culte de saint Yves n'a cessé de se maintenir depuis cette date, et lui a valu d'être déclaré saint patron de la Bretagne, dont la patronne est sainte Anne.

Saint Yves est le patron des avocats. Voici une histoire rapportée par Alexandre Masseron dans son *Histoire de saint Yves*, où se mêlent le souci de défendre les innocents et la malice du juriste :

L'affaire se passe à Tours, où Yves est appelé pour une affaire de mariage. Son hôtesse lui raconte sa mésaventure, qui est en fait une escroquerie : deux bandits lui avaient demandé de garder pour eux une mallette contenant douze cents écus d'or, qu'ils lui avaient confiée, en lui interdisant, devant témoins, de la donner à tout autre qu'eux deux réunis. Ainsi promis. Peu après, l'un des deux lui

demande la mallette pour une affaire urgente. La femme, sans malice, la lui donne. L'autre revient, crie (bien sûr) au vol et en accuse la pauvre femme, et va la faire condamner à rembourser la somme. Yves décide de la défendre. Part au tribunal, où se trouvait celui des deux voleurs qui se disait volé. Et déclare qu'il a retrouvé la mallette, intacte. L'autre crie au mensonge et dit :
« Si elle est retrouvée, montrez-la-nous, et ouvrez-la tout de suite.
— Cela m'est impossible, répond Yves. Selon les termes de votre contrat avec cette femme, nous ne pouvons l'ouvrir qu'en présence de votre associé. Faites-le venir. »
Le juge ordonna de faire venir cet associé. Le demandeur se trouvait en fort mauvaise posture. Tous deux finirent par avouer l'escroquerie, et l'on put constater que la mallette ne contenait que des ferrailles. Ils furent pendus.
Saint Yves est un mystique doublé d'un esprit pratique. Il est à ce sens une figure particulière de notre histoire : dans un Moyen Age qui s'affranchissait des légendes et des sagas pour préparer une Bretagne moderne, il passe le témoin. On lui attribue une certaine influence sur la rédaction de la *Très Ancienne Coutume de Bretagne*, rédigée peu après sa mort, qui est une œuvre de morale autant que de droit, et qui dirigea le pays de Bretagne jusqu'à la perte de son indépendance. On représente souvent Saint Yves, « Monsieur Saint Yves », entre le riche et le pauvre. Il est le patron des avocats de tous pays. Sa fête, le 19 mai, est l'occasion de rassemblements importants. On y vit, une année, le futur pape Jean XXIII.
Saint Yves est, bien sûr, enterré dans la cathédrale de Tréguier, où se trouve aussi le tombeau du duc Jean V.
Yves est un prénom d'origine celtique : *iv*, qui veut dire if. L'if est le sapin qui vit des siècles et des siècles, et que l'on n'abat pas car il est si dur qu'il brise les cognées. On trouve des ifs, souvent très vieux, aux abords des églises et des cimetières. Ce prénom était déjà courant avant la vie de saint Yves, mais il l'est bien sûr devenu encore plus après sa mort et sa canonisation. Toujours populaire, il a connu une grande faveur vers 1950 (six mille par an) mais est maintenant désuet et dépassé par ses variantes. De nombreux prénoms sont dérivés de Yves, mais certains à tort, car il est probable qu'une personnalité aussi importante dans l'histoire nationale ait « cannibalisé » des saints moins illustres : à grands saints, nombreux noms !

Diminutifs : Yvig, Yvon, (très courant, le pic vers 1950) Ivon, Ivonig, rare et récent (d'où le diminutif Von, Vonig), Yvona féminin, rare et ancien. Cette variante est francisée en Yvonnick, courant de 1940 à 1960, en régression.
Citons l'explorateur Yves de Kerguelen, dont des îles Australes portent le nom.
Yves Mayeuc fut au début du XVIe siècle évêque de Rennes, et couronna le duc de Bretagne François III ; il n'a pas été canonisé, malgré la demande des états de Bretagne.
Et aussi les (trois) sculpteurs Yves Corlay, au XVIIIe siècle.
L'explorateur Yves-Joseph de Kerguelen, qui découvrit au XVIIIe siècle l'archipel qui porte son nom.
Yvon Bourges, président du conseil régional de Bretagne jusqu'en 1998.
Le chanteur Yvon Etienne.
L'écrivain Yvon Mauffret, la femme de lettres Yvonne Chauffin.
Le poète Yvon Le Men.
Le peintre surréaliste Yves Tanguy (1900-1955), sa consœur Yvonne Jean-Haffen (1895-1993).
Le paléontologue Yves Coppens, qui a découvert Lucie en Afrique orientale : c'est peut-être le plus ancien vestige de l'homme, et, bien sûr, c'est une femme !
Les historiens Yvon Garlan, Yvonig Gicquel.

Autres formes bretonnes du prénom Yves : la plus répandue dans notre région est Erwann (voir ce nom). Anatole Le Braz cite Ervoannic comme surnom de l'Ankou, le faucheur de la mort ; car en Bretagne on donne comme sobriquets au diable, ou à ses affiliés, des noms de saints ! Aussi Izoenn*, francisé en Izoène*, cité au XIXe siècle, probable féminin de Izo*, Izoin*. Ewen (voir ce nom), Ezen* et Een francisé. Voir aussi Eozenn (qui serait un saint authentique confondu avec Yves). Voir encore Eon, Eudon.
Aussi If, diminutif Ifig, Iffig.
Aussi Youenn (voir ce nom), Cheun, Noun, Nounn.
Et aussi Iv*, Yvo (cité au XIVe siècle*), Iven, Ivin, Ivo, Iwan. Et un féminin francisé Iveine*. Et même Bon. Et peut-être Mon* (voir ce nom). Et encore, au XVIIIe siècle, ces noms qui sentent bon la vieille Bretagne : Youwan*, Youwain*, Hiouwain*, E'ouann*.

Autre titre de gloire : le patronyme de saint Yves a donné Heloury (voir ce nom), d'où Saint Halory en Pordic (Côtes-d'Armor), Saint-Hélary en Berrien (Finistère). Nous avons relevé Hélaury parmi les enfants de l'école Diwan.
Encore quelques formes francisantes attestées : Yvelin, et Yvette (qui est une sainte du XIII^e siècle). Et encore Evain, Evin, Evo.

* Prénoms extraits d'un article de Falc'hun in *Annales de Bretagne*, 1943, page 177 : « Les Divers Noms de saint Yves », qui cite aussi des variantes localisées très intéressantes :
Dans le Vannetais : Izo, Izou, Iwen, Iwan, Ewan, Evan.
Dans le Trégor : Erwan, Ewan.
En Cornouaille : Yuen, Yoen, Soen, Nun, Ewon.
Dans le Léon : Eozen, Yoen, Yon.
On le voit, la fortune onomastique de saint Yves est immense. Du reste, si les prénoms de baptême relevés sont souvent les mêmes, c'est la vie qui se chargeait (et se charge toujours) de varier les appellations pour éviter les confusions. François Falc'hun cite les surnoms donnés à des enfants baptisés Yves : dans l'enfance, Yvonik, puis à l'âge adulte Yoen. Ou Ifig, puis Yon. Quant au pauvre Jacques Oyseau, il devait avoir la tête bien en l'air en allant déclarer ses deux jumeaux au recteur de Piriac, en 1613 : ils furent tous deux dotés d'un unique prénom. Vous aurez deviné lequel : Yves, bien sûr. Ce n'est qu'au bout de treize ans qu'on se décida à en nommer un Philippe. Lequel ? La chronique ne l'a pas conservé !

## Yvette

**Féminin** Voir Yves.

## Yvi

**Masculin** Voir Ivi.

## Yvig

**Masculin** Voir Yves.

## Yvon, Yvonnick

**Masculin** Voir Yves.

## Yvona

**Féminin** Voir Yves.

## Z COMME ZILLIET

Zilliet, aussi Illiet, n'est pas un prénom, du moins pas à ce jour. Juste une île, parmi les centaines qui bordent les côtes de Bretagne. Certaines sont minuscules. D'autres n'existent même que les jours de grande marée. Beaucoup sont habitées, paysannes comme Batz, touristiques comme Belle-Ile, ou simplement îles comme Sein. Même si on y passe toujours trop vite, on n'en rentre pas indemne : vigies de notre vie du continent, elles nous renvoient à nous-mêmes.

## Zacharie

**Masculin** **Fête le 5 Novembre.**

Il nous plaisait de finir sur le biblique Zacharie, qui vient de l'hébreu Zecharia : souvenir de Dieu. Un vrai plaidoyer, et un prénom assez répandu en Bretagne, toujours présent, et qui connaît une certaine vogue depuis 1990. Une forme bretonne ancienne est Zacaria, rare, mais donnée depuis trente ans… Mais un dictionnaire des prénoms n'est jamais fini. La preuve suit :

## Zaig

**Féminin** Voir Loeiz

# CALENDRIER BRETON

Le calendrier que nous proposons ici n'a qu'une valeur relative : en effet, si certains saints bretons bénéficient d'une fête à date fixe, un grand nombre d'entre eux sont trop peu connus : on les fête à une date qui est souvent celle de leur décès, mais avec des variations selon les chroniques et les lieux.

Il faut savoir de plus qu'un grand nombre de saints étaient autrefois fêtés à une date variable, ancrée sur le calendrier liturgique : « Le mardi suivant la Pentecôte » donne évidemment une date très différente d'un an à l'autre.

On a donc choisi des conventions. Nous avons utilisé ici les dates communément utilisées par le clergé. Mais d'autres ouvrages sur ce sujet vous en proposeront d'autres. Peut-être, chez un bouquiniste, trouverez-vous le rare ouvrage de Per-Jakez Helias intitulé *Comme on connaît ses saints*, dont le calendrier breton est malicieusement dédicacé aux officiers de l'état civil.

Pour chaque jour figure le saint le plus renommé – ou le plus méritant ! – et les autres saints fêtés ce même jour.

Une autre convention est de donner dans ces calendriers le titre de « saints » à des personnages qui ne sont pas reconnus comme tels par l'Eglise.

# GENVER, JANVIER

1 ......... Sant Hélibert
2 ......... Santez Koupaia ------------------------ Lohemel
3 ......... Santez Genovefa ------------------------ Vincaton
4 ......... Sant Rumon
5 ......... Sant Konvoio ---------------------------- Tethwin
6 ......... Sant Peran ------------------------------ Thiphain
7 ......... Sant Dominig
8 ......... Sant Gurvan
9 ......... Santez Alix
10 ....... Sant Ratian
11 ....... Sant Hernin
12 .......
13 ....... Sant Enogad
14 ....... Sant Hiler ------------------------------ Enora
15 ....... Santez Aouregan
16 ....... Sant Ilfin
17 ....... Sant Anton
18 ....... Sant Gwenda --------------------------- Beatris
19 ....... Sant Brevalaer ------------------------- Tiervael
20 ....... Sant Tarieg ---------------------------- Bastian
21 ....... Santez Oan ----------------------------- Eumael. Haeloc
22 ....... Sant Doetval
23 ....... Sant Laouenan
24 ....... Sant Kado
25 ....... Sant Konhouarn
26 ....... Sant Tujen
27 ....... Sant Gilduin --------------------------- Anjela
28 ....... Santez Alwena ------------------------- Juluan. Maunoir
29 ....... Sant Gweltaz
30 ....... Santez Marzhina
31 ....... Santez Morwenna ---------------------- Gaud

# C'HWEVRER. FEVRIER

1 ......... Santez Berc'hed ------------------------- Ignoroc
2 ......... Sant Gutual
3 ......... Sant Bleiz
4 ......... Sant Morbred
5 ......... Sant Melin ------------------------------ Agata
6 ......... Sant Amand ---------------------------- Lalloc
7 ......... Sant Aodren ---------------------------- Derhen
8 ......... Sant Jagu
9 ......... Sant Telo
10 ........ Sant Vellé
11 ........ Sant Ehouarn
12 ........ Sant Riog -------------------------------- Glaode
13 ........ Sant Gwengal -------------------------- Liczenn
14 ........ Sant Biavili
15 ........ Sant Glaudan
16 ........ Sant Eliaz
17 ........ Sant Kireg
18 ........ Sant Riwan
19 ........ Sant Tiernvael -------------------------- Gedouin
20 ........ Sant Legar ------------------------------ Olcan
21 ........ Santez Gwenn -------------------------- Dinan
22 ........ Sant Evarzheg -------------------------- Aesa. Izabell
23 ........ Sant Madeg
24 ........ Sant Kenan
25 ........ Sant Roparzh
26 ........ Sant Armahel
27 ........ Sant Onen
28 ........ Sant Rivelen ---------------------------- Ruellen
29 ........

# Meurzh. Mars

1 .......... Santez Nonn et Sant Dewi ------------ Aubin
2 .......... Sant Jaoua
3 .......... Sant Gwenole -------------------------Gwenivar. Quémeau.
4 .......... Sant Elven
5 .......... Sant Gérand
6 .......... Sant Senan
7 .......... Sant Nevenoe
8 .......... Sant Sezni
9 .......... Santez Glannon ----------------------- Feliz
10 ........ Sant Vellé
11 ........ Sant Yann
12 ........ Sant Pol ---------------------------------- Mabbon
13 ........ Sant Kemo ---------------------------- Jos
14 ........ Sant Egareg
15 ........ Santez Héloise
16 ........ Santez Loeiza
17 ........ Sant Padrig
18 ........ Sant Kiril
19.......... Sant Job --------------------------------- Corbase. Mansuet.
20 ........ NEVEZ AMZER-PRINTEMPS
21 ........ Sant Benniged
22 ........ Santez Darerea
23 ........ Sant Justog
24 ........ Santez Kristell
25 ........ Sant Mordiern ------------------------- Petrounel
26 ........ Sant Goau
27 ........ Sant Louarn
28 ........ Sant Evemer
29 ........ Santez Madalen ----------------------- Gladez
30 ........
31 ........ Sant Gwion

# EBREL, AVRIL

1 .......... Sant Gonval
2 .......... Sant Aubert
3 .......... Sant Iduned
4 .......... Sant Goneri ----------------------------- Alman
5 .......... Sant Visant
6 .......... Sant Brecan ----------------------------- Neven
7 .......... Sant Cleden
8 .......... Santez Giulia
9 .......... Sant Meldroc --------------------------- Glannon
10 ........ Sant Aubert
11 ........
12 ........
13 ........ Sant Karadeg
14 ........ Sant Donan
15 ........ Santez Juvette
16 ........ Sant Patern
17 ........ Sant Even
18 ........
19 ........ Sant Gestin
20 ........ Sant Catwallon
21 ........ Sant Hamon
22 ........ Sant Lacop et sant Pekan
23 ........ Sant Jord
24 ........ Sant Donan
25 ........ Sant Marc'h
26 ........ Sant Clet
27 ........
28 ........ Sant Louziern
29 ........ Sant Secondel
30 ........ Santez Onnen

## MAE. MAI

1 .......... Sant Brieg -------------------------------- Aza. Paskal
2 .......... Santez Aenor
3 .......... Sant Ewen -------------------------------- Fulup. Gurvant
4 .......... Sant Eneour
5 .......... Santez Ael
6 ..........
7 .......... Sant Neventer
8 .......... Santez Tunvel --------------------------- Tunvez
9 ..........
10 ........ Sant Gwenganton ------------------------ Agathon
11 ........ Sant Tudi ---------------------------------- Mayeul
12 ........ Sant Servan
13 ........ Sant Mael----------------------------------- Maelwenn
14 ........ Sant Pever -------------------------------- Julitte. Servais
15 ........ Sant Primel
16 ........ Sant Brendan
17 ........ Sant Tudon
18 ........ Sant Karanteg --------------------------- Erik
19 ........ Sant Erwa -------------------------------- Dérivés de Yves
20 ........
21 ........ Santez Awen ----------------------------- Konstantin
22 ........ Sant Votrom ----------------------------- Milig
23 ........ Sant Bili
24 ........ Sant Donasian et Rogatian
25 ........
26 ........ Sant Sieuc -------------------------------- Bérenger
27 ........
28 ........ Sant Jorand
29 ........ Sant Riagad
30 ........
31 ........ Sant Nerin

# MEZHEVEN, JUIN

1 .......... Sant Ronan
2 .......... Santez Ermengarde
3 .......... Sant Kevin
4 .......... Santez Ninnog ---------------------------- Jugon. Sever
5 .......... Sant Pereg
6 .......... Sant Gurval ------------------------------ Goal
7 .......... Sant Meriadeg
8 .......... Sant Medar
9 .......... Santez Diana
10 ........
11 ........ Sant Majan --------------------------------- Barnaba
12 ........
13 ........ Sant Herbot
14 ........ Sant Dogmael
15 ........ Sant Nonna
16 ........ Sant Similien ------------------------------ Cyr
17 ........ Sant Herve
18 ........ Sant Maelgon ---------------------------- Aubert
19 ........ Santez Riwanon
20 ........ Sant Marcan
21 ........ Sant Méen
22 ........ Sant Aaron
23 ........ Santez Gwentroc
24 ........ Sant Yann
25 ........ Sant Salaun -------------------------------- Gohard
26 ........ Santez Gwenvred ------------------------ Alban
27 ........
28 ........ Sant Austole
29 ........ Sant Per ----------------------------------- Riagad
30 ........ Sant Kast

# GOUERE. JUILLET

1 .......... Sant Goulven ---------------------------- Goulc'han
2 .......... Sant Luner ---------------------------------- Oudocée
3 .......... Sant Diboan ------------------------------ Gouziern
4 .......... Sant Ballay ---------------------------------- Bertet
5 .......... Sant Mars
6 .......... Santez Nolwenn
7 .......... Sant Teî ------------------------------------- Feliz
8 .......... Sant Brecan
9 .......... Sant Kyrio
10 ........ Sant Pasquier
11 ........
12 ........ Sant Menou ------------------------------ Olier
13 ........ Sant Turio ---------------------------------- Herri. Hoel. Joël
14 ........ Santez Iseult
15 ........ Sant Riwal
16 ........ Sant Tenenan
17 ........ Sant Hélier
18 ........ Sant Tivizio
19 ........ Sant Maden
20 ........
21 ........ Santez Trifina
22 ........ Sant Aaron
23 ........ Santez Sève---------------------------------- Ravent
24 ........ Sant Miliau
25 ........ Sant Jakez
26.......... Santez Anna ---------------------------------- Cristoc'h. Joachim
27 ........ Sant Brewan
28 ........ Sant Samzun ------------------------------ Heneg. Nazer
29 ........ Sant Gwilherm -------------------------- Loig. Raffig
30 ........ Sant Génevé
31 ........ Sant Germain ---------------------------- Igeau

# EOST. AOUT

1 .........
2 ......... Sant Friard
3 ......... Sant Bergat
4 ......... Sant Uniac
5 ......... Sant Avel --------------------------------- Ahès
6 ......... Santez Dahud --------------------------- Aubert
7 .........
8 ......... Sant Gwenneg --------------------------- Dominig
9 ......... Sant Erle
10 ........ Santez Sterenn
11 ........ Sant Ergat
12 ........ Santez Sklerijenn
13 ........ Sant Rion
14 ........ Sant Lavant
15 ........ Santez Mari ----------------------------- Maiann. Mailis.
........... Maiwenn
16 ........ Sant Arzhel -------------------------------- Roch
17 ........ Sant Gulcien et Gulien
18 ........ Santez Helen
19 ........ Sant Gwennin
20 ........ Sant Filberzh
21 ........ Santez Yuna
22 ........ Sant Emilion
23 ........ Santez Rozenn
24 ........ Sant Bartele
25 ........ Sant Gurloës ---------------------------- Jungomar. Loeiz
26 ........
27 ........ Santez Mona
28 ........ Sant Elouan
29 ........ Sant Fiakr
30 ........ Sant Edern
31 ........

# GWENGOLO, SEPTEMBRE

1 ......... Sant Jili
2 ......... Sant Just
3 ......... Sant Kavan
4 ......... Santez Roza
5 ......... Sant Koneg
6 ......... Sant Tegoneg
7 .........
8 ......... Sant Alan ---------------------------------- Drien
9 ......... Santez Ozvan
10 ........
11 ........ Sant Glen---------------------------------- Marbode
12 ........ Sant Lewias
13 ........ Sant Gregor
14 ........ Sant Maodan ------------------------------ Lubin
15 ........ Santez Erell ------------------------------ Nigouden
16 ........ Sant Cornély------------------------------ Ninian
17 ........ Sant Urfol
18 ........ Sant Dider
19 ........ Sant Riware ------------------------------ Ozvan
20 ........ Santez Gwellaouen ---------------------- Egat
21 ........ Sant Mazhe
22 ........ Sant Emeran ------------------------------ Morvan
23 ........ Sant Solen
24 ........ Sant Tekl
25 ........
26 ........ Sant Oedmal
27 ........ Santez Lupita ---------------------------- Comméan
28 ........ Sant Konan
29 ........ Sant Charlez ----------------------------- Gabig. Mikael
30 ........ Sant Leri

# Here. Octobre

1 .......... Santez Urielle
2 .......... Sant Suliac ------------------------------- Melar
3 .......... Sant Fragan-------------------------------- Canita. Klervi
4 .......... Sant Fransez ----------------------------- Fanch
5 .......... Sant Moris
6 .......... Sant Ivi
7 .......... Sant Ke
8 .......... Santez Morgan
9 .......... Sant Denez
10 ........ Sant Kler
11 ........ Sant Guinien ---------------------------- Loman
12 ........
13 ........
14 ........ Santez Enora
15 ........ Sant Konogan -------------------------- Aourell
16 ........ Sant Gall ---------------------------------Bertram.Enora.
Vio
17 ........ Sant Segal ------------------------------ Gael
18 ........ Sant Lucaz
19 ........ Sant Ethbin-------------------------------- Renea. Reun
20 ........ Sant Moran-------------------------------- Marine
21 ........ Santez Steren -------------------------- Judual. Juvat
22 ........ Sant Morvan ---------------------------- Benead. Modéran
23 ........ Santez Constance
24 ........ Sant Maglo ------------------------------ Marzhin
25 ........ Sant Gouesnou--------------------------Tudona
26 ........ Sant Alor --------------------------------- Bona
27 ........ Santez Argantel
28 ........ Santez Elibouban
29 ........ Santez Landouen
30 ........ Santez Bienvenue
31 ........

# Du. Novembre

1 ......... Sant Grallon ---------------------------- Pyriec. Toussaint.
............ Vollon
2 ......... Sant Mieu
3 ......... Sant Gwenael -------------------------- Levenez
4 ......... Santez Franseza
5 ......... Sant Gwezheneg------------------------ Kerrien. Zacharie
6 ......... Sant Efflam ------------------------------ Condeloc. Gestin.
............ Linart. Melaine
7 ......... Sant Ildut---------------------------------- Blenlived
8 ......... Sant Tremeur---------------------------- Geoffroy
9 ......... Sant Mathurin ------------------------- Théodore
10 ....... Sant Govran
11 ....... Santez Franseza ---------------------- Arneg
12 ....... Sant Kristen ---------------------------- Tristan
13 ....... Sant Brizh
14 .......
15 ....... Sant Malo ------------------------------- Arthur
16 ....... Santez Marc'harid--------------------- Perlezenn
17 ....... Sant Inan
18 ....... Sant Maodez
19 ....... Sant Tangi ------------------------------ Ethbin
20 ....... Sant Bran
21 ....... Sant Colomban
22 ....... Santez Aziliz
23 ....... Sant Bieuzi
24 ....... Santez Bleuzen------------------------ Houardon
25 ....... Santez Katell--------------------------- Hermeland
26 .......
27 ....... Sant Goustan
28 ....... Santez Eodez
29 .......
30 ....... Sant Tudal ------------------------------ Andrev. Pabu

# KERZU, DECEMBRE

1 .......... Sant Alar ---------------------------------- Bretoch
2 .......... Sant Tadeg
3 .......... Sant Envel
4 .......... Santez Barba
5 .......... Sant Houarvian
6 .......... Sant Nikolaz
7 .......... Santez Azenor
8 .......... Sant Fingar
9 .......... Sant Budog
10.......... Sant Couleth
11.......... Sant Envel ---------------------------------- Dan. Deniel.
---------------------------------------------------------- Fiteven. Kristen
12.......... Sant Kaourintin
13.......... Sant Judog ---------------------------------- Josselin. Luca
14.......... Sant Eginer ---------------------------------- Nic
15.......... Santig du
16.......... Sant Judikael ---------------------------------- Envel. Hoel
17.......... Sant Briag
18.......... Sant Munis
19.......... Sant Jud ---------------------------------- Judael
20..........
21.......... Sant Venier ---------------------------------- Klervi. Tomaz
22..........
23.......... Sant Gwenvael
24.......... Sant Denoual
25.......... Nedeleg ---------------------------------- Koulm
26.......... Sant Stefan ---------------------------------- Stévan
27.......... Sant Yann
28..........
29.......... Sant Bernez
30.......... Santez Tirid
31.......... Sant Selvestr ---------------------------------- Egreas

# BIBLIOGRAPHIE


## PRENOMS

LE MENN Gwenole, *Grand Choix de prénoms bretons*, Coop Breizh, 1990.
MANAH, *Prénoms des pays celtiques*, Editions Jos Le Doaré, 1980.

## LA BRETAGNE

CHABOSEAU A., *Histoire de la Bretagne avant le XIII^e siècle*, La Bonne Idée, 1926.
FELIX Bernard, *Des légions romaines aux saints bretons*, Coop Breizh, 1993.
CHEDEVILLE André, *Histoire de la Bretagne*, Editions Ouest-France, 1996.
CHEDEVILLE André, GUILLOTEL Hubert, *La Bretagne des saints et des rois*, Editions Ouest-France.
LE BRAZ Anatole, *Magies de la Bretagne*, Bouquins, Robert Laffont, 1994, 2 tomes.
LE SCOUEZEC Gwench'lan, *Guide de la Bretagne mystérieuse*, Tchou, 1966.
Abbé H. POISSON, *Histoire de Bretagne*, 1959.
RENOUARD Michel, *Guide de Bretagne*, Editions Ouest-France, 1977.

## CONTES ET LEGENDES

AUBERT O.-L., *Légendes traditionnelles de la Bretagne*, Louis Aubert, 1946.
HERSART de la VILLEMARQUÉ Théodore, *le Barzaz Breiz*.
LE NAIL Bernard, *Explorateurs et grands voyageurs bretons*, Gisserot, 1998.
LUZEL F.-M., *Chants et chansons populaires de la Basse-Bretagne*, Maisonneuve et Larose, 1971, 2 tomes.
LUZEL F.-M., *Contes inédits, carnets de collectage*, Presses universitaires de Rennes, Terre de Brume, 1996, 3 volumes.
POULAIN Albert, *Contes et Légendes de Haute-Bretagne*, Editions Ouest-France, 1995.

## Patronymes et personnalités

DESHAYES Albert, *Dictionnaire des noms de famille bretons*, Le Chasse-Marée-ArMen, 1995.

ROSTRENEN Grégoire de, *Dictionnaire français-celtique*, 1732, réimpression de 1834.

SALMON-LEGAGNEUR Emmanuel (sous la direction de), *Les noms qui ont fait l'histoire de Bretagne*, Editions Coop-Breizh et Institut culturel de Bretagne, 1997, 446 p.

## Saints bretons

BRISBOIS Eléonore, *Pardons et pèlerinages en Bretagne et Normandie*, Editions Danaé, 1994.

GARABY chanoine M. de, *Vies des bienheureux et des saints de Bretagne*, Williamson, 1991 (réimpression de l'édition originale de 1839).

HELIAS Per-Jakez, *Comme on connaît ses saints*, Ar Pilhaouer, 1962.

LE GRAND Albert, *Les Vies des saints de la Bretagne armorique*, 1634. Réédition de 1901.

MERDRIGNAC Albert, *Les Saints bretons*, Editions Ouest-France, 1996.

ROYER Eugène, *Fontaines sacrées et saints guérisseurs*, Gisserot, 1994.

## Langue et toponymie

FAVEREAU Francis, *Geriadur ar Brezhonec a-vreman*, Skol Vreizh, 1997.

Institut culturel de Bretagne (collectif), *Répertoire bilingue des noms de lieux de Bretagne*, 1993.

PLONEIS Jean-Marie, *L'Identité bretonne*, Editions du Félin, 1996.

PRIZIAC Michel, *Noms des îles de Bretagne*, Michel Priziac Editions, 1997.

VALLERIE Erwan, *Villes et bourgs de Bretagne*, Le Chasse-Marée, 1996.

# Index phonetique

Cet index donne la liste de tous les prénoms et variantes contenus dans cet ouvrage.
La première colonne donne la liste des prénoms.
La seconde colonne donne la prononciation en alphabet phonétique international (voir ci-dessous).
La troisième colonne donne le genre du prénom. Il ne faut pas y voir de règle immuable : il est courant en Bretagne de donner des prénoms dits masculins aux petites filles. Nous avons essayé, pour les prénoms qui sont couramment utilisés pour les deux sexes, de mettre en premier le genre qui correspond à l'origine du prénom.
La quatrième colonne donne le prénom « principal » auquel se rattache le prénom de la première colonne. C'est à ce prénom principal que l'on trouvera la notice détaillée.

## Alphabet phonetique international.

Nous avons utilisé pour la prononciation l'alphabet phonétique international. Une solution plus aisée eût été de donner une prononciation littérale « à la française ». Mais elle peut être source de confusions. La prononciation que nous donnons n'a qu'une valeur indicative : les divers accents bretons se chargent d'imprimer les nuances locales. De plus, les prénoms, comme d'ailleurs les noms de lieux, ont gardé bon nombre d'archaïsmes qui n'ont plus cours dans la langue écrite, et même orale. Nous avons pensé que cette richesse devait être gardée : elle n'interfère pas dans le processus d'unification de la langue. Cependant, la prononciation donnée est dans l'ensemble celle du breton moderne, ou du français pour les prénoms dont l'origine et l'utilisation sont clairement de Bretagne francisante.
Les nombreuses nuances de prononciation font que les voyelles longues et brèves n'ont pas, ou peu en général, été signalées.
Voici quels sont les signes utilisés, et leurs correspondants en prononciation française :

# voyelles :

| | | |
|---|---|---|
| a | [ɑ] | comme **a**nna |
| é | [e] | comme **e**dern |
| è | [ɛ] | comme ed**er**n |
| e | [ø] | comme joc**e**lyne |
| eu | [œ] | comme trev**eu**r |
| i | [i] | comme **i**von |
| o fermé | [o] | comme az**o** |
| o ouvert | [ɔ] | comme b**o**nne |
| ou | [u] | comme al**ou**r |
| u | [y] | comme th**u**meth |

# voyelles nasales

| | | |
|---|---|---|
| an | [ɑ̂] | comme **an**drea |
| in | [ɛ̂] | comme aub**in** |
| on | [ô] | comme iv**on** |

# semi-consonnes

| | | |
|---|---|---|
| iu | [j] | comme **iu**dhael |
| ia | [j] | comme **ia**nnig |
| io | [j] | comme mil**io** |
| y | [j] | comme **y**ouenn |
| w | [w] | comme ja**ou**a |
| ui | [ɥ] | comme gid**ui** |

# CONSONNES

| | | |
|---|---|---|
| b | [b] | comme **b**erta |
| d | [d] | comme **d**ominig |
| f | [F] | comme **f**anch |
| g dur | [g] | comme **g**ael |
| k | [k] | comme **k**evin |
| l | [l] | comme **l**ena |
| m | [m] | comme **m**arzhin |
| n | [n] | comme **n**innog |
| p | [p] | comme **p**adrig |
| r | [r] | comme **r**onan |
| s | [s] | comme **s**olenn |
| t | [t] | comme **t**elo |
| v | [v] | comme **v**iviane |
| ch | [ʃ] | comme **ch**eun |
| j | [ʒ] | comme **j**akez |
| gn | [¯] | comme i**gn**ace |
| c'h | [ɦ] | comme ar**c'h**antel |
| z | [z] | comme aziliz |

| | | | |
|---|---|---|---|
| **Aanor** | aːnɔr | **f** | **Aenor** |
| **Aaron** | aːrô | **m** | **Aaron** |
| **Abel** | aːbɛl | **m** | **Avel** |
| **Abélard** | abelar | **m** | **Abélard** |
| **Abibon** | abibô | **m** | **Diboan** |
| **Adou** | adu | **f** | **Azou** |
| **Adrien** | adriɛ̂ | **m** | **Drien** |
| **Ael** | aːɛl **ou** ɛl | **f,m** | **Ael** |
| **Aela** | aela **ou** ɛla | **f** | **Ael** |
| **Aelez** | aelɛz **ou** ɛlɛz | **f** | **Ael** |
| **Aelig** | aelik **ou** ɛlik | **m,f** | **Ael** |
| **Aenor** | aenɔr **ou** ɛnɔr | **f** | **Aenor** |
| **Aesa** | aeza **ou** ɛza | **f** | **Aesa** |
| **Agapet** | agapɛ | **m** | **Egat** |
| **Agata** | agata | **f** | **Agata** |
| **Agathon** | agatô | **m** | **Agathon** |
| **Agnan** | āâ | **m** | **Inan** |
| **Ahès** | aɛs | **f** | **Ahès** |
| **Aignan** | ɛ̄â | **m** | **Inan** |
| **Ailvin** | ɛlvin | **m** | **Ailvin** |
| **Alain** | alɛ̂ | **m** | **Alain** |
| **Alan** | alâ-n | **m** | **Alan** |
| **Alana** | alana | **f** | **Alan** |
| **Alanic** | alanik | **m** | **Alan** |
| **Alanig** | alanik | **m** | **Alan** |
| **Alanik** | alanik | **m** | **Alan** |
| **Alaon** | alâ-n | **m** | **Alan** |
| **Alar** | alar | **m** | **Alar** |
| **Alara** | alara | **f** | **Alar** |
| **Alban** | albâ | **m** | **Alban** |
| **Albane** | alban | **f** | **Alban** |
| **Albin** | albin | **m** | **Aubin** |
| **Albina** | albina | **m** | **Aubin** |
| **Aler** | alɛr | **m** | **Alar** |

| | | | |
|---|---|---|---|
| **Alera** | alera | **f** | **Alar** |
| **Algon** | algô | **m** | **Algon** |
| **Alix** | aliks | **f** | **Alix** |
| **Allain** | alɛ̂ | **m** | **Alan** |
| **Allan** | alâ-n | **m** | **Alan** |
| **Allant** | alât | **m** | **Alman** |
| **Allant-et-Venant** | alât | **m** | **Alman** |
| **Allore** | alɔr | **m** | **Alor** |
| **Alman** | almâ-n | **m** | **Alman** |
| **Alon** | alon | **m** | **Alan** |
| **Alor** | alɔr | **m** | **Alor** |
| **Alour** | alur | **m** | **Alar** |
| **Alwena** | alwena | **f** | **Alwena** |
| **Alwenna** | alwena | **f** | **Alwena** |
| **Aman** | amâ | **m** | **Amand** |
| **Amand** | amâ | **m** | **Amand** |
| **Amanz** | amâz | **m** | **Amand** |
| **Ana** | ana | **f** | **Anna** |
| **Andrea** | âdrea | **f** | **Andrev** |
| **Andreo** | âdreo | **m** | **Andrev** |
| **Andres** | âdrɛs | **m** | **Andrev** |
| **Andrev** | âdreo | **m** | **Andrev** |
| **Anjela** | âʒela **ou** â-nʒela | **f** | **Anjela** |
| **Anjelina** | âʒelina **ou** â-nʒelina | **f** | **Anjela** |
| **Anna** | ana | **f** | **Anna** |
| **Annaec** | anaɛk | **m** | **Anna** |
| **Annaeg** | anaɛk | **m** | **Annaeg** |
| **Annaig** | anaik | **f** | **Anna** |
| **Annaog** | anaɔk | **m** | **Annaeg** |
| **Anna-Vari** | aːna-vari | **f** | **Anna-Vari** |
| **Annwenn** | anwɛn | **f** | **Annwenn** |
| **Antoën** | âtwɛn | **m** | **Anton** |
| **Antoine** | âtwan | **m** | **Anton** |
| **Anton** | âtɔn | **m** | **Anton** |

| | | | |
|---|---|---|---|
| **Antona** | âtona | **f** | **Anton** |
| **Aoda** | oda | **f** | **Eodez** |
| **Aodez** | odɛz | **f** | **Eodez** |
| **Aodren** | odrɛn | **m,f** | **Aodren** |
| **Aoldren** | odrɛn | **m,f** | **Aodren** |
| **Aoperzh** | opɛrs | **m** | **Aubert** |
| **Aotrom** | otrɔm | **m** | **Votrom** |
| **Aouen** | wɛːn | **m,f** | **Awen** |
| **Aouregan** | oregâ-n | **f** | **Aouregan** |
| **Aouregen** | oregɛn | **f** | **Aouregan** |
| **Aouregon** | oregô-n | **f** | **Aouregan** |
| **Aoureguenn** | oregwɛn | **f** | **Aouregan** |
| **Aouregwenn** | oregwɛn | **f** | **Aouregan** |
| **Aourell** | orɛl | **f** | **Aourell** |
| **Aourgen** | orgɛn | **f** | **Aouregan** |
| **Arc'hantael** | arɦântɛl **ou** aɛl | **f** | **Argantel** |
| **Arc'hantel** | arɦântɛl | **f** | **Argantel** |
| **Argantael** | argântɛl **ou** aɛl | **f** | **Argantel** |
| **Argantel** | argântɛl | **f** | **Argantel** |
| **Armahel** | armɛl | **m** | **Armahel** |
| **Armel** | armɛl | **m,f** | **Armel** |
| **Armela** | armela | **f** | **Armel** |
| **Armoel** | armwɛl | **m** | **Armahel** |
| **Arnec** | arnɛk | **m** | **Arneg** |
| **Arneg** | arnɛk | **m** | **Arneg** |
| **Arthur** | artyr | **m** | **Arthur** |
| **Artus** | artys | **m** | **Arthur** |
| **Arzela** | arzela | **f** | **Armel** |
| **Arzeur** | arzœr | **m** | **Arthur** |
| **Arzhel** | arzɛl | **m,f** | **Armel** |
| **Arzhela** | arzela | **f** | **Armel** |
| **Arzhelenn** | arzelɛn | **f** | **Armel** |
| **Arzhelez** | arzelɛz | **f** | **Armel** |
| **Arzhul** | arzyl | **m** | **Arthur** |

| | | | |
|---|---|---|---|
| **Arzhula** | arzyla | **f** | **Arthur** |
| **Arzhulenn** | arzylɛn | **f** | **Arthur** |
| **Arzhur** | arzyr | **m** | **Arthur** |
| **Arzhurenn** | arzyrɛn | **f** | **Arthur** |
| **Arzur** | arzyr | **m** | **Arthur** |
| **Aspasie** | aspazi | **f** | **Koupaia** |
| **Atzul** | azyl | **m** | **Arthur** |
| **Aubert** | obɛr | **m** | **Aubert** |
| **Aubin** | obɛ̂ | **m** | **Aubin** |
| **Aude** | od | **f** | **Eodez** |
| **Audrain** | odrɛ̂ | **m** | **Aodren** |
| **Audran** | odrâ | **f,m** | **Aodren** |
| **Audren** | odrɛn | **m,f** | **Aodren** |
| **Audrena** | odrena | **f** | **Aodren** |
| **Auffrai** | ofrɛ | **m** | **Auffray** |
| **Auffray** | ofrɛ | **m** | **Auffray** |
| **Auregan** | oregâ-n | **f** | **Aouregan** |
| **Austole** | ostɔl | **m** | **Austole** |
| **Autrom** | otrɔm | **m** | **Votrom** |
| **Avel** | avɛl | **m** | **Avel** |
| **Avela** | avela | **f** | **Avel** |
| **Aven** | avɛn | **f** | **Awen** |
| **Avénie** | aveni | **f** | **Awen** |
| **Avit** | avit | **m** | **Dewi** |
| **Avoye** | avwa | **f** | **Avoye** |
| **Awen** | awɛn | **m,f** | **Awen** |
| **Awena** | awena | **f** | **Awen** |
| **Axel** | aKsɛl | **m,f** | **Axel** |
| **Aza** | asa | **m** | **Aza** |
| **Azenor** | azenɔr | **f** | **Azenor** |
| **Aziliz** | aziliz | **f** | **Aziliz** |
| **Azo** | azo | **f** | **Azou** |
| **Azou** | azu | **f** | **Azou** |
| **Bachla** | bakla | **m** | **Ballay** |

| | | | |
|---|---|---|---|
| **Balae** | balɛ | m | **Ballay** |
| **Ballay** | balɛ | m | **Ballay** |
| **Barba** | barba | f | **Barba** |
| **Barban** | barbâ-n | f | **Barba** |
| **Barbe** | barb | f | **Barba** |
| **Barnabas** | barbanas | m | **Barnabas** |
| **Bartele** | bartele | m | **Bartele** |
| **Barthélémy** | bartelemi | m | **Bartele** |
| **Bastian** | bastjâ | m | **Bastian** |
| **Beatris** | beatris | f | **Beatris** |
| **Bedan** | bedâ | m | **Brendan** |
| **Benead** | benead | m | **Benead** |
| **Benedig** | benedik | k | **Benniged** |
| **Benniged** | bɛnigɛt | m | **Benniged** |
| **Bénone** | benɔn | f | **Bénoni** |
| **Bénoni** | benoni | m | **Bénoni** |
| **Berc'hed** | bɛrɦɛt | f | **Berc'hed** |
| **Bérenger** | berâʒe | m | **Bérenger** |
| **Bergat** | bɛrgat | m | **Bergat** |
| **Berhed** | bɛrɦɛt | f | **Berc'hed** |
| **Berhedig** | bɛrɦedik | f | **Berc'hed** |
| **Bernabas** | bɛrnabas | m | **Barnabas** |
| **Bernabé** | bɛrnabé | m | **Barnabas** |
| **Bernez** | bɛrnɛs | m | **Bernez** |
| **Berta** | bɛrta | f | **Bertet** |
| **Bertel** | bɛrtɛl | m | **Bartele** |
| **Bertele** | bɛrtele | m | **Bartele** |
| **Bertet** | bɛrtɛt | f | **Bertet** |
| **Berthe** | bɛrt | f | **Bertet** |
| **Bertram** | bɛrtram | m | **Bertram** |
| **Bertrand** | bɛrtrâ | m | **Bertram** |
| **Bertrom** | bɛrtrɔm | m | **Bertram** |
| **Beuzec** | bøzɛk | m | **Budog** |
| **Beuzeg** | bøzɛk | m | **Budog** |

| | | | |
|---|---|---|---|
| **Beuzy** | bøzi | **m** | **Bieuzi** |
| **Biabile** | bjabil | **m** | **Biabile** |
| **Biavili** | bjavili | **m** | **Biabile** |
| **Bienvenue** | bjɛ̂vøny | **f,m** | **Bienvenue** |
| **Bieuzi** | bjøzi | **m** | **Bieuzi** |
| **Bieuzy** | bjøzi | **m** | **Bieuzi** |
| **Bihui** | biɦɥ | **m** | **Bieuzi** |
| **Bili** | bili | **m** | **Bili** |
| **Bily** | bili | **m** | **Bili** |
| **Binidig** | binidik | **f** | **Benniged** |
| **Bizien** | bizj̥ɛ̂ | **m** | **Bizien** |
| **Blaes** | blɛz | **m** | **Bleas** |
| **Blaise** | blɛz | **m** | **Bleas** |
| **Bleas** | bleas | **m** | **Bleas** |
| **Bleiz** | blɛz | **m** | **Bleiz** |
| **Blenlived** | blɛnlivɛt | **m** | **Blenlived** |
| **Blésin** | blezin | **m** | **Bleiz** |
| **Bleuenn** | bløɛn | **f** | **Bleuzen** |
| **Bleunienn** | blønіɛn | **f** | **Bleuzen** |
| **Bleunvenn** | blønvɛn | **f** | **Bleuzen** |
| **Bleuzen** | bløzɛn | **f** | **Bleuzen** |
| **Bleuzenn** | bløzɛn | **f** | **Bleuzen** |
| **Blevileguet** | blevilgɛt | **m** | **Blenlived** |
| **Blezou** | blezu | **f** | **Bleiz** |
| **Bodmael** | bodmɛl | **m** | **Bodmael** |
| **Bodoc** | bodɔk | **m** | **Budog** |
| **Bodvael** | bodvɛl | **m** | **Budog** |
| **Bolcan** | bolkɑ̂ | **m** | **Olcan** |
| **Bon** | bɔn | **m** | **Yves** |
| **Bona** | bona | **f** | **Bona** |
| **Bonne** | bɔn | **f** | **Bona** |
| **Bonus** | bonys | **m** | **Maden** |
| **Bozael** | bozɛl | **m** | **Budog** |
| **Bran** | brɑ̂-n | **m** | **Bran** |

| | | | |
|---|---|---|---|
| **Brandan** | brâ-ndâ-n | **m** | **Brendan** |
| **Branwalatr** | brâ-valatr | **m** | **Brevalaer** |
| **Brecan** | brekâ | **m** | **Brecan** |
| **Brec'han** | breɦâ | **m** | **Brecan** |
| **Brec'hed** | breɦɛt | **f** | **Berc'hed** |
| **Brenda** | brɛnda | **f** | **Brendan** |
| **Brendam** | brɛndam | **m** | **Brendan** |
| **Brendan** | brɛndâ-n | **m** | **Brendan** |
| **Brendana** | brɛndana | **f** | **Brendan** |
| **Bretoch** | bretɔɦ | **m** | **Bretoch** |
| **Breval** | breval | **m** | **Brevalaer** |
| **Brevala** | brevala | **f** | **Brevalaer** |
| **Brevalaer** | brevalɛr | **m** | **Brevalaer** |
| **Brévalaire** | brevalɛr | **f** | **Brévalaer** |
| **Brevaler** | brevalɛr | **m** | **Brevalaer** |
| **Brévin** | brevin | **m** | **Brewen** |
| **Brewal** | breval **ou** brewal | **m** | **Brevalaer** |
| **Brewalan** | brevalâ **ou** brewalâ | **m** | **Brevalaer** |
| **Brewalen** | brevalɛn **ou** brewalɛn | **m** | **Brevalaer** |
| **Brewen** | brewɛn | **m** | **Brewen** |
| **Briac** | briak | **m** | **Briag** |
| **Briag** | briak | **m** | **Briag** |
| **Briaga** | briaga | **f** | **Briag** |
| **Briagez** | briagɛz | **f** | **Briag** |
| **Brian** | bri-an | **m** | **Briag** |
| **Briant** | bri-â | **m** | **Brient** |
| **Briavel** | briavɛl | **m** | **Brieg** |
| **Brice** | bris | **m** | **Brizh** |
| **Brieg** | bri-ɛk | **m** | **Brieg** |
| **Briega** | briga **ou** briega | **f** | **Brieg** |
| **Briegenn** | brigɛn **ou** briegɛn | **f** | **Brieg** |
| **Briek** | bri-ɛk | **m** | **Brieg** |
| **Brient** | briâ | **m** | **Brient** |
| **Brieuc** | briø | **m** | **Brieg** |

| | | | |
|---|---|---|---|
| **Brigitte** | briʒit | **f** | **Berc'hed** |
| **Brimael** | brimɛl | **m** | **Brieg** |
| **Briog** | briɔk | **m** | **Brieg** |
| **Bristok** | bristɔk | **m** | **Bristok** |
| **Briton** | britô | **m** | **Bretoch** |
| **Brivael** | brivɛl | **m** | **Brieg** |
| **Briwal** | briwal | **m** | **Brieg** |
| **Briz** | briz | **m** | **Brizh** |
| **Brizh** | briz | **m** | **Brizh** |
| **Brolade** | brolad | **f** | **Brevalaer** |
| **Brôladre** | broladr | **f** | **Brevalaer** |
| **Budic** | bydik | **m** | **Budog** |
| **Budig** | bydik | **m** | **Budog** |
| **Budoc** | bydɔk | **m** | **Budog** |
| **Budog** | bydɔk | **m** | **Budog** |
| **Buvael** | byvɛl | **m** | **Budog** |
| **Buzig** | byzik | **m** | **Budog** |
| **Buzy** | byzi | **m** | **Bieuzi** |
| **Cado** | kado | **m** | **Kado** |
| **Cadoan** | kadoâ-n | **m** | **Coulaouen** |
| **Cadoc** | kadɔk | **m** | **Kado** |
| **Cadou** | kadu | **m** | **Kado** |
| **Caduad** | kadwad | **m** | **Kado** |
| **Caduan** | kadwâ-n | **m** | **Coulaouen** |
| **Cadvaladyr** | kadvaladir | **m** | **Segal** |
| **Canao** | kanaw | **m** | **Conao** |
| **Candida** | kâdida | **f** | **Canita** |
| **Canita** | kanita | **f** | **Canita** |
| **Caradec** | karadɛk | **m** | **Karadeg** |
| **Caradoc** | karadɔk | **m** | **Caradoc** |
| **Carantec** | karâtɛk | **m** | **Karanteg** |
| **Carreuc** | karœk | **m** | **Kerrien** |
| **Cast** | kast | **m** | **Kado** |
| **Catherine** | katerin | **f** | **Katell** |

| | | | |
|---|---|---|---|
| **Catuuallon** | katwalɔn | **m** | **Catwallon** |
| **Cauallon** | kawalɔn | **m** | **Catwallon** |
| **Catwallon** | katwalɔn | **m** | **Catwallon** |
| **Cécile** | sesil | **f** | **Aziliz** |
| **Cedval** | sɛdval | **m** | **Segal** |
| **Chaoua** | ʃawa | **m** | **Jaoua** |
| **Charlez** | ʃarlɛs | **m** | **Charlez** |
| **Charleza** | ʃarlesa | **f** | **Charlez** |
| **Cheun** | ʃøn | **m** | **Yves** |
| **Chil** | ʃil | **m** | **Gilles** |
| **C'hlaoud** | ɦlaod | **m** | **Glaode** |
| **C'hlaouda** | ɦlaoda | **f** | **Glaode** |
| **Chonober** | konobɛr | **m** | **Chonober** |
| **Christophe** | kristɔF | **m** | **Cristoc'h** |
| **Cieux** | sʝø | **m** | **Sieuc** |
| **Citaw** | sitaw | **m** | **Guido** |
| **Clair** | klɛr | **m** | **Clair** |
| **Claude** | klod | **m** | **Glaode** |
| **Claudig** | klodik | **m** | **Glaode** |
| **Cléden** | kledɛr | **m** | **Cléden** |
| **Clervie** | klɛrvi | **f** | **Klervi** |
| **Clet** | klɛt | **m** | **Clet** |
| **Cletig** | kletik | **m** | **Clet** |
| **Coledoc** | koledɔk | **m** | **Ke** |
| **Coletoc** | koletɔk | **m** | **Ke** |
| **Colledoc** | koledɔk | **m** | **Ke** |
| **Collodan** | kolodâ | **m** | **Ke** |
| **Collodon** | kolodô | **m** | **Ke** |
| **Colomba** | kolôba | **m** | **Colomban** |
| **Colomban** | kolôbâ | **m** | **Colomban** |
| **Colombin** | kolôbin | **m** | **Colomban** |
| **Coloumban** | kolumbâ | **m** | **Colomban** |
| **Comméan** | komean | **m** | **Comméan** |
| **Comorre** | komɔr | **m** | **Conomor** |

| | | | |
|---|---|---|---|
| **Conamor** | konamɔr | **m** | **Conomor** |
| **Conan** | konɑ̂-n | **m** | **Conan, Konan** |
| **Conao** | konɑo | **m** | **Conao** |
| **Condeloc** | kôdelɔk | **m** | **Condeloc** |
| **Condelu** | kôdely | **m** | **Condeloc** |
| **Conmaël** | kômɛl | **m** | **Gonval** |
| **Conober** | konobɛr | **m** | **Chonober** |
| **Conoberz** | konobɛr | **m** | **Chonober** |
| **Conobre** | konobre | **m** | **Chonober** |
| **Conogan** | konogɑ̂ | **m** | **Konogan** |
| **Conomor** | konomɔr | **m** | **Conomor** |
| **Conomore** | konomɔr | **m** | **Conomor** |
| **Conon** | konɔn | **m** | **Conon** |
| **Conoo** | kono | **m** | **Conao** |
| **Constance** | kôstɑ̀s | **f** | **Constance** |
| **Conval** | kòvɑl | **m** | **Gonval** |
| **Conveld** | kòvɛl | **m** | **Gonval** |
| **Convoion** | kôvoʝɔn | **m** | **Konvoion** |
| **Convoyon** | kôvoʝɔn | **m** | **Konvoion** |
| **Conwoïon** | kôvoʝɔn | **m** | **Konvoion** |
| **Coralie** | korɑli | **f** | **Corentin** |
| **Coralise** | korɑliz | **f** | **Corentin** |
| **Corbase** | kɔrbɑz | **m** | **Corbase** |
| **Corentin** | korɑ̂tɛ̂ɩɛ̂ | **m** | **Corentin** |
| **Corentine** | korɑ̂tin | **f** | **Corentin** |
| **Corneille** | kɔrnɛj | **m** | **Cornély** |
| **Corneli** | kɔrneli | **m** | **Cornély** |
| **Cornély** | kɔrneli | **m** | **Cornély** |
| **Coulaouen** | kulɑwɛn | **m** | **Coulaouen** |
| **Couleth** | kulɛt | **m** | **Couleth** |
| **Couletz** | kulɛt | **m** | **Couleth** |
| **Coulitz** | kulit | **m** | **Couleth** |
| **Coulm** | kulm | **m** | **Colomban** |
| **Coulma** | kulmɑ | **f** | **Colomban** |

| | | | |
|---|---|---|---|
| **Coulomb** | kulô | **m** | **Colomban** |
| **Coupaïa** | kupaʝa | **f** | **Koupaia** |
| **Cristoc'h** | kristɔɦ | **m** | **Cristoc'h** |
| **Cunwal** | kynval | **m** | **Gonval** |
| **Cyr** | sir | **m** | **Cyr** |
| **Dahud** | day | **f** | **Dahud** |
| **Dahut** | day | **f** | **Dahud** |
| **Dalerc'ha** | dalɛrɦa | **f** | **Darérea** |
| **Dalgon** | dalgô-dalgɔn | **m** | **Algon** |
| **Dan** | dan | **m** | **Dan** |
| **Daniel** | danjɛl | **m** | **Deniel, Dan** |
| **Darérea** | darera | **f** | **Darérea** |
| **David** | david | **m** | **Dewi** |
| **Deï** | dɛʝ | **m** | **Dewi** |
| **Démet** | demɛt | **m** | **Démet** |
| **Dénès** | denɛs | **m** | **Denez** |
| **Denez** | denɛz | **m** | **Denez** |
| **Deneza** | deneza | **f** | **Denez** |
| **Deniel** | dønʝɛl | **m** | **Deniel** |
| **Denielez** | denʝɛlɛz | **f** | **Deniel** |
| **Denig** | denik | **m** | **Maden** |
| **Denoal** | dønwal | **m** | **Denoual** |
| **Denoel** | dønwɛl | **m** | **Deniel** |
| **Denoual** | dønual | **m** | **Denoual** |
| **Derhen** | derɛ̂ | **m** | **Derhen** |
| **Deroc'h** | derɔɦ | **m** | **Deroc'h** |
| **Derog** | derɔk | **m** | **Deroc'h** |
| **Derrien** | derʝɛ̂ | **m** | **Derhen** |
| **Dévet** | devɛt | **m** | **Démet** |
| **Devi** | devi | **m** | **Dewi** |
| **Dewi** | devi | **m** | **Dewi** |
| **Diana** | dʝana | **f** | **Diane** |
| **Diane** | dʝan | **f** | **Diane** |
| **Diban** | dibâ-n | **m** | **Diboan** |

| | | | |
|---|---|---|---|
| **Diboan** | dibwâ-n | **m** | **Diboan** |
| **Dider** | didɛr | **m** | **Dider** |
| **Didier** | didje | **m** | **Didier** |
| **Dilek** | dilɛk | **m** | **Kireg** |
| **Dinan** | dinâ | **m** | **Dinan** |
| **Divi** | divi | **m** | **Dewi** |
| **Doetval** | dwɛtval | **m** | **Doetval** |
| **Doezval** | dwɛzal | **m** | **Doetval** |
| **Doezwal** | dwɛzal | **m** | **Doetval** |
| **Dogmael** | dɔgmɛl | **m** | **Dogmael** |
| **Dogmaela** | dɔgmɛla | **f** | **Dogmael** |
| **Dogmeel** | dɔgmɛl | **m** | **Dogmael** |
| **Dominig** | dominik | **m,f** | **Dominig** |
| **Dominique** | dominik | **m,f** | **Dominig** |
| **Donan** | donà-n | **m** | **Donan** |
| **Donasian** | donasjâ-n | **m** | **Donatien** |
| **Donatien** | donasjɛ̂ | **m** | **Donatien** |
| **Donatienne** | donasjɛn | **f** | **Donatien** |
| **Dozhwal** | dozval | **m** | **Doetval** |
| **Drenan** | drenà | **m** | **Drien** |
| **Drien** | driɛ̂ | **m** | **Drien** |
| **Drîn** | drin | **m** | **Drien** |
| **Dunvael** | dœnvɛl | **f** | **Tunvel** |
| **Dunvel** | dœnvɛl | **f** | **Tunvel** |
| **Dylan** | dilà-n | **m** | **Dylan** |
| **Edern** | edɛrn | **m** | **Edern** |
| **Edernez** | edɛrnɛz | **f** | **Edern** |
| **Ediltrude** | ediltryd | **f** | **Ediltrude** |
| **Eenn** | in | **m** | **Yves** |
| **Efflam** | eflam | **m** | **Efflam** |
| **Efflamez** | eflamɛz | **f** | **Efflam** |
| **Efflamina** | eflamina | **f** | **Efflam** |
| **Efflamine** | eflamin | **f** | **Efflam** |
| **Efflamm** | eflam | **m** | **Efflamm** |

| | | | |
|---|---|---|---|
| **Egarec** | egarɛk | **m** | **Egarec** |
| **Egat** | eigat | **m** | **Egat** |
| **Egina** | egina | **f** | **Eginer** |
| **Eginer** | eginør | **m** | **Eginer** |
| **Egoneg** | egonɛk | **m** | **Tegoneg** |
| **Egreas** | egreas | **m** | **Egreas** |
| **Eguiner** | eginør | **f** | **Eginer** |
| **Ehoarn** | eɦwarn | **m** | **Ehouarn** |
| **Ehouarn** | eɦwarn | **m** | **Ehouarn** |
| **Elar** | e:lar | **m** | **Alar** |
| **Elen** | elɛn | **m,f** | **Elen** |
| **Elena** | elena | **f** | **Elen** |
| **Eleobane** | eleban | **f** | **Elibouban** |
| **Eléonore** | eleonɔr | **f** | **Aenor** |
| **Eler** | elɛr | **m** | **Alar** |
| **Eleran** | elerâ-n | **m** | **Tenenan** |
| **Elfen** | ɛlfœn | **m** | **Elouan** |
| **Eliaz** | eljas | **m** | **Eliaz** |
| **Elibouban** | elibubâ-n | **f** | **Elibouban** |
| **Eliboubane** | elibuban | **f** | **Elibouban** |
| **Elie** | eli | **m** | **Eliaz** |
| **Elier** | eliør | **m** | **Hélier** |
| **Eliez** | eliɛz | **m** | **Eliaz** |
| **Eloi** | elwa | **m** | **Alar** |
| **Elouan** | eluwâ-n | **m** | **Elouan** |
| **Elouen** | eluwɛn | **m** | **Elouan** |
| **Eltud** | ɛltyd | **m** | **Ildut** |
| **Elud** | elyd | **m** | **Ildut** |
| **Elvan** | ɛlvâ-n | **m** | **Elouan** |
| **Elven** | ɛlvɛ-n | **m** | **Elouan** |
| **Emeran** | emørâ-n | **m** | **Emeran** |
| **Emeren** | emørɛn | **m** | **Emeran** |
| **Emile** | emil | **m** | **Milig** |
| **Emilion** | emiljô | **m** | **Emilion** |

| | | | |
|---|---|---|---|
| **Enémour** | enemur | **m** | **Eneour** |
| **Eneour** | eneur | **m** | **Eneour** |
| **Ener** | enɛr | **m** | **Ener** |
| **Enogad** | enogat | **m** | **Enogat** |
| **Enogat** | enogat | **m** | **Enogat** |
| **Enor** | enɔr | **f** | **Enora, Azenor** |
| **Enora** | enora | **f** | **Enora** |
| **Enorat** | enorat | **m** | **Enora** |
| **Enore** | enɔr | **m** | **Enora** |
| **Enored** | enorɛt | **m** | **Enora** |
| **Enory** | enori | **f** | **Enora** |
| **Envel** | ɛ̂vɛl | **m** | **Envel** |
| **Envela** | ɛ̂vela | **f** | **Envel** |
| **Eoarn** | ewarn | **m** | **Ehouarn** |
| **Eoc** | eɔk | **m** | **Eoc** |
| **Eode** | eɔd | **m** | **Eodez** |
| **Eodez** | eodɛz | **m** | **Eodez** |
| **Eol** | eɔl | **m** | **Eol** |
| **Eon** | eô | **m** | **Eon** |
| **Eonet** | eonɛt | **m** | **Eon** |
| **Eosen** | eozɛn | **m** | **Eozenn** |
| **E'ouann** | eɦwan | **m** | **E'ouann** |
| **Eozen** | eozɛn | **m** | **Eozenn** |
| **Eozena** | eozena | **f** | **Eozenn** |
| **Eozenez** | eozenɛs | **f** | **Eozenn** |
| **Eozenn** | eozɛn | **m** | **Eozenn** |
| **Eozennig** | eozenik | **m** | **Eozenn** |
| **Eozennou** | eozenu | **m** | **Eozenn** |
| **Erell** | erɛl | **f** | **Erell** |
| **Ergad** | ɛrgat | **m** | **Ergat** |
| **Ergat** | ɛrgat | **m** | **Ergat** |
| **Eric** | erik | **m** | **Erik** |
| **Erik** | erik | **m** | **Erik** |
| **Erispoë** | erispoe | **m** | **Erispoë** |

| | | | |
|---|---|---|---|
| **Erle** | ɛrle | **m** | **Erle** |
| **Ermel** | ɛrmɛl | **m,f** | **Armel** |
| **Ermengarde** | ɛrmɑ̂gard | **f** | **Ermengarde** |
| **Ernoc'h** | ɛrnɔɦ | **m** | **Ernoc'h** |
| **Errel** | ɛrɛl | **f** | **Erell** |
| **Ervoan** | ɛrvoan | **m** | **Erwann** |
| **Ervoann** | ɛrvoan | **m** | **Erwann** |
| **Ervoannig** | ɛrvoanik | **m** | **Erwann** |
| **Erwana** | ɛrwana | **f** | **Erwann** |
| **Erwanez** | ɛrwanɛz | **f** | **Erwann** |
| **Erwanig** | ɛrwanik | **m** | **Erwann** |
| **Erwann** | ɛrwan | **m** | **Erwann** |
| **Erwin** | ɛrwin | **m** | **Erwann** |
| **Esoan** | esoan | **m** | **Eozenn** |
| **Esoain** | ezoɛn | **m** | **Eozenn** |
| **Esoen** | ezoɛn | **m** | **Eozenn** |
| **Estin** | ɛstɪ̂ | **m** | **Geslin** |
| **Ethbin** | ɛtbin | **m** | **Ethbin** |
| **Eudes** | ød | **m** | **Eozenn** |
| **Eudo** | ødo | **m** | **Eozenn** |
| **Eudon** | ødô | **m** | **Eozenn** |
| **Euhoiarn** | øwarn | **m** | **Ehouarn** |
| **Eumaël** | ømɛl | **m** | **Eumaël** |
| **Euriel** | ørjɛl | **f** | **Urielle** |
| **Eurielle** | ørjɛl | **f** | **Urielle** |
| **Eusen** | øsɛn | **m** | **Eozenn** |
| **Euzen** | øsɛn | **m** | **Eozenn** |
| **Evan** | evɑ̂-n | **m** | **Ewen** |
| **Evarzec** | evarzɛk | **m** | **Evarzheg** |
| **Evarzheg** | evarzɛk | **m** | **Evarzheg** |
| **Evemer** | evemɛr | **m** | **Evémère** |
| **Evémère** | evemɛr | **m** | **Evémère** |
| **Even** | evɛn | **m** | **Ewen** |
| **Evette** | evɛt | **f** | **Evette** |

| | | | |
|---|---|---|---|
| **Evon** | evô-n | **m** | **Yves** |
| **Ewan** | ewâ-n | **m** | **Ewen** |
| **Ewen** | ewɛn | **m** | **Ewen** |
| **Ewon** | ewô-n | **m** | **Ewen** |
| **Ezen** | ezɛn | **m** | **Eozenn** |
| **Ezhwin** | ezwin | **m** | **Iduned** |
| **Fanch** | Fâʃ | **m** | **Fanch** |
| **Fanchig** | Fâʃik | **m** | **Fanch** |
| **Fant** | Fât | **f** | **Franseza** |
| **Fanta** | Fâta | **f** | **Franseza** |
| **Fantaou** | Fâtu | **f** | **Franseza** |
| **Fantig** | Fâtik | **f** | **Franseza** |
| **Fantou** | Fâtu | **f** | **Franseza** |
| **Félix** | Feliks | **m** | **Feliz** |
| **Feliz** | Felis | **m** | **Feliz** |
| **Fiacre** | Fjakr | **m** | **Fiacre** |
| **Fiakr** | Fjakr | **m** | **Fiacre** |
| **Filberz** | Filbɛr | **m** | **Filberz** |
| **Fingar** | Fɛ̂gar | **m** | **Eginer** |
| **Fiteven** | Fitevɛ-n | **m** | **Fiteven** |
| **Flammen** | Flamœn | **f** | **Flammen** |
| **Flammig** | Flamik | **f** | **Flammen** |
| **Fracan** | Frakâ-n | **m** | **Fragan** |
| **Fragan** | Fragâ-n | **m** | **Fragan** |
| **Francis** | Frâsis | **m** | **Fransez** |
| **François** | Frâswa | **m** | **Fransez, Fanch** |
| **Françoise** | Frâswas | **f** | **Franseza** |
| **Fransez** | Frâsɛz | **m** | **Fransez** |
| **Franseza** | Frâseza | **f** | **Franseza** |
| **Fransezig** | Frâsozik | **m** | **Fransez** |
| **Fregan** | Freqâ-n | **m** | **Fragan** |
| **Frégant** | Fregâ-nt | **m** | **Fragan** |
| **Friard** | Friar | **m** | **Friard** |
| **Fulup** | Fylyp | **m** | **Fulup** |

| | | | |
|---|---|---|---|
| **Fulupig** | Fylypik | **m** | **Fulup** |
| **Gab** | gap ou gab | **m** | **Gabig** |
| **Gabig** | gabik | **m** | **Gabig** |
| **Gabriel** | gabriɛl | **m** | **Gabig** |
| **Gael** | gaɛl | **m,f** | **Gael** |
| **Gaela** | gaela | **f** | **Gael** |
| **Gaële** | gaɛl | **f** | **Gael** |
| **Gaelig** | gaelik | **m** | **Gael** |
| **Gaëlle** | gaɛl | **f** | **Gael** |
| **Gaid** | gaj̥d | **f** | **Marc'harid** |
| **Gaida** | gaj̥ida | **f** | **Marc'harid** |
| **Gaidig** | gaj̥dik | **f** | **Marc'harid** |
| **Gal** | gal | **m** | **Gall** |
| **Galet** | galɛ | **m** | **Bili** |
| **Gall** | gal | **m** | **Gall** |
| **Gallez** | galɛz | **f** | **Gall** |
| **Gallig** | galik | **m** | **Gall** |
| **Galonnec** | galonɛk | **m** | **Galonnec** |
| **Galoueg** | galuɛk | **m** | **Galonnec** |
| **Ganael** | ganɛl | **m,f** | **Gwenael** |
| **Gaor** | gaɔr | **m** | **Gewr** |
| **Gaud** | god **ou** gaod | **m** | **Gaud** |
| **Gawr** | gaɔr | **m** | **Gewr** |
| **Gedouin** | ʒeduin | **m** | **Gedouin** |
| **Geffroy** | ʒefrwa | **m** | **Geoffroy** |
| **Gelduin** | ʒeduin | **m** | **Gilduin** |
| **Gelven** | ʒɛlvɛ̂ | **m** | **Elouan** |
| **Gelvestr** | ʒɛlvɛstr | **m** | **Servais** |
| **Généval** | ʒeneval | **m** | **Gonval** |
| **Genevé** | ʒeneve | **m** | **Génevé** |
| **Gennou** | ʒenu | **m** | **Génevé** |
| **Genovefa** | ʒenovefa | **f** | **Genovefa** |
| **Geoffroy** | ʒefrwa | **m** | **Geoffroy** |
| **Georges** | ʒɔrʒ | **m** | **Jorand** |

| | | | |
|---|---|---|---|
| **Géran** | ʒerɑ̂-n | **m** | **Gérand** |
| **Gérand** | ʒerɑ̂ | **m** | **Gérand** |
| **Gerec** | gerɛk | **m** | **Gwereg** |
| **Germain** | ʒɛrmɛ̂ | **m** | **Germain** |
| **Germen** | ʒɛrmɛn | **m** | **Germain** |
| **Germena** | ʒermenɑ | **f** | **Germain** |
| **Gestin** | ʒɛstɛ̂ | **m** | **Gestin** |
| **Gevroc** | gevrɔk | **m** | **Kireg** |
| **Gewr** | geɔr | **m** | **Gewr** |
| **Gicquel** | ʒıkɛl | **m** | **Judikael** |
| **Giduin** | ʒıdyn | **m** | **Gilduin** |
| **Gidwin** | ʒıdwın | **m** | **Gilduin** |
| **Gildas** | ʒıldɑs | **m** | **Gweltas** |
| **Gilduin** | ʒıldɥn | **m** | **Gilduin** |
| **Gildun** | ʒıldɥn | **m** | **Gilduin** |
| **Gildwen** | ʒıldwɛn | **m** | **Gilduin** |
| **Gildwin** | ʒildwin | **m** | **Gilduin** |
| **Gilles** | ʒil | **m** | **Gilles** |
| **Gilonne** | ʒilɔn | **f** | **Gilles** |
| **Gily** | ʒili | **m** | **Gilles** |
| **Gireg** | ʒırɛk | **m** | **Kireg** |
| **Giulia** | dʒulʝɑ | **f** | **Giulia** |
| **Gladez** | gladɛs | **f** | **Gladez** |
| **Gladran** | gladrɑ̂-n | **m** | **Gladran** |
| **Glannon** | glanɔn | **f** | **Glannon** |
| **Glanuon** | glanɔn | **f** | **Glannon** |
| **Glaoda** | glodɑ | **f** | **Glaode** |
| **Glaode** | glɔd | **m,f** | **Glaode** |
| **Glaodez** | glodɛz | **f** | **Glaode** |
| **Glaoud** | glawd | **m** | **Glaode** |
| **Glauda** | glawdɑ | **f** | **Glaode** |
| **Glaudan** | glawda-n | **m** | **Glaudan** |
| **Glaude** | glawd | **m** | **Glaode** |
| **Glaoudina** | glawdinɑ | **f** | **Glaode** |

| | | | |
|---|---|---|---|
| **Glegor** | glegɔr | **m** | **Gregor** |
| **Glen** | glɛn | **m** | **Glen** |
| **Glenan** | glenɑ̂-n | **m** | **Glenan** |
| **Glenn** | glɛn | **m** | **Glen** |
| **Gleran** | glerɑ̂-n | **m** | **Grallon** |
| **Gleren** | glerɛn | **m** | **Grallon** |
| **Goal** | gol | **m** | **Goal** |
| **Goau** | go | **m** | **Goau** |
| **Gobrian** | gobriɑ̂-n | **m** | **Govran** |
| **Gobrien** | gobriɛ̂-n | **m** | **Govran** |
| **God** | gɔd | **f** | **Marc'harid** |
| **Godig** | godik | **f** | **Marc'harid** |
| **Gohard** | goɑr | **m** | **Gohard** |
| **Goharz** | goɑrz | **m** | **Gohard** |
| **Gologuen** | gologwɛn | **f** | **Gologuen** |
| **Golven** | gɔlvɛ̂ŋ | **m** | **Goulven** |
| **Goneri** | goneri | **m** | **Goneri** |
| **Gonéry** | goneri | **m** | **Goneri** |
| **Gonhard** | gôar | **m** | **Gohard** |
| **Gonval** | gôval | **m** | **Gonval** |
| **Gonvei** | göνɛj | **m** | **Gonval** |
| **Gonvel** | gôvɛl | **m** | **Goulven** |
| **Gonven** | gôvɛ̂ | **m** | **Goulven** |
| **Gouenou** | gwenu | **m** | **Gouesnou** |
| **Gouesnou** | gwenu | **m** | **Gouesnou** |
| **Goueznou** | gwenu | **m** | **Gouesnou** |
| **Gougae** | gugɛ | **m** | **Nonna** |
| **Goulc'han** | gulhɑ̂-n | **m** | **Goulc'han** |
| **Goulc'hen** | gulhɛn | **m** | **Goulc'han** |
| **Goulien** | guljɛ̂ | **m** | **Goulven** |
| **Goulven** | gulvɛn | **m** | **Goulven** |
| **Goulvena** | gulvenɑ | **f** | **Goulven** |
| **Goulvenez** | gulvenɛz | **f** | **Goulven** |
| **Goulwen** | gulvɛn | **m** | **Goulven** |

| | | | |
|---|---|---|---|
| **Goulwena** | gulvena | **f** | **Goulven** |
| **Goulwenez** | gulvenɛz | **f** | **Goulven** |
| **Gourloes** | gurlɛs | **m** | **Gurloës** |
| **Gourmaëlon** | gurmɛlô | **m** | **Gourmaëlon** |
| **Goustan** | gustâ | **m** | **Goustan** |
| **Gouziern** | guzjɛrn | **m** | **Gouziern** |
| **Goven** | govɛ̂ | **m** | **Goulven** |
| **Govran** | govrɑ̂-n | **m** | **Govran** |
| **Govrian** | govriɑ̂ | **m** | **Govran** |
| **Gozel** | gozɛl | **m** | **Gozel** |
| **Graalon** | grɑlô | **m** | **Grallon** |
| **Gradlon** | grɑlô | **m** | **Grallon** |
| **Grallon** | grɑlô | **m** | **Grallon** |
| **Gralon** | grɑlô | **m** | **Grallon** |
| **Grégoire** | gregwɑr | **m** | **Gregor** |
| **Gregor** | gregɔr | **m** | **Gregor** |
| **Guéganton** | gegɑ̂tô | **m** | **Gwenganton** |
| **Gueltas** | gɛltɑs | **m** | **Gweltas** |
| **Guen** | gwɛn | **m** | **Gwenn** |
| **Guénan** | genɑ̂-n | **m** | **Gwennin** |
| **Guenargant** | genargɑ̂ | **f** | **Guenargant** |
| **Geneviève** | ʒenevʝɛv | **f** | **Gwenivar** |
| **Guengad** | gwɛngɑt | **m** | **Gwengal** |
| **Guengat** | gwɛngɑt | **m** | **Gwengal** |
| **Guénhaël** | gwɛnɑɛl | **m** | **Gwenael** |
| **Guenièvre** | gønjɛvr | **f** | **Gwenivar** |
| **Guénin** | genɛ̂ | **m** | **Gwennin** |
| **Guénion** | genjô | **m** | **Guinien** |
| **Guennin** | genɛ̂ | **m** | **Gwennin** |
| **Guennoc** | genɔk | **m** | **Gwenneg** |
| **Guennole** | genole | **m** | **Gwenole** |
| **Guénolé** | genole | **m** | **Gwenole** |
| **Guérec** | gerɛk | **m** | **Gwereg** |
| **Guérec'h** | gerɛk | **m** | **Gwereg** |

| | | | |
|---|---|---|---|
| **Guesnoc** | gɛnɔk | **m** | **Gwenneg** |
| **Guethenoc** | getenɔk | **m** | **Gwezheneg** |
| **Guevreoc'h** | gevrɔɦ | **m** | **Kireg** |
| **Guévrok** | gevrɔk | **m** | **Gwereg** |
| **Guézennec** | gezenɛk | **m** | **Gwezheneg** |
| **Guidguale** | gidgwal | **m** | **Goal** |
| **Guido** | gido | **m** | **Guido** |
| **Guiec** | giɛk | **m** | **Kireg** |
| **Guigner** | gi¯œr | **m** | **Eginer** |
| **Guignolet** | gi¯olɛ | **m** | **Gwenole** |
| **Guihen** | giɛ̂ | **m** | **Gilduin** |
| **Guilhom** | gijɔm | **m** | **Gwilherm** |
| **Guilhou** | giju | **m** | **Gwilherm** |
| **Guillaume** | gijam | **m** | **Gwilherm** |
| **Guillemette** | gijømɛt | **f** | **Gwilherm** |
| **Guillou** | giju | **m** | **Gwilherm** |
| **Guin** | gɛ̈ | **m** | **Gwennin** |
| **Guinal** | ginal | **m** | **Gwenael** |
| **Guingalois** | gɛ̂galwa | **m** | **Gwenole** |
| **Guinien** | ginjɛ̂ | **m** | **Guinien** |
| **Guïnis** | ginis | **m** | **Gwennin** |
| **Guinmael** | gwɪnmɛl | **m** | **Guinmael** |
| **Guinoux** | ginu | **m** | **Gwezheneg** |
| **Guireg** | girɛk | **m** | **Kireg** |
| **Gulcien** | gylsjɛ̂ | **m** | **Gulcien** |
| **Gulian** | gyljâ | **m** | **Gulien** |
| **Gulien** | gyljɛ̂ | **m** | **Gulien** |
| **Gunevel** | gynøvɛl | **m** | **Genevé** |
| **Gunthiern** | guntjɛrn | **m** | **Gouziern** |
| **Gunval** | gunval | **m** | **Gonval** |
| **Guoidwal** | gwaval | **m** | **Goal** |
| **Gurdestin** | gyrdɛstɛ̂ | **m** | **Gurdestin** |
| **Gurdistin** | gyrdistɛ̂ | **m** | **Gurdestin** |
| **Gurguy** | gyrgi | **m** | **Tanguy** |

| | | | |
|---|---|---|---|
| **Gurloës** | gyrloɛs | **m** | **Gurloës** |
| **Gurloez** | gyrloɛz | **m** | **Gurloës** |
| **Gurthiern** | gyrtjɛrn | **m** | **Gouziern** |
| **Gurval** | gyrval | **m** | **Gurval** |
| **Gurvan** | gyrvɑ̂-n | **m** | **Gurvant** |
| **Gurvand** | gyrvɑ̂ | **m** | **Gurvant** |
| **Gurvant** | gyrvɑ̂ | **m** | **Gurvant** |
| **Gurwal** | gyrval | **m** | **Gurval, Goal** |
| **Gurwan** | gyrvɑ̂-n | **m** | **Gurvant** |
| **Gurwant** | gyrvɑ̂ | **m** | **Gurvant** |
| **Gutual** | gytyal | **m** | **Gutual** |
| **Guy** | gi | **m** | **Guy** |
| **Guyaume** | gijom | **m** | **Gwilherm** |
| **Guyomar** | gijomar | **m** | **Guyomarc'h** |
| **Guyomarc'h** | gijomarɦ | **m** | **Guyomarc'h** |
| **Guyomard** | gijomar | **m** | **Guyomarc'h** |
| **Guyomart** | gijomar | **m** | **Guyomarc'h** |
| **Guyon** | gijô | **m** | **Guyon** |
| **Gwellaouen** | gwɛlawɛn | **m** | **Gwellaouen** |
| **Gweltas** | gwɛltas | **m** | **Gweltas** |
| **Gwen** | gwɛn | **m** | **Gwenn** |
| **Gwenael** | gwenaɛl | **m,f** | **Gwenael** |
| **Gwénaëlle** | gwenaɛl | **f** | **Gwenael** |
| **Gwenal** | gwenal | **m,f** | **Gwenael** |
| **Gwenan** | gwenɑ̂-n | **f** | **Gwennan** |
| **Gwenc'hlan** | gwɛnɦlɑ̂-n | **m** | **Gwenc'hlan** |
| **Gwendal** | gwɛndal | **m** | **Gwendal** |
| **Gwenecan** | gwenekɑ̂-n | **m** | **Konogan** |
| **Gwenegan** | gwenegɑ̂-n | **m** | **Konogan** |
| **Gwenel** | gwenɛl | **m,f** | **Gwenael** |
| **Gwengal** | gwɛngal | **m** | **Gwengal** |
| **Gwenganton** | gwɛngɑ̂tô | **m** | **Gwenganton** |
| **Gwengat** | gwɛngat | **m** | **Gwengal** |
| **Gwenhael** | gwɛnaɛl | **m,f** | **Gwenael** |

| | | | |
|---|---|---|---|
| **Gwenivar** | gwenivar | **f** | **Gwenivar** |
| **Gweniver** | gwenivɛr | **f** | **Gwenivar** |
| **Gwenlaouen** | gwɛnlawɛn | **f** | **Gwellaouen** |
| **Gwenn** | gwɛn | **f,m** | **Gwenn** |
| **Gwenna** | gwena | **f** | **Gwenn** |
| **Gwennaig** | gwenaj̥k | **f** | **Gwenn** |
| **Gwennan** | gwenâ-n | **f** | **Gwennan** |
| **Gwenneg** | gwenɛk | **m** | **Gwenneg** |
| **Gwennin** | gwenin | **m** | **Gwennin** |
| **Gwennina** | gwenina | **f** | **Gwennin** |
| **Gwennoal** | gwenwal | **f** | **Nolwenn** |
| **Gwennog** | gwenɔk | **m** | **Gwenneg** |
| **Gwennolaïk** | gwenolaj̥k | **f** | **Gwenole** |
| **Gwennou** | gwenu | **m** | **Gwenn** |
| **Gwenola** | gwenola | **f** | **Gwenola, Gwenole** |
| **Gwenole** | gwenole | **m,f** | **Gwenole** |
| **Gwentroc** | gwɛntrɔk | **f** | **Ediltrude** |
| **Gwenva** | gwɛnva | **m** | **Gwenvael** |
| **Gwenvael** | gwɛnvɛl | **m** | **Gwenvael** |
| **Gwenvel** | gwɛnvɛl | **m** | **Gwenvael** |
| **Gwenvred** | gwɛnvrɛd | **f** | **Gwenvred** |
| **Gwenvrevi** | gwɛnvrevi | **f** | **Gwenvred** |
| **Gwerec** | gwerɛk | **m** | **Gwereg** |
| **Gwereg** | gwerɛk | **m** | **Gwereg** |
| **Gweroc** | gwerɔk | **m** | **Gwereg** |
| **Gwezheneg** | gwezenɛk | **m** | **Gwezheneg** |
| **Gwezhenog** | gwezenɔk | **m** | **Gwezheneg** |
| **Gwezhneg** | gwɛznɛk | **m** | **Gwezheneg** |
| **Gwilhamet** | gwiljamɛt | **f** | **Gwilherm** |
| **Gwilherm** | gwiljɛrm | **m** | **Gwilherm** |
| **Gwilhou** | gwilju | **m** | **Gwilherm** |
| **Gwill** | gwil | **m** | **Gwilherm** |
| **Gwillaou** | gwijau | **m** | **Guillaume** |
| **Gwillaouig** | gwijawik | **m** | **Guillaume** |

| | | | |
|---|---|---|---|
| **Gwillerm** | gwilɛrm | **m** | **Gwilherm** |
| **Gwillou** | gwiju | **m** | **Guillaume** |
| **Gwilmet** | gwilmɛt | **f** | **Gwilherm** |
| **Gwinal** | gwinɑl | **m** | **Gwenael** |
| **Gwiner** | gwinɛr | **m** | **Venier** |
| **Gwinian** | gwinjɑ̂-n | **m** | **Guinien** |
| **Gwinien** | gwinjɛn | **m** | **Guinien** |
| **Gwion** | gwiô-n | **m** | **Guyon** |
| **Gwionvarc'h** | gwiôvɑrɦ | **m** | **Guyomarc'h** |
| **Haeloc** | ɛlɔk | **m** | **Haeloc** |
| **Halon** | ɑlô-n | **m** | **Halon** |
| **Hamon** | ɑ-mô | **m** | **Hamon** |
| **Harn** | ɑrn | **m** | **Hernin** |
| **Harscoët** | ɑrskwɛt | **m** | **Harscoët** |
| **Harvian** | ɑrvjɑ̂-n | **m** | **Houarvian** |
| **Haude** | od | **f** | **Eodez** |
| **Hegareg** | egɑrɛk | **m** | **Egarec** |
| **Hélary** | elɑri | **m** | **Helouri** |
| **Hélaury** | elori | **m** | **Helouri** |
| **Helen** | elɛn | **m** | **Elen** |
| **Helen** | elɛn | **f** | **Helern** |
| **Helena** | elena | **f** | **Helern** |
| **Helern** | elɛrn | **m** | **Helern** |
| **Hélibert** | elibɛr | **m** | **Hélibert** |
| **Hélier** | elje | **m** | **Hélier** |
| **Hélin** | elɛ̂ | **m** | **Elen** |
| **Héloise** | eloız | **f** | **Héloise** |
| **Helori** | elori | **m** | **Helouri** |
| **Helouri** | eluri | **m** | **Helouri** |
| **Henan** | enɑ̂-n | **m** | **Heneg** |
| **Heneg** | enɛk | **m** | **Heneg** |
| **Henory** | enori | **f** | **Enora** |
| **Henri** | ɑ̂ri | **m** | **Herri** |
| **Heodez** | eodɛz | **f** | **Eodez** |

| | | | |
|---|---|---|---|
| **Heol** | eɔl | **m** | **Eol** |
| **Herbaud** | ɛrbɔt | **m** | **Herbot** |
| **Herbod** | ɛrbɔt | **m** | **Herbot** |
| **Herbot** | ɛrbɔt | **m** | **Herbot** |
| **Hérik** | erik | **m** | **Erik** |
| **Herlé** | ɛrle | **m** | **Erle** |
| **Hermeland** | ɛrmølɑ̂d | **m** | **Hermeland** |
| **Hermet** | ɛrmɛt | **m** | **Armel** |
| **Hern** | ɛrn | **m** | **Hernin** |
| **Hernin** | ɛrnɛ̂ | **m** | **Hernin** |
| **Herri** | ɛri | **m** | **Herri** |
| **Herry** | ɛri | **m** | **Herri** |
| **Herve** | ɛrve | **m** | **Herve** |
| **Hervelina** | ɛrvelinɑ | **f** | **Hervé** |
| **Hervian** | ɛrvjɑ̂-n | **m** | **Houarvian** |
| **Hilaire** | ilɛr | **m** | **Hiler** |
| **Hiler** | ilɛr | **m** | **Hilør** |
| **Hinguethen** | ɛ̂getɛ̂ | **m** | **Gwenganton** |
| **Hiouwain** | juwɛn | **m** | **Yves** |
| **Hoarne** | oɑrn | **m** | **Herve** |
| **Hoarve** | oɑrv | **m** | **Herve** |
| **Hoarvian** | oɑrvjɑ̂ | **m** | **Houarvian** |
| **Hoel** | oɛl | **m** | **Hoel** |
| **Honorée** | onore | **f** | **Enora** |
| **Houardon** | uɑrdô | **m** | **Houardon** |
| **Houarn** | uɑrn | **m** | **Herve** |
| **Houarne** | uɑrn | **m** | **Herve** |
| **Houarneau** | uɑrno | **m** | **Herve** |
| **Houarnev** | uɑrneo | **m** | **Herve** |
| **Houarno** | uɑrno | **m** | **Herve** |
| **Houarvian** | uɑrvjɑ̂-n | **m** | **Houarvian** |
| **Howel** | owɛl | **m** | **Hoel** |
| **Huélin** | yelɛ̂ | **m** | **Huélin** |
| **Huvarnion** | yvɑrnjô-n | **m** | **Houarvian** |

| | | | |
|---|---|---|---|
| **Hyvarnion** | ivarnjô-n | **m** | **Houarvian** |
| **Iagu** | jagy | **m** | **Jagu** |
| **Ian** | jan | **m** | **Yann** |
| **Iannig** | janik | **m** | **Yann** |
| **Iaun** | jon | **m** | **Yann** |
| **Ideuc** | ıdœk | **m** | **Ildut** |
| **Idumet** | ıdymɛt | **m** | **Iduned** |
| **Iduned** | ıdynɛt | **m** | **Iduned** |
| **Idunet** | ıdynɛt | **m** | **Iduned** |
| **Iestan** | jɛstâ | **m** | **Iestan** |
| **Iestin** | jɛstɛ̂ | **m** | **Gestin** |
| **Ieun** | jøn | **m** | **Youenn** |
| **If** | if | **m** | **Yves** |
| **Iffig** | ifık | **m** | **Yves** |
| **Ifig** | ıfig | **m** | **Yves** |
| **Igeau** | ıʒo | **m** | **Igeau** |
| **Ignace** | ĩas | **m** | **Igeau** |
| **Ignéau** | ĩeo | **m** | **Igeau** |
| **Igneuc** | ĩœk | **m** | **Ignoroc** |
| **Ignoroc** | ĩorɔk | **m** | **Ignoroc** |
| **Iguinou** | ıgınu | **m** | **Gouesnou** |
| **Ihuel** | ıyɛl | **m** | **Judaelv** |
| **Ildud** | ıldyt | **m** | **Ildut** |
| **Ildut** | ıldyt | **m** | **Ildut** |
| **Ilfin** | ılfin | **m** | **Ilfin** |
| **Iltud** | ıltyd | **m** | **Ildut** |
| **Iltuda** | ıltyda | **m** | **Ildut** |
| **Iltudez** | ıltydɛz | **m** | **Ildut** |
| **Inan** | ınâ-n | **m** | **Inan** |
| **Indganoc** | ınqanɔk | **m** | **Haeloc** |
| **Ingenoc** | ıngenɔk | **m** | **Haeloc** |
| **Inioroc** | ınjorɔk | **m** | **Ignoroc** |
| **Ioen** | jøn | **m** | **Youenn** |
| **Iouan** | juâ-n | **m** | **Youenn** |

| | | | |
|---|---|---|---|
| **Iouenn** | juɛn | m | **Youenn** |
| **Iouennic** | juɛnik | m | **Youenn** |
| **Isabelle** | ɪzabɛl | f | **Aesa** |
| **Iseult** | ɪzø | f | **Iseult** |
| **Istin** | ɪstin | m | **Gestin** |
| **Iudhael** | judaɛl | m | **Judael** |
| **Iv** | ɪv | m | **Yves** |
| **Iveine** | ɪvɛn | m | **Yves** |
| **Iven** | ɪvɛn | m | **Yves** |
| **Ivi** | ɪvɪ | m | **Ivi** |
| **Ivin** | ɪvɪn | m | **Ivi, Yves** |
| **Ivo** | ɪvo | m | **Yves** |
| **Ivon** | ɪvô | m | **Yves** |
| **Ivona** | ɪvona | m | **Yves** |
| **Ivonig** | ɪvonik | m | **Yves** |
| **Ivy** | ɪvɪ | m | **Ivi** |
| **Iwan** | ɪwâ-n | m | **Yves** |
| **Iwen** | ɪwɛn | m | **Ewen** |
| **Iwig** | ɪvɪk | m | **Ivi** |
| **Izabell** | ɪzabɛl | f | **Izabell** |
| **Izo** | ɪzo | m | **Yves** |
| **Izoenn** | ɪzwɛn | m | **Yves** |
| **Izoène** | ɪzwɛn | m | **Yves** |
| **Izoin** | ɪzwɛ̂ | m | **Yves** |
| **Izold** | ɪzɔld | f | **Iseult** |
| **Izou** | ɪzu | m | **Yves** |
| **Izuned** | ɪzynɛt | m | **Iduned** |
| **Jacques** | ʒak | m | **Jakez** |
| **Jacut** | ʒakyt | m | **Jagu** |
| **Jagu** | ʒagy | m | **Jagu** |
| **Jakez** | ʒakɛs | m | **Jakez** |
| **Jakou** | ʒaku | m | **Jakez** |
| **Jalm** | ʒalm | m | **Jakez** |
| **Janig** | ʒanik | f | **Yann** |

| | | | |
|---|---|---|---|
| **Janik** | ʒanik | **f** | **Yann** |
| **Jann** | jan | **f** | **Yann** |
| **Jannedig** | janedik | **f** | **Yann** |
| **Jannet** | ʒanɛt | **f** | **Yann** |
| **Jaoua** | ʒawa | **m** | **Jaoua** |
| **Jaouen** | ʒawɛn | **m** | **Jaoua** |
| **Jaoven** | ʒawɛn | **m** | **Jaoua** |
| **Jean** | ʒɑ̂ | **m** | **Jean** |
| **Jeannick** | ʒɑ̂-nik | **m** | **Yann** |
| **Jegu** | ʒegy | **m** | **Jagu** |
| **Jekel** | ʒekɛl | **m** | **Judikael** |
| **Jelan** | ʒelɑ̂ | **m** | **Gérand** |
| **Jelann** | ʒelɑ̂-n | **m** | **Gérand** |
| **Jelven** | ʒɛlvɛ̂ | **m** | **Elouan** |
| **Jelvestr** | ʒɛlvɛstr | **m** | **Servais, Sylvestre** |
| **Jénovéfa** | ʒenovefa | **f** | **Genovefa** |
| **Jestin** | ʒɛstɛ̂ | **m** | **Gestin** |
| **Jeune** | ʒœn | **f** | **Yuna** |
| **Jezekael** | ʒezekɛl ou kaɛl | **m** | **Judikael** |
| **Jezekel** | ʒezekɛl | **m** | **Judikael** |
| **Jikael** | ʒikaɛl- | **m** | **Judikael** |
| **Jikel** | ʒikɛl | **m** | **Judikael** |
| **Jil** | ʒıl | **m** | **Gilles** |
| **Jildaz** | ʒıldas | **m** | **Gweltas** |
| **Jili** | ʒili | **m** | **Gilles** |
| **Joachim** | joakim-ʒoaʃɛ̂ | **m** | **Joachim** |
| **Job** | ʒɔb | **m** | **Job** |
| **Jobig** | ʒobık | **m** | **Job** |
| **Jocelyn** | ʒosølɛ̂ | **m** | **Josselin** |
| **Jocelyne** | ʒosølin | **f** | **Josselin** |
| **Jocerand** | ʒoserɑ̂ | **m** | **Josselin** |
| **Jodoc** | ʒodɔk | **m** | **Judoc** |
| **Joël** | ʒoɛl | **m** | **Joël** |
| **Joela** | ʒoela | **f** | **Joela** |

| | | | |
|---|---|---|---|
| **Joéva** | ʒoeva | **f** | **Jaoua** |
| **Joévin** | ʒoevɛ̂ | **m** | **Jaoua** |
| **Joran** | ʒorâ | **m** | **Jorand** |
| **Jorand** | ʒorâ | **m** | **Jorand** |
| **Jorant** | ʒorâ | **m** | **Jorand** |
| **Jord** | ʒɔrd | **m** | **Jorand** |
| **Jorhant** | ʒorâ | **m** | **Jorand** |
| **Jorj** | ʒɔrʒ | **m** | **Jorand** |
| **Jos** | ʒɔs | **m** | **Jos, Judoc** |
| **Josik** | ʒorɪk | **m** | **Job** |
| **Josse** | ʒɔs | **m** | **Judoc** |
| **Josselin** | ʒɔselɛ̂ | **m** | **Josselin** |
| **Jouan** | ʒuâ | **m** | **Jaoua** |
| **Jova** | ʒova | **m** | **Jaoua** |
| **Joseb** | ʒozɛp | **m** | **Job** |
| **Jozep** | ʒozɛp | **m** | **Job** |
| **Jozon** | ʒozô | **m** | **Job** |
| **Jud** | ʒyd | **m** | **Jud** |
| **Judael** | ʒydaɛl | **m** | **Judael** |
| **Jude** | ʒyd | **m** | **Jud** |
| **Judet** | ʒydɛt | **m** | **Jud** |
| **Judgoseth** | ʒydgosɛt | **m** | **Judgoseth** |
| **Judikael** | ʒydɪkaɛl-ɛl | **m** | **Judikael** |
| **Judoc** | ʒydɔk | **m** | **Judoc** |
| **Judoce** | ʒydɔs | **m** | **Judoc** |
| **Judual** | ʒydyal | **m** | **Judual** |
| **Judul** | ʒydyl | **m** | **Jud** |
| **Judule** | ʒydyle | **m** | **Jud** |
| **Judwal** | ʒydwal | **m** | **Judual** |
| **Jugon** | ʒygô | **m** | **Jugon** |
| **Juhaël** | ʒyaɛl | **m** | **Judael** |
| **Juhel** | ʒyɛl | **m** | **Judael** |
| **Julien** | ʒyljɛ̂ | **m** | **Juluan** |
| **Julitte** | ʒylit | **f** | **Julitte** |

| | | | |
|---|---|---|---|
| **Juluan** | ʒylyâ-n | **m** | **Juluan** |
| **Juluenn** | ʒylyɛn | **m** | **Juluan** |
| **Jumael** | ʒymaɛl | **m** | **Jumael** |
| **Jumel** | ʒymɛl | **m** | **Jumael** |
| **Jûna** | ʒyna | **f** | **Juna** |
| **Junan** | ʒynâ-n | **m** | **Juna** |
| **Jungomar** | ʒyngomar | **m** | **Jungomar** |
| **Just** | ʒyst | **m** | **Just** |
| **Justine** | ʒystin | **f** | **Justine** |
| **Justoc** | ʒystɔk | **m** | **Just** |
| **Justog** | ʒystɔk | **m** | **Just** |
| **Jutael** | ʒytaɛl | **m** | **Jutael** |
| **Juvad** | ʒyvat | **m** | **Juvat** |
| **Juvat** | ʒyvat | **m** | **Juvat** |
| **Juved** | ʒyvɛt | **f** | **Juvette** |
| **Juvette** | ʒyvɛt | **f** | **Juvette** |
| **Juzeg** | ʒyvɛk | **m** | **Judoc** |
| **Juzel** | ʒyʒɛl | **m** | **Judael** |
| **Kadanoc** | kadanɔk | **m** | **Kadanog** |
| **Kadanog** | kadanɔk | **m** | **Kadanog** |
| **Kadeg** | kadɛk | **m** | **Kado** |
| **Kado** | kado | **m** | **Kado** |
| **Kadog** | kadɔk | **m** | **Kado** |
| **Kadoù** | kadu | **m** | **Kado** |
| **Kadvan** | kadvâ-n | **m** | **Kavan** |
| **Kaelig** | kaelik | **m** | **Mikael** |
| **Kaou** | kau | **m,f** | **Corentin** |
| **Kaour** | kaur | **m** | **Corentin** |
| **Kaoura** | kaura | **f** | **Corentin** |
| **Kaourant** | kaurât | **m** | **Corentin** |
| **Kaourantin** | kaurâ-ntin | **m,f** | **Corentin** |
| **Kaourantina** | kaurâ-ntina | **f** | **Corentin** |
| **Kaourintin** | kaurintin | **m,f** | **Corentin** |
| **Kaourintina** | kaurintina | **f** | **Corentin** |

| | | | |
|---|---|---|---|
| **Karadeg** | karadɛk | m | **Karadeg** |
| **Karadog** | karadɔk | m | **Karadeg** |
| **Karanteg** | karɑ̂tɛk | m | **Karanteg** |
| **Kast** | kast | m | **Kado** |
| **Katell** | katɛl | f | **Katell** |
| **Katellig** | katelik | f | **Katell** |
| **Katik** | katik | f | **Katell** |
| **Katou** | katu | f | **Katell** |
| **Kavan** | kavɑ̂-n | m | **Kavan** |
| **Kawrantin** | kaurɑ̂-ntin | m,f | **Corentin** |
| **Kay** | kɛ | m | **Ke** |
| **Ke** | kɛ | m | **Ke** |
| **Keban** | kebɑ̂-n | f | **Keben** |
| **Keben** | kebɛn | f | **Keben** |
| **Kelig** | kelik | m | **Mikael** |
| **Kemo** | kemo | m | **Quémeau** |
| **Kenan** | kenɑ̂-n | m | **Ke** |
| **Kerrian** | kerʝɑ̂-n | m | **Kerrien** |
| **Kerrien** | kerʝɛ̂ | m | **Kerrien** |
| **Keu** | kø | m | **Ke** |
| **Kevin** | kevin | m | **Kevin** |
| **Kido** | kɪdo | m | **Guido** |
| **Kieuc** | kjœk | m | **Sieuc** |
| **Kireg** | kɪrɛk | m | **Kireg** |
| **Kirek** | kɪrɛk | m | **Kireg** |
| **Kirill** | kiril | m | **Kirill** |
| **Klaoda** | klaoda | f | **Glaode** |
| **Kleden** | kledɛn | m | **Cléden** |
| **Kler** | klɛr | m | **Clair** |
| **Klervi** | klɛrvi | f | **Klervi** |
| **Klervia** | klɛrvʝa | f | **Klervi** |
| **Klet** | kɪɛt | m | **Clet** |
| **Kola** | kola | m | **Nikolaz** |
| **Kolaig** | kolaʝk | m | **Nikolaz** |

| | | | |
|---|---|---|---|
| **Kolaz** | kolaz | **m** | **Nikolaz** |
| **Kolomban** | kolôbâ | **m** | **Colomban** |
| **Konan** | konâ-n | **m** | **Konan** |
| **Koneg** | konɛk | **m** | **Koneg** |
| **Konhouarn** | konwarn | **m** | **Konhouarn** |
| **Konog** | konɔk | **m** | **Koneg** |
| **Konogan** | konoqâ-n | **m** | **Konogan** |
| **Konstantin** | kôstâtin | **m** | **Konstantin** |
| **Konvohuon** | kôvowô-n | **m** | **Konvoion** |
| **Konvoion** | kôvojô-n | **m** | **Konvoion** |
| **Konwal** | kôval | **m** | **Gonval** |
| **Korneli** | kɔrneli | **m** | **Cornély** |
| **Kou** | ku | **m** | **Jakez** |
| **Kouig** | kuik | **m** | **Jakez** |
| **Koulban** | kulbâ-n | **m** | **Colomban** |
| **Kouled** | kulɛt | **m** | **Couleth** |
| **Kouli** | kuli | **m** | **Couleth** |
| **Koulizh** | kuliz | **m** | **Couleth** |
| **Koulm** | kulm | **f** | **Koulm** |
| **Koulm** | kulm | **m** | **Colomban** |
| **Koulma** | kulma | **f** | **Koulm, Colomban** |
| **Koulman** | kulmâ-n | **m** | **Colomban** |
| **Koulmez** | kulmɛz | **f** | **Colomban** |
| **Koulmia** | kulmja | **f** | **Koulm, Colomban** |
| **Koulmig** | kulmik | **m,f** | **Koulm, Colomban** |
| **Koupaia** | kupaja | **f** | **Koupaia** |
| **Krestell** | krɛstɛl | **f** | **Kristell** |
| **Kristell** | kristɛl | **f** | **Kristell** |
| **Kristen** | kristɛn | **m,f** | **Kristen** |
| **Kristian** | kristjan | **m** | **Kristen** |
| **Kristina** | kristina | **f** | **Kristell** |
| **Kyrio** | kirjo | **m** | **Kyrio** |
| **Lacop** | lacɔp | **m** | **Lacop** |
| **Laïn** | lajn | **m** | **Alan** |

| | | | |
|---|---|---|---|
| **Lalloc** | lalɔk | **f** | **Lalloc** |
| **Lan** | lɑ̂-n | **m** | **Alan** |
| **Landouen** | lɑ̂-nduɛn | **f** | **Landouen** |
| **Languis** | lɑ̂-ngis | **m** | **Languis** |
| **Lanig** | lɑ̂-nik | **m** | **Alan** |
| **Lanwenn** | lɑ̂-nwɛn | **f** | **Landouen** |
| **Laouen** | lawɛn | **m** | **Laouenan** |
| **Laouenan** | lawenɑ̂-n | **m** | **Laouenan** |
| **Lara** | lara | **f** | **Alar** |
| **Largel** | largɛl | **m** | **Largel** |
| **Launeuc** | lonœk | **m** | **Luner** |
| **Laure** | lɔr | **m** | **Leri** |
| **Lavan** | lavɑ̂ | **m** | **Laouenan** |
| **Lavant** | lavɑ̂ | **m** | **Laouenan** |
| **Lavena** | lavena | **f** | **Levenez** |
| **Lavinia** | lavinja | **f** | **Levenez** |
| **Léan** | leɑ̂ | **m** | **Laouenan** |
| **Legar** | leqar | **m** | **Legar** |
| **Léger** | leʒe | **m** | **Legar** |
| **Lena** | lena | **f** | **Elen** |
| **Lenaig** | lenajk | **f** | **Elen** |
| **Lénard** | lenar | **m** | **Linart** |
| **Lénor** | lenɔr | **m** | **Luner** |
| **Léonard** | leonar | **m** | **Linart** |
| **Léonor** | leonɔr | **m** | **Luner** |
| **Leri** | leri | **m** | **Leri** |
| **Léry** | leri | **m** | **Leri** |
| **Leuri** | løri | **m** | **Leri** |
| **Lévéné** | levene | **f** | **Levenez** |
| **Lévénès** | levenɛs | **f** | **Levenez** |
| **Levenez** | levenɛz | **f** | **Levenez** |
| **Leveneza** | leveneza | **f** | **Levenez** |
| **Levenezig** | levenezik | **f** | **Levenez** |
| **Lever** | levɛr | **m** | **Legar** |

| | | | |
|---|---|---|---|
| **Levian** | levjâ-n | **m** | **Lewias** |
| **Leviatz** | leviaz | **m** | **Lewias** |
| **Lewias** | leviaz | **m** | **Lewias** |
| **Leyer** | leȷ̥ɛr | **m** | **Legar** |
| **Lezig** | lezik | **m** | **Gall** |
| **Libouban** | libubâ-n | **f** | **Elibouban** |
| **Liczenn** | likzɛn | **f** | **Liczenn** |
| **Linart** | linart | **m** | **Linart** |
| **Lisa** | liza | **f** | **Loeiz** |
| **Liz** | liz | **f** | **Loeiz** |
| **Liza** | liza | **f** | **Loeiz** |
| **Lizaig** | Lizaȷ̥k | **f** | **Loeiz** |
| **Lizig** | lizik | **f** | **Loeiz** |
| **Loarne** | Lwarn | **m** | **Louarn** |
| **Loaven** | Lwavɛ̂-n | **f** | **Sève** |
| **Loeiz** | Loȷ̥s | **m** | **Loeiz** |
| **Loeiza** | Loȷ̥ıza | **f** | **Loeiz** |
| **Loeizaig** | Lojızaik | **f** | **Loeiz** |
| **Loeizig** | Loȷ̥ızik | **m** | **Loeiz** |
| **Loenan** | Lwenâ-n | **m** | **Laouenan** |
| **Loeva** | Lweva | **f** | **Sève** |
| **Loevan** | Lwevâ-n | **m** | **Laouenan** |
| **Loève** | Lwɛv | **f** | **Sève** |
| **Lohemel** | Loemɛl | **m** | **Lohemel** |
| **Loïc** | Loik | **m** | **Loig** |
| **Loïca** | Loika | **f** | **Loig** |
| **Loig** | Loîk | **m** | **Loig** |
| **Loïk** | Loik | **m** | **Loig** |
| **Loiz** | Loȷ̥s | **m** | **Loeiz** |
| **Loiza** | Loȷ̥iza | **f** | **Loeiz** |
| **Loizaig** | Loȷ̥zaik | **f** | **Loeiz** |
| **Loizig** | Loȷ̥zik | **m** | **Loeiz** |
| **Loizo** | Loȷ̥zo | **m** | **Loeiz** |
| **Loll** | Lɔl | **m** | **Olier** |

| | | | |
|---|---|---|---|
| **Lom** | Lɔm | **m** | **Gwilherm** |
| **Loman** | Lomâ-n | **m** | **Loman** |
| **Lomig** | Lomik | **m** | **Gwilherm** |
| **Lomm** | Lɔm | **m** | **Gwilherm** |
| **Lommik** | Lomik | **m** | **Gwilherm** |
| **Lormel** | Lɔrmɛl | **m** | **Luner** |
| **Louan** | Luâ-n | **m** | **Elouan** |
| **Louarn** | Luarn | **m** | **Louarn** |
| **Loudiern** | Ludjɛrn | **m** | **Louziern** |
| **Louen** | Luɛn | **m** | **Elouan** |
| **Louiz** | Luis | **m** | **Loeiz** |
| **Louizig** | Luizik | **m** | **Loeiz** |
| **Loup** | Lu | **m** | **Bleiz** |
| **Louthiern** | Lutjɛrn | **m** | **Louziern** |
| **Louziern** | Luzjɛrn | **m** | **Louziern** |
| **Luan** | Lyâ-n | **m** | **Elouan** |
| **Lubin** | lybɛ̂ | **m** | **Lubin** |
| **Luce** | lys | **f** | **Liczenn** |
| **Luca** | lyka | **f,m** | **Luca** |
| **Ludon** | lydô | **m** | **Ludon** |
| **Lugil** | lygil | **m** | **Elouan** |
| **Luhan** | lyâ-n | **m** | **Elouan** |
| **Lukaz** | lykas | **f,m** | **Luca** |
| **Lunaire** | lynɛr | **m** | **Luner** |
| **Luner** | lynɛr | **m** | **Luner** |
| **Lupien** | lypjɛ̂ | **m** | **Lupien** |
| **Lupita** | lypit | **f** | **Lupita** |
| **Lupite** | lypit | **f** | **Lupita** |
| **Mab** | mab-p | **m** | **Mabbon** |
| **Mabbon** | mabô | **m** | **Mabbon** |
| **Mabig** | mabik | **m** | **Mabbon** |
| **Macléo** | macleo | **m** | **Malo** |
| **Macliau** | macljo | **m** | **Macliave** |
| **Macliave** | macljav | **m** | **Macliave** |

| | | | |
|---|---|---|---|
| **Maclou** | maclu | **m** | **Malo** |
| **Maclov** | maclo | **m** | **Malo** |
| **Madal** | madal | **f** | **Madalen** |
| **Madalen** | madalɛn | **f** | **Madalen** |
| **Madec** | madɛk | **m** | **Madeg** |
| **Madeg** | madɛk | **m** | **Madeg** |
| **Maden** | madɛn | **m,f** | **Maden** |
| **Madenig** | madenik | **m** | **Maden** |
| **Madenn** | madɛn | **f** | **Maden** |
| **Madez** | madɛz | **f** | **Maden** |
| **Madin** | madin | **f** | **Maden** |
| **Madina** | madina | **f** | **Maden** |
| **Madoc** | madɔk | **m** | **Madeg** |
| **Madog** | madɔk | **m** | **Madeg** |
| **Maé** | mae | **m** | **Mael** |
| **Mael** | maɛl | **m,f** | **Mael** |
| **Maela** | maela | **f** | **Mael** |
| **Maelan** | maelâ-n | **m,f** | **Mael** |
| **Maeldan** | maeldâ-n | **m,f** | **Mael** |
| **Maelenn** | maelɛn | **f** | **Mael** |
| **Maelez** | maelɛz | **f** | **Mael** |
| **Maelgon** | maelgô-n | **m** | **Maelgon** |
| **Maelig** | maelik | **m** | **Mael** |
| **Maëlle** | maɛl | **f** | **Mael** |
| **Maëlmon** | maɛlmô | **m** | **Maëlmon** |
| **Maelwenn** | maɛlwɛn | **f** | **Maelwenn** |
| **Maeoc** | mɛɔk | **m** | **Mayeul** |
| **Maewenn** | mɛwɛn | **f** | **Maelwenn** |
| **Maglo** | maglo | **m** | **Maglo** |
| **Magloire** | maglwar | **m** | **Maglo** |
| **Maglor** | maglɔr | **m** | **Maglo** |
| **Mahe** | mae | **m** | **Mazhe** |
| **Maho** | maw | **m** | **Mazhe** |
| **Mahou** | mau | **m** | **Malc** |

| | | | |
|---|---|---|---|
| **Mahyeuc** | majœk | **m** | **Mayeul** |
| **Mai** | mɛ | **f** | **Mai** |
| **Maian** | majan | **f,m** | **Maiann, Majan** |
| **Maiann** | majan | **f** | **Maiann** |
| **Mailis** | majliz | **f** | **Mailis** |
| **Mailloc** | mɛlɔk | **m** | **Mael** |
| **Maina** | majna | **f** | **Marianna** |
| **Maiwenn** | majwɛn | **f** | **Maiwenn** |
| **Majan** | majâ-n | **m** | **Majan** |
| **Malmon** | malmô | **m** | **Maëlmon** |
| **Malo** | malo | **m** | **Malo** |
| **Maloù** | malu | **m** | **Malo** |
| **Maluenne** | malwɛn | **f** | **Nolwenn** |
| **Mandé** | mâde | **m** | **Maodez** |
| **Maner** | manɛr | **m** | **Maunoir** |
| **Manna** | mana | **f** | **Marianna** |
| **Mannaig** | manaʝk | **f** | **Marianna** |
| **Mansuet** | mâsyɛt | **m** | **Mansuet** |
| **Maodan** | modâ-n | **m** | **Maodan** |
| **Maodez** | modɛz | **m** | **Maodez** |
| **Marbode** | marbode | **m** | **Marbode** |
| **Marc** | mark | **m** | **Marc'h** |
| **Marcan** | markâ | **m** | **Marcan** |
| **Marc'h** | marɦ | **m** | **Marc'h** |
| **Marc'haid** | marɦɛʝd | **f** | **Marc'harid** |
| **Marc'han** | marɦâ-n | **m** | **Marcan** |
| **Marc'harid** | marɦarit | **f** | **Marc'harid** |
| **Margaid** | margɛʝt | **f** | **Marc'harid** |
| **Margod** | margɔt | **f** | **Marc'harid** |
| **Mari** | mari | **f** | **Mari** |
| **Maria** | marʝa | **f** | **Mari** |
| **Marianig** | marʝanik | **f** | **Mariannig** |
| **Marianna** | marʝana | **f** | **Marianna** |
| **Mariannick** | marʝanik | **f** | **Mariannig** |

| | | | |
|---|---|---|---|
| **Mariannig** | marʲanik | f | **Mariannig** |
| **Marijo** | mariʒo | f | **Marijo** |
| **Mari-Morgan** | mari-morgan | f | **Morgane** |
| **Marine** | marin | f | **Marine** |
| **Marivon** | marivɔn | f | **Marivon** |
| **Marivonig** | marivonik | f | **Marivon** |
| **Mark** | mark | m | **Marc'h** |
| **Markan** | markɑ̂ | m | **Marcan** |
| **Marmohec** | marmwɛk | m | **Marmohec** |
| **Mars** | mars | m | **Mars** |
| **Martin** | martɛ̂ | m | **Marzhin** |
| **Mary-Morgane** | mari-morgan | f | **Mary-Morgane** |
| **Mar'Yvona** | marivona | f | **Marivon** |
| **Marzhin** | marzin | m | **Marzhin** |
| **Marzhina** | marzina | f | **Marzhin** |
| **Marzin** | marzin | m | **Marzhin** |
| **Matelin** | matelin | m | **Mathurin** |
| **Matéo** | mateo | m | **Mazhe** |
| **Mathée** | mate | m | **Mazhe** |
| **Mathelin** | matelin | m | **Mathurin** |
| **Mathelinic** | matelinik | m | **Mathurin** |
| **Matheo** | mateo | m | **Mazhe** |
| **Matheu** | mateo | m | **Mazhe** |
| **Mathieu** | matʲø | m | **Mazhe** |
| **Mathuédoë** | matwede | m | **Mathuedoï** |
| **Mathuedoï** | matwedi | m | **Mathuedoï** |
| **Mathurin** | matyrɛ̂ | m | **Mathurin** |
| **Matilin** | matilin | m | **Mathurin** |
| **Matilina** | matilina | m | **Mathurin** |
| **Maudan** | modɑ̂-n | m | **Maodan** |
| **Maudet** | modɛt | m | **Maodez** |
| **Maudez** | modɛz | m | **Maodez** |
| **Maulde** | mod | m | **Maodez** |
| **Maunoir** | monwar | m | **Maunoir** |

| | | | |
|---|---|---|---|
| **Maurice** | moris | **m** | **Moris** |
| **Mayeul** | majøl | **m** | **Mayeul** |
| **Mayeux** | maʝø | **m** | **Mayeul** |
| **Mazé** | maze | **m** | **Mazhe** |
| **Mazhe** | maze | **m** | **Mazhe** |
| **Mazheav** | mazeo | **m** | **Mazhe** |
| **Mazhev** | mazeo | **m** | **Mazhe** |
| **Mazho** | mazo | **m** | **Mazhe** |
| **Méal** | meal | **m** | **Mael** |
| **Méaugon** | meogô | **m** | **Maelgon** |
| **Méen** | meε̂ | **m** | **Méen** |
| **Meheuc** | meœk | **m** | **Mayeul** |
| **Mel** | mεl | **m** | **Mael** |
| **Melaine** | mølεn | **m** | **Melaine** |
| **Mélair** | melεr | **m** | **Melar** |
| **Mélaire** | melεr | **m** | **Melar** |
| **Melan** | mølâ-n | **m** | **Melaine** |
| **Melany** | melani | **m,f** | **Melaine** |
| **Melar** | melar | **m** | **Melar** |
| **Mélarie** | melari | **f** | **Nonn** |
| **Meldoc** | mεldɔk | **m** | **Meldroc** |
| **Meldog** | mεldɔk | **m** | **Meldroc** |
| **Meldroc** | mεldrɔk | **m** | **Meldroc** |
| **Melen** | mølεn | **m** | **Melaine** |
| **Méliau** | meʝo | **m** | **Miliau** |
| **Meliaw** | meʝo | **m** | **Miliau** |
| **Melin** | melin | **m** | **Melaine** |
| **Meloar** | melwar | **m** | **Melar** |
| **Méloir** | melwar | **m** | **Melar** |
| **Menou** | mønu | **m** | **Menou** |
| **Mer** | mεr | **f** | **Mari** |
| **Méréadec** | mereadεk | **m** | **Meriadeg** |
| **Mergat** | mεrqat | **m** | **Ergat** |
| **Mériadec** | merʝadεk | **m** | **Meriadeg** |

| | | | |
|---|---|---|---|
| **Meriadeg** | merjadɛk | **m** | **Meriadeg** |
| **Meriadek** | merjadɛk | **m** | **Meriadeg** |
| **Merlig** | mɛrlik | **m** | **Merlin** |
| **Merlin** | mɛrlɛ̂ | **m** | **Merlin** |
| **Metig** | metik | **m** | **Gwilherm** |
| **Meurzh** | mœrz | **m** | **Mars** |
| **Meven** | mevɛn | **m** | **Méen** |
| **Mevena** | mevenɑ | **f** | **Méen** |
| **Mevenez** | mevenɛz | **f** | **Méen** |
| **Mewen** | mewɛn | **m** | **Méen** |
| **Mewena** | mewena | **f** | **Méen** |
| **Mewenez** | mewenɛz | **f** | **Méen** |
| **Miau** | mio | **m** | **Méen** |
| **Mieu** | miø | **m** | **Mieu** |
| **Mieux** | miø | **m** | **Mieu** |
| **Mikael** | mikɑɛl | **m** | **Mikael** |
| **Mikaela** | mikɑelɑ | **f** | **Mikael** |
| **Mikaelig** | mikɑelik | **m** | **Mikael** |
| **Mikel** | mikɛl | **m** | **Mikael** |
| **Mikela** | mikela | **f** | **Mikael** |
| **Milian** | miljɑ̂-n | **m** | **Emilion** |
| **Miliau** | miljo | **m** | **Miliau** |
| **Miliaw** | miljo | **m** | **Miliau** |
| **Milig** | milik | **m** | **Milig** |
| **Milio** | miljo | **m** | **Miliau** |
| **Milion** | miljô | **m** | **Emilion** |
| **Min** | min | **m** | **Méen** |
| **Minig** | minik | **m** | **Méen** |
| **Mioc** | mjɔk | **m** | **Mieu** |
| **Modan** | modɑ̂-n | **m** | **Maodan** |
| **Modéran** | moderɑ̂ | **m** | **Modéran** |
| **Modez** | modɛz | **m** | **Maodez** |
| **Molan** | molɑ̂-n | **m** | **Melaine** |
| **Molff** | molf | **m** | **Molff** |

| | | | |
|---|---|---|---|
| **Molien** | molj̯ɛ̂ | **m** | **Melaine** |
| **Molin** | molɛ̂ | **m** | **Melaine** |
| **Moluan** | molyɑ̂-n | **m** | **Elouan** |
| **Molvan** | molvɑ̂-n | **m** | **Morvan** |
| **Mon** | mɔn | **m** | **Yves** |
| **Mon** | mɔn | **f** | **Mona** |
| **Mona** | monɑ | **f** | **Mona** |
| **Monik** | monik | **f** | **Mona** |
| **Monna** | monɑ | **f** | **Mona** |
| **Moran** | morɑ̂-n | **m** | **Moran, Modéran** |
| **Morana** | moranɑ | **f** | **Moran** |
| **Morand** | morɑ̂ | **m** | **Moran, Modéran** |
| **Morbad** | mɔrbɑd | **m** | **Morbret** |
| **Morbed** | mɔrbɛd | **m** | **Morbret** |
| **Morbret** | mɔrbrɛt | **m** | **Morbret** |
| **Morchael** | mɔrkɛl | **m** | **Morchael** |
| **Mordiern** | mɔrdjɛrn | **m** | **Mordiern** |
| **Morgad** | mɔrgɑt | **m** | **Morgad** |
| **Morgan** | mɔrgɑn | **f** | **Morgane** |
| **Morgana** | mɔrgɑna | **f** | **Morgane** |
| **Morgane** | mɔrgɑn | **f** | **Morgane** |
| **Morganez** | mɔrgɑnɛz | **f** | **Morgane** |
| **Morgat** | mɔrgɑt | **m** | **Ergat** |
| **Moris** | moris | **m** | **Moris** |
| **Morna** | mɔrnɑ | **f** | **Moran** |
| **Morvan** | mɔrvɑ̂ | **m** | **Morvan** |
| **Morvana** | mɔrvɑnɑ | **f** | **Morvan** |
| **Morvannen** | mɔrvɑnɛn | **f** | **Morvan** |
| **Morvred** | mɔrvrɛd | **m** | **Morbret** |
| **Morwenna** | mɔrwenɑ | **f** | **Morvan** |
| **Mouran** | murɑ̂-n | **m** | **Moran** |
| **Muin** | myin | **m** | **Munis** |
| **Munis** | mynis | **m** | **Munis** |
| **Naig** | nɑj̯k | **f** | **Alan, Anna** |

| | | | |
|---|---|---|---|
| **Nan** | nâ-n | **m,f** | **Ronan** |
| **Nanna** | nana | **f** | **Ronan** |
| **Nannig** | nanik | **f** | **Anna** |
| **Nannig** | nanik | **f,m** | **Ronan** |
| **Nazaire** | nazɛr | **m** | **Nazaire** |
| **Nazer** | nazɛr | **f** | **Nazaire** |
| **Nedeleg** | nedelɛk | **m,f** | **Nedeleg** |
| **Nelig** | nelik | **f** | **Oanez** |
| **Nellig** | nelik | **f** | **Oanez** |
| **Nenec** | nenɛk | **f,m** | **Ninnog** |
| **Neneg** | nenɛk | **f,m** | **Ninnog** |
| **Nennoc'h** | nɛnnɔɦ | **m,f** | **Nonna** |
| **Nennok** | nɛnnɔk | **f** | **Ninnog** |
| **Nenog** | nenɔk | **f** | **Ninnog** |
| **Nérin** | nerɛ̂ | **m** | **Nérin** |
| **Neven** | nevɛn | **m,f** | **Neven** |
| **Nevena** | nevena | **f** | **Neven** |
| **Nevenoe** | nevenoe | **m** | **Nevenoe** |
| **Nevenou** | nevenu | **m** | **Nevenoe** |
| **Neventer** | nevɛ̂tɛr | **m** | **Neventer** |
| **Nezig** | nezik | **f** | **Levenez, Oanez** |
| **Nic** | nik | **m** | **Nic** |
| **Nicaise** | nikɛz | **m** | **Nic** |
| **Nicodème** | nikodɛm | **m** | **Nigouden** |
| **Nicolas** | nikolas | **m** | **Nikolaz** |
| **Niel** | nʝɛl | **f** | **Ninian** |
| **Nigouden** | nıgudɛ̂ | **m** | **Nigouden** |
| **Nikola** | nikola | **m** | **Nikolaz** |
| **Nikolaz** | nikolaz | **m** | **Nikolaz** |
| **Nikolazig** | nikolazik | **m** | **Nikolaz** |
| **Nin** | nin | **f** | **Ninian** |
| **Nina** | nina | **f** | **Ninian** |
| **Ninian** | niniâ | **m** | **Ninian** |
| **Ninoc'h** | ninɔɦ | **f** | **Ninnog** |

| | | | |
|---|---|---|---|
| **Ninnog** | nınɔk | **f** | **Ninnog** |
| **Ninnok** | nınɔk | **f** | **Ninnog** |
| **Ninog** | nınɔk | **f** | **Ninnog** |
| **Noalig** | nwalık | **f** | **Nolwenn** |
| **Noaluenn** | nwalwɛn | **f** | **Nolwenn** |
| **Noan** | nwan | **f** | **Oanez** |
| **Noël** | noɛl | **m,f** | **Nedeleg** |
| **Noela** | noela | **f** | **Nedeleg** |
| **Noelig** | noelik | **m,f** | **Nedeleg** |
| **Nolig** | nolik | **m,f** | **Nedeleg** |
| **Noluen** | nolwɛn | **f** | **Nolwenn** |
| **Noluenn** | nolwɛn | **f** | **Nolwenn** |
| **Nolwenn** | nolwɛn | **f** | **Nolwenn** |
| **Noménoë** | nomenoe | **m** | **Nevenoe** |
| **Nominoë** | nominoe | **m** | **Nevenoe** |
| **Nona** | nona | **m,f** | **Nonna** |
| **Nonn** | nɔn | **f** | **Nonn** |
| **Nonna** | nona | **m,f** | **Nonna** |
| **Nonne** | nɔn | **f** | **Nonn** |
| **Nonnic m** | nonik | **m,f** | **Nonn, Nonna** |
| **Nonnik m** | nonık | **m,f** | **Nonn, Nonna** |
| **Norig** | norık | **f** | **Aenor** |
| **Nouel** | nuɛl | **m,f** | **Nedeleg** |
| **Nouela** | nuela | **m,f** | **Nedeleg** |
| **Nouga** | nuga | **m** | **Nonna** |
| **Noun** | nun | **m** | **Yves** |
| **Noyale** | nwâjal | **f** | **Nolwenn** |
| **Nun** | nun | **m** | **Yves** |
| **Nuz** | nyz | **m** | **Nuz** |
| **Oan** | wan | **m** | **Oanez** |
| **Oanell** | wanɛl | **f** | **Oanez** |
| **Oanellig** | wanelik | **f** | **Oanez** |
| **Oanez** | wanɛz | **f** | **Oanez** |
| **Oanezig** | wanezik | **f** | **Oanez** |

| | | | |
|---|---|---|---|
| **Oanig** | wanik | **m** | **Oanez** |
| **Ober** | obɛr | **m** | **Aubert** |
| **Oberon** | oberô-n | **m** | **Aubert** |
| **Oedmal** | wɛdmal | **m** | **Oedmal** |
| **Olcan** | olkâ-n | **m** | **Olcan** |
| **Olier** | oljɛʀ | **m** | **Olier** |
| **Olive** | oliv | **f** | **Olier** |
| **Olivier** | olivje | **m** | **Olier** |
| **Ollier** | oljɛr | **m** | **Olier** |
| **Onen** | onɛn | **m** | **Onen** |
| **Onenn** | onɛn | **f** | **Onnen** |
| **Onenne** | onɛn | **f** | **Onnen** |
| **Onet** | onɛt | **m** | **Onen** |
| **Onnen** | onɛn | **f** | **Onnen** |
| **Oona** | una | **f** | **Onnen** |
| **Osmane** | osman | **f** | **Osmane** |
| **Oudocée** | udose | **m** | **Oudocée** |
| **Ouzog** | uzɔk | **m** | **Oudocée** |
| **Ozvan** | ozvâ-n | **f** | **Osmane** |
| **Paban** | Pabâ | **m** | **Tudal** |
| **Pabu** | Pabʏ | **m** | **Tudal** |
| **Padern** | Padɛrn | **m** | **Patern** |
| **Padraeg** | Padreg | **m** | **Padrig** |
| **Padrig** | Padrik | **m** | **Padrig** |
| **Paer** | Pɛr | **m** | **Patern** |
| **Padriga** | Padrika | **f** | **Padrig** |
| **Padrigez** | Padrikɛz | **f** | **Padrig** |
| **Paer** | Pɛr | **m** | **Patern** |
| **Paol** | Paːol | **m** | **Pol** |
| **Paolig** | Paolik | **m** | **Pol** |
| **Pascweten** | Paskvetɛn | **m** | **Paskweten** |
| **Paskal** | Paskal | **f** | **Paskal** |
| **Paskela** | Paskela | **f** | **Paskal** |
| **Pasker** | Paskɛr | **m** | **Pasquier** |

| | | | |
|---|---|---|---|
| **Paskou** | Pasku | m | **Paskal** |
| **Paskweten** | Paskvetɛr | m | **Paskweten** |
| **Pasquier** | Paskje | m | **Pasquier** |
| **Patern** | Patɛrn | m | **Patern** |
| **Patrice** | Patris | m | **Padrig** |
| **Patrick** | Patrik | m | **Padrig** |
| **Patrig** | Patrik-g | m | **Padrig** |
| **Patriga** | Patrik-ga | f | **Padrig** |
| **Patrik** | Patrik | m | **Padrig** |
| **Pedern** | Pedɛrn | m | **Patern** |
| **Pekan** | Pekâ-n | m | **Pekan** |
| **Per** | Pɛr | m | **Per** |
| **Peran** | Perâ | m | **Peran** |
| **Perec** | Perɛk | m | **Pereg** |
| **Pereg** | Perek | m | **Pereg** |
| **Perez** | Perɛz | f | **Per** |
| **Pergad** | Pɛrgat | m | **Bergat** |
| **Pergat** | Pɛrgat | m | **Bergat** |
| **Pergobat** | Pɛrgobat | m | **Bergat** |
| **Perick** | Perik | m | **Per** |
| **Perig** | Perik | m | **Per** |
| **Perlezenn** | Pɛrlezɛn | f | **Perlezenn** |
| **Pern** | Pɛrn | m | **Patern** |
| **Perreux** | Perø | m | **Pereg** |
| **Petran** | Petrâ | m | **Peran** |
| **Pétroc** | Petrɔk | m | **Pereg** |
| **Petrog** | Petrɔk | m | **Pereg** |
| **Petrounel** | Petrunɛl | f | **Petrounel** |
| **Pever** | Pevɛr | m | **Pever** |
| **Pezr** | Pɛr | m | **Per** |
| **Pezrez** | Perɛz | f | **Per** |
| **Philbert** | Filber | m | **Filberz** |
| **Philibert** | Fılıber | m | **Filberz** |
| **Philippe** | Fılip | m | **Fulup** |

| | | | |
|---|---|---|---|
| **Piarik** | Pʝarik | **m** | **Per** |
| **Pier** | Pjɛr | **m** | **Per** |
| **Pierig** | Pjerik | **m** | **Per** |
| **Plerre** | Pjɛr | **m** | **Per** |
| **Pierrick** | Pjerik | **m** | **Per** |
| **Pierrig** | Pjerik | **m** | **Per** |
| **Pipi** | PiPi | **m** | **Per** |
| **Plezou** | Plezu | **f** | **Bleiz** |
| **Pol** | Pɔl | **m** | **Pol** |
| **Polig** | Polık | **m** | **Pol** |
| **Polla** | Polɑ | **f** | **Pol** |
| **Pompée** | Pôpe | **f** | **Koupaia** |
| **Potan** | potɑ̂ | **m** | **Potan** |
| **Potentin** | potɑ̂tɛ̂ | **m** | **Potan** |
| **Preden** | predɛ̂ | **m** | **Preden** |
| **Primaël** | primaɛl | **m** | **Primel** |
| **Primel** | primɛl | **m** | **Primel** |
| **Primela** | primelɑ | **f** | **Primel** |
| **Privael** | privaɛl | **m** | **Primel** |
| **Privel** | privɛl | **m** | **Primel** |
| **Privela** | privelɑ | **m** | **Primel** |
| **Pyriec** | pirjɛk | **m** | **Pyriec** |
| **Quadanoc** | Kadanɔk | **m** | **Eumael** |
| **Quay** | Kɛ | **m** | **Ke** |
| **Quémeau** | Kemo | **m** | **Quémeau** |
| **Querrien** | Kerʝɛ̂ | **m** | **Kerrien** |
| **Quideau** | Kido | **m** | **Guido** |
| **Raffig** | rafık | **m** | **Raffig** |
| **Ratian** | ratjɑ̂ | **m** | **Ratian** |
| **Ravent** | ravɑ̂ | **m** | **Ravent** |
| **Renan** | rønɑ̂ | **m** | **Ronan** |
| **René** | røne | **m** | **Reun** |
| **Renea** | reneɑ | **f** | **Renea** |
| **Reneaok** | reneɔk | **f** | **Renea** |

| | | | |
|---|---|---|---|
| **Reneok** | renеɔk | **f** | **Renea** |
| **Reun** | røn | **m** | **Reun** |
| **Reunan** | rønɑ̂ | **m** | **Ronan** |
| **Reunannez** | rønanɛz | **f** | **Ronan** |
| **Revarai** | revare | **m** | **Riware** |
| **Riagad** | rjagad | **m** | **Riagad** |
| **Riagat** | rjagat | **m** | **Riagad** |
| **Riauc** | rɪɔk | **m** | **Riog** |
| **Riec** | rɪɛk | **m** | **Riog** |
| **Rieg** | riɛk | **m** | **Riog** |
| **Rien** | rɪɛ̂ | **m** | **Rion** |
| **Rieu** | rɪø | **m** | **Riog** |
| **Rieuc** | rɪœk | **m** | **Riog** |
| **Rieul** | rɪœl | **m** | **Riog** |
| **Rigour** | rigur | **m** | **Rigour** |
| **Rigual** | rigyal | **m** | **Riwal** |
| **Riguald** | rigyald | **m** | **Riguald** |
| **Rioc** | riɔk | **m** | **Riog** |
| **Riocat** | rioka | **m** | **Riog** |
| **Riog** | riɔk | **m** | **Riog** |
| **Riok** | riɔk | **m** | **Riog** |
| **Riom** | rɪɔm | **m** | **Rion** |
| **Rion** | rɪɔn | **m** | **Rion** |
| **Riothame** | rɪotam | **m** | **Riothime** |
| **Riothime** | rɪotim | **m** | **Riothime** |
| **Riotus** | riotys | **m** | **Riothime** |
| **Riou** | riu | **m** | **Riog** |
| **Riowen** | rɪowɛn | **m** | **Rion** |
| **Riual** | rɪyal | **m** | **Riwal** |
| **Rivalin** | rivalɛ̂ | **m** | **Rivalin** |
| **Rivanone** | rivanɔn | **f** | **Riwanon** |
| **Rivelen** | rɪvelɛ̂ | **m** | **Rivelen** |
| **Rivoal** | rivoal | **m** | **Riwal** |
| **Rivoaré** | rivoaré | **m** | **Riware** |

| | | | |
|---|---|---|---|
| **Riwal** | riwal | m | **Riwal** |
| **Riwalan** | riwalâ | m | **Rivelen** |
| **Riwalenn** | riwalɛn | f | **Riwal** |
| **Riwalig** | riwalik | m | **Riwal** |
| **Riwall** | riwal | m | **Riwal** |
| **Riwallon** | rıwalô-n | m | **Riwal** |
| **Riwan** | rıwân | m | **Riwan** |
| **Riwana** | riwana | f | **Riwan, Riwanon** |
| **Riwanon** | riwanɔn | f | **Riwanon** |
| **Riware** | riware | m | **Riware** |
| **Robert** | robɛr | m | **Roparzh** |
| **Roch** | rɔk | m | **Roch** |
| **Rogasian** | rogasjâ-n | m | **Rogatien** |
| **Rogatien** | rogasj̥ɛ̂ | m | **Rogatien** |
| **Ronan** | ronâ | m | **Ronan** |
| **Ronana** | ronana | f | **Ronan** |
| **Ronannez** | ronanɛz | f | **Ronan** |
| **Roparzh** | ropars | m | **Roparzh** |
| **Roperzh** | ropɛrs | m | **Roparzh** |
| **Roza** | roza | f | **Roza** |
| **Rozenn** | rozɛn | f | **Rozenn** |
| **Ruellan** | ryelâ-n | m | **Ruellen** |
| **Ruellen** | ryelɛn | m | **Ruellen** |
| **Ruellin** | ryelɛ̂-n | m | **Ruellen** |
| **Ruellon** | ryelô-n | m | **Ruellen** |
| **Ruivas** | ryıvas | m | **Ruivas** |
| **Rumon** | rymɔn | m | **Rumon** |
| **Ruvon** | ryvɔn | m | **Rumon** |
| **Ruvona** | ryvona | f | **Rumon** |
| **Ruvonenn** | ryvonɛn | f | **Rumon** |
| **Salaun** | salɛ̂ | m | **Salaun** |
| **Salomon** | salomô | m | **Salaun** |
| **Samson** | sâsô | m | **Samson** |
| **Samzun** | sâzyn | m | **Samson** |

| | | | |
|---|---|---|---|
| **Sane** | sane | **m** | **Sezni** |
| **Second** | segô | **m** | **Secondel** |
| **Secondel** | segôdɛl | **m** | **Secondel** |
| **Segal** | søgal | **m** | **Segal** |
| **Segondel** | segôdɛl | **m** | **Secondel** |
| **Sekondel** | segôdɛl | **m** | **Secondel** |
| **Selvestr** | sɛlvɛstr | **m** | **Sylvestre** |
| **Senan** | sønâ-n | **m** | **Sezni** |
| **Sengar** | sɛ̂gar | **m** | **Segal** |
| **Seni** | seni | **m** | **Sezni** |
| **Seo** | seo | **m** | **Sève** |
| **Seoc** | seɔk | **m** | **Sieuc** |
| **Servais** | sɛrvɛ | **m** | **Servais** |
| **Servan** | sɛrvâ-n | **m** | **Servan** |
| **Servane** | sɛrvan | **f** | **Servan** |
| **Sev** | sɛv | **f,m** | **Sève** |
| **Sève** | sɛv | **f** | **Sève** |
| **Séver** | sevɛr | **m** | **Séver** |
| **Sew** | sev | **f** | **Sève** |
| **Sez** | sez | **m** | **Fransez** |
| **Seza** | seza | **f** | **Franseza** |
| **Sezaic** | sezajk | **f** | **Franseza** |
| **Sezaig** | sezajk | **f** | **Franseza** |
| **Sezig** | sezik | **m** | **Fransez** |
| **Sézin** | sezɛ̂ | **m** | **Sezni** |
| **Sezneg** | sɛznɛk | **m** | **Sezni** |
| **Sezni** | sɛzni | **m** | **Sezni** |
| **Sieu** | siø | **m** | **Sieuc** |
| **Sieuc** | siœk | **m** | **Sieuc** |
| **Silvestik** | sɪlvɛstik | **m** | **Sylvestre** |
| **Silvestr** | sɪlvɛstr | **m** | **Sylvestre** |
| **Siman** | simâ-n | **m** | **Sieuc** |
| **Similian** | sɪmɪljâ-n | **m** | **Similien** |
| **Similien** | sɪmilɪɛ̂ | **m** | **Similien** |

| | | | |
|---|---|---|---|
| **Siril** | sɪrɪl | **m** | **Kirill** |
| **Siviau** | sivʝo | **m** | **Sieuc** |
| **Sklaer** | sklɛr | **m** | **Clair** |
| **Sklaera** | sklerɑ | **f** | **Sklerijenn** |
| **Sklaerder** | sklɛrdɛr | **f** | **Sklerijenn** |
| **Sklaerenn** | sklerɛn | **f** | **Sklerijenn** |
| **Sklerijenn** | skleriʒɛn | **f** | **Sklerijenn** |
| **Soa** | swɑ | **m** | **Fransez** |
| **Soaig** | swɑzɪk | **m** | **Fransez** |
| **Soaz** | swɑz | **f** | **Franseza** |
| **Soazig** | swɑzik | **f** | **Franseza** |
| **Soen** | swɛn | **m** | **Yves** |
| **Soez** | swɛz | **f** | **Franseza** |
| **Soezic** | swɛzɪk | **f** | **Franseza** |
| **Soig** | swɑjk | **m** | **Fransez** |
| **Soizic** | swɑzik | **f** | **Franseza** |
| **Soizig** | swɑzik | **f** | **Franseza** |
| **Solen m** | solɛn | **f,m** | **Solen** |
| **Solena** | solenɑ | **f** | **Solen** |
| **Solène** | solɛn | **f** | **Solen** |
| **Solenn** | solɛn | **f** | **Solen** |
| **Stefan** | stefɑ̂-n | **m** | **Stefan** |
| **Steon** | steô-n | **m** | **Stefan** |
| **Steren** | sterɛn | **f** | **Steren** |
| **Sterenn** | sterɛr | **f** | **Steren** |
| **Stévan** | stevɑ̂ | **m** | **Stévan** |
| **Sul** | syl | **m** | **Suliac** |
| **Suliac** | syljɑk | **m** | **Suliac** |
| **Suliau** | sylʝo | **m** | **Suliac** |
| **Sulien** | syljɛ̂-n | **m** | **Suliac** |
| **Sullian** | syljɑ̂-n | **m** | **Suliac** |
| **Sulio** | sylʝo | **m** | **Suliac** |
| **Sylvestre** | sylvɛstr | **m** | **Sylvestre** |
| **Tadec** | tadɛk | **m** | **Tadeg** |

| | | | |
|---|---|---|---|
| **Tadeg** | tadɛk | **m** | **Tadeg** |
| **Tadoc** | tadɔk | **m** | **Tadeg** |
| **Tadou** | tadu | **m** | **Tadeg** |
| **Taliésimm** | taljezim | **m** | **Taliésimm** |
| **Taliésin** | taljezin | **m** | **Taliésimm** |
| **Taneguy** | tangi | **m** | **Tanguy** |
| **Tangi** | tâgi | **m** | **Tanguy** |
| **Tangou** | tâgu | **m** | **Tanguy** |
| **Tanguy** | tâgi | **m** | **Tanguy** |
| **Tanneguy** | tangi | **m** | **Tanguy** |
| **Taran** | tarâ-n | **m** | **Taran** |
| **Tariec** | tarjɛk | **m** | **Tarieg** |
| **Tarieg** | tarjɛk | **m** | **Tarieg** |
| **Tegoneg** | tegonɛk | **m** | **Tegoneg** |
| **Teï** | tej | **m** | **Teï** |
| **Teïla** | tejla | **f** | **Telo** |
| **Tekl** | tɛkl | **m** | **Tekl** |
| **Tekla** | tekla | **f** | **Tekl** |
| **Téliau** | teljo | **m** | **Telo** |
| **Tella** | tɛla | **f** | **Telo** |
| **Telo** | telo | **m** | **Telo** |
| **Tenedor** | tenedɔr | **m** | **Tenenan** |
| **Tenenan** | tenenä | **m** | **Tenenan** |
| **Tergat** | tɛrgat | **m** | **Ergat** |
| **Tetvin** | tɛtuın | **m** | **Tethwin** |
| **Tethwin** | tɛtwin | **m** | **Tethwin** |
| **Teune** | tøn | **f** | **Tunvez** |
| **Tevarzeg** | tevarzɛk | **m** | **Evarzheg** |
| **Tévé** | tevé | **m** | **Tévé** |
| **Tévet** | tevɛt | **m** | **Démet** |
| **Tezwin** | tewin | **m** | **Tethwin** |
| **Théau** | teo | **m** | **Tekl** |
| **Thècle** | tɛkl | **m** | **Tekl** |
| **Thégonnec** | tegonɛk | **m** | **Tegonec** |

| | | | |
|---|---|---|---|
| **Théleau** | telo | **m** | **Telo** |
| **Théliau** | teljo | **m** | **Telo** |
| **Thélo** | telo | **m** | **Telo** |
| **Théo** | teo | **m** | **Théodore** |
| **Théodore** | teodɔr | **m** | **Théodore** |
| **Theomatha** | teomata | **f** | **Tunvez** |
| **Théophile** | teofil | **m** | **Théodore** |
| **Thernen** | tɛrnɛ̂ | **m** | **Hernin** |
| **They** | tɛ | **m** | **They** |
| **Thierry** | tjeri | **m** | **Tieri** |
| **Thiphaine** | tifɛn | **f** | **Thiphaine** |
| **Thivisiau** | tivɪzjo | **m** | **Tivizio** |
| **Thomas** | tomas | **m** | **Tomaz** |
| **Thumeth** | tymɛt | **f** | **Tunvez** |
| **Thumette** | tymɛt | **f** | **Tunvez** |
| **Thuriaf** | tyrjav | **m** | **Turio** |
| **Thurial** | tyrjal | **m** | **Turio** |
| **Thurian** | tyryâ | **m** | **Turio** |
| **Thuriau** | tyrio | **m** | **Turio** |
| **Thurien** | tyrjɛ̂ | **m** | **Turio** |
| **Tieri** | tjeri | **m** | **Tieri** |
| **Tiernmaël** | tjɛrmɛl | **m** | **Tiernvael** |
| **Tiernvael** | tjɛrvɛl | **m** | **Tiernvael** |
| **Tifenn** | tifɛr | **f** | **Thiphaine** |
| **Tigrid** | tigrid | **f** | **Tirid** |
| **Tigride** | tigrid | **f** | **Tirid** |
| **Tilio** | tiljo | **m** | **Telo** |
| **Tin** | tin | **f** | **Corentin** |
| **Tina** | tina | **f** | **Corentin** |
| **Tinaig** | tinajk | **f** | **Corentin** |
| **Tinidor** | tɪnidɔr | **m** | **Tenenan** |
| **Tiphaine** | tifɛn | **f** | **Thiphaine** |
| **Tirid** | tirid | **f** | **Tirid** |
| **Tivio** | tivjo | **m** | **Tivizio** |

| | | | |
|---|---|---|---|
| **Tiviziav** | tivizjaw | **m** | **Tivizio** |
| **Tivizio** | tivizjo | **m** | **Tivizio** |
| **Tlio** | teljo | **m** | **Telo** |
| **Toll** | tɔl | **m** | **Dogmael** |
| **Tomaz** | tomaz | **m** | **Tomaz** |
| **Tonan** | tonâ-n | **m** | **Donan** |
| **Touezeg** | tuezɛk | **m** | **Gouesnou** |
| **Toussaint** | tusɛ̂ | **m** | **Toussaint** |
| **Trefin** | trefin | **f** | **Trifina** |
| **Tréguier** | tregje | **m** | **Tudal** |
| **Trémar** | tremar | **m** | **Tremeur** |
| **Tremeur** | tremœr | **m** | **Tremeur** |
| **Tréphine** | trefin | **f** | **Trifina** |
| **Trestan** | trɛstâ-n | **m** | **Tristan** |
| **Trestana** | trɛstana | **f** | **Tristan** |
| **Trever** | trevɛr | **m** | **Tremeur** |
| **Treveur** | trevœr | **m** | **Tremeur** |
| **Trévor** | trevɔr | **m** | **Tremeur** |
| **Trifin** | trɪfɪn | **f** | **Trifin** |
| **Trifina** | trifɪna | **f** | **Trifina** |
| **Tristan** | trɪstâ | **m** | **Tristan** |
| **Tristana** | trɪstana | **f** | **Tristan** |
| **Tryphina** | trɪfɪna | **f** | **Trifina** |
| **Tryphine** | trɪfin | **f** | **Trifina** |
| **Tual** | tyal | **m** | **Tudal** |
| **Tuala** | tyala | **f** | **Tudal** |
| **Tualenn** | tyalɛr | **f** | **Tudal** |
| **Tudal** | tydal | **m** | **Tudal** |
| **Tudala** | tydala | **f** | **Tudal** |
| **Tudalenn** | tydalɛn | **f** | **Tudal** |
| **Tudec** | tydɛk | **m** | **Tudeg** |
| **Tudeg** | tydɛk | **m** | **Tudeg** |
| **Tudel** | tydɛl | **m** | **Tudal** |
| **Tudi** | tydi | **m** | **Tudi** |

| | | | |
|---|---|---|---|
| **Tudon** | tydô-n | **m** | **Tudon** |
| **Tudona** | tydona | **f** | **Tudon** |
| **Tudual** | tydyal | **m** | **Tudal** |
| **Tudwal** | tydyal | **m** | **Tudal** |
| **Tudy** | tydi | **m** | **Tudi** |
| **Tugal** | tyqal | **m** | **Tudal** |
| **Tugdon** | tydô-n | **m** | **Tudon** |
| **Tugdonie** | tydoni | **f** | **Tudon** |
| **Tugdual** | tydyal | **m** | **Tudal** |
| **Tugen** | tygen | **m** | **Tujen** |
| **Tujan** | tyʒɑ̂ | **m** | **Tujen** |
| **Tujane** | tyʒan | **f** | **Tujen** |
| **Tujean** | tyʒɑ̂ | **m** | **Tujen** |
| **Tujen** | tyʒɛn | **m** | **Tujen** |
| **Tumeth** | tymɛt | **f** | **Tunvez** |
| **Tunevel** | tynvɛl | **f** | **Tunvel** |
| **Tunvé** | tynve | **f** | **Tunvez** |
| **Tunvel** | tynvɛl | **f** | **Tunvel** |
| **Tunvez** | tynvez | **f** | **Tunvez** |
| **Tunvezh** | tynvez | **f** | **Tunvez** |
| **Turial** | tyrjal | **m** | **Turio** |
| **Turian** | tyrjɑ̂ | **m** | **Turio** |
| **Turiau** | tyrjo | **m** | **Turio** |
| **Turiaw** | tyrjaw | **m** | **Turio** |
| **Turien** | tyrjɛ̂ | **m** | **Turio** |
| **Turio** | tyrʝo | **m** | **Turio** |
| **Tuvezh** | tyvez | **f** | **Tunvez** |
| **Tuzal** | tyzal | **m** | **Tudal** |
| **Ujane** | yʒan | **f** | **Tujen** |
| **Uniac** | ynjak | **m** | **Uniac** |
| **Unieg** | ynɟɛk | **m** | **Uniac** |
| **Urbien** | yrbjɛ̂ | **m** | **Urbien** |
| **Urfoed** | yrfwɛd | **m** | **Urfol** |
| **Urfol** | yrfɔl | **m** | **Urfol** |

| | | | |
|---|---|---|---|
| **Urfold** | yrʃɔld | **m** | **Urfol** |
| **Uria** | yrja | **f** | **Urielle** |
| **Uriell** | yrjɛl | **f** | **Urielle** |
| **Urielle** | yrjɛl | **f** | **Urielle** |
| **Urien** | yrjɛ̂ | **m** | **Turio** |
| **Urio** | yrjo | **m** | **Turio** |
| **Urlo** | yrlo | **m** | **Gurloës** |
| **Urlou** | yrlu | **m** | **Gurloës** |
| **Urnan** | yrnâ-n | **m** | **Urbien** |
| **Urnel** | yrnɛl | **m** | **Urnel** |
| **Urvoan** | yrvwan | **m** | **Erwann** |
| **Usen** | yʒɛn | **m** | **Eozenn** |
| **Uwan** | ywɛn | **m** | **Ewen** |
| **Valay** | valɛ | **m** | **Ballay** |
| **Vaodez** | vodɛz | **m** | **Maodez** |
| **Vedan** | vedâ | **m** | **Vedan** |
| **Vefa** | vefa | **f** | **Genovefa** |
| **Vellé** | vɛle | **m** | **Vellé** |
| **Venaig** | venajk | **f** | **Neven** |
| **Vendal** | vɛndal | **m** | **Gwenael** |
| **Venec** | venɛk | **m** | **Gwenneg** |
| **Vener** | venɛr | **m** | **Venier** |
| **Venier** | venje | **m** | **Venier** |
| **Vennec** | venɛk | **m** | **Gwenneg, Gwezheneg** |
| **Venoc** | venɔk | **m** | **Gwenneg** |
| **Ventroc** | vɛ̂trɔk | **f** | **Ediltrude** |
| **Vial** | vjal | **m** | **Vio** |
| **Viaud** | vjo | **m** | **Vio** |
| **Vincaton** | vɛ̂katô | **m** | **Vincaton** |
| **Vincent** | vɛ̂sâ | **m** | **Visant** |
| **Vingomar** | vɛ̂gomar | **m** | **Jungomar** |
| **Vinien** | vɪnjɛ̂ | **m** | **Guinien** |
| **Vinoc** | vɪnɔk | **m** | **Gwenneg** |
| **Vio** | vjo | **m** | **Vio** |

| | | | |
|---|---|---|---|
| **Visant** | visânt | **m** | **Visant** |
| **Vital** | vıtal | **m** | **Vio** |
| **Viviane** | vivjan | **f** | **Viviane** |
| **Vizio** | vizʝo | **m** | **Tivizio** |
| **Volcan** | vɔlkâ | **m** | **Olcan** |
| **Vollon** | vɔlô | **m** | **Vollon** |
| **Von** | vô | **m** | **Yves** |
| **Vonig** | vɔnik | **m** | **Yves** |
| **Votrom** | votrɔm | **m** | **Votrom** |
| **Vouga** | vuga | **m** | **Nonna** |
| **Vougay** | vugɛ | **m** | **Nonna** |
| **Walde** | vald | **m** | **Gaud** |
| **Walig** | valık | **m** | **Riwal** |
| **Wanig** | vanik | **m** | **Erwann** |
| **Waroc** | varɔk | **m** | **Gwereg** |
| **Weithnoc** | vɛtnɔk | **m** | **Gwezheneg** |
| **Weltas** | vɛltas | **m** | **Gweltas** |
| **Werec** | verɛk | **m** | **Gwereg** |
| **Wergat** | vɛrgat | **m** | **Ergat** |
| **Weroc** | verɔk | **m** | **Gwereg** |
| **Wihenoc** | vienɔk | **m** | **Wihenoc** |
| **Winifrid** | wınifrıd | **f** | **Gwenvred** |
| **Winoc** | vınɔk | **m** | **Gwenneg** |
| **Winwalloe** | vınwale | **m** | **Gwenole** |
| **Wiomarc'h** | vıomarɦ | **m** | **Guyomarc'h** |
| **Withur** | vityr | **m** | **Withur** |
| **Yaël** | ʝaɛl | **m** | **Joël** |
| **Yaêlle** | jaɛl | **f** | **Joël** |
| **Yagu** | jagy | **m** | **Jagu** |
| **Yan** | jân | **m,f** | **Yann** |
| **Yann** | jan | **m,f** | **Yann** |
| **Yanna** | ʝana | **f** | **Yann** |
| **Yann-Ber** | ʝân-bɛr | **m** | **Yann-Ber** |
| **Yannez** | ʝanɛz | **f** | **Yann** |

| | | | |
|---|---|---|---|
| **Yannick** | ʝanık | **m** | **Yann** |
| **Yannig** | ʝanik | **m** | **Yann** |
| **Yannik** | ʝanik | **m** | **Yann** |
| **Yann-Vari** | ʝan-vari | **m** | **Mari** |
| **Yaouank** | jawâk | **m** | **Yaouank** |
| **Yaouen** | ʝawɛn | **m** | **Jaoua** |
| **Yaume** | ʝom | **m** | **Gwilherm** |
| **Yegu** | ʝegy | **m** | **Jagu** |
| **Yekel** | ʝekɛl | **m** | **Judikael** |
| **Yeltas** | ʝɛltas | **m** | **Gweltas** |
| **Yeun** | yøn | **m** | **Youenn** |
| **Yeuna** | yøna | **m** | **Youenn** |
| **Yoan** | ȷoan | **m,f** | **Yann** |
| **Yoann** | ȷoan | **m,f** | **Yann** |
| **Yoël** | ȷoɛl | **m** | **Joël** |
| **Yoëlle** | ȷoɛl | **f** | **Joël** |
| **Yoen** | ȷoɛn | **m** | **Youenn** |
| **Yohann** | ȷoan | **m,f** | **Yann** |
| **Yon** | jô | **m** | **Yves** |
| **Yonnet** | jonɛt | **m** | **Idunet** |
| **Yoran** | jorâ-n | **m** | **Jorand** |
| **Youen** | jun | **m** | **Youenn** |
| **Youenn** | jun | **m** | **Youenn** |
| **Youn** | ȷun | **m** | **Youenn** |
| **Youna** | ʝuna | **m** | **Youenn** |
| **Youwan** | ʝuwâ-n | **m** | **Yves** |
| **Youwain** | ʝuwɛn | **m** | **Yves** |
| **Yseult** | izø | **f** | **Iseult** |
| **Yuen** | ʝun | **m** | **Yves** |
| **Yuna** | ʝuna | **f** | **Jûna, Youenn** |
| **Yves** | ɪv | **m** | **Yves** |
| **Yvelin** | ɪvlɛ̂ | **m** | **Yves** |
| **Yvette** | ɪvɛt | **f** | **Yves** |
| **Yvi** | ivi | **m** | **Ivi** |

| | | | |
|---|---|---|---|
| **Yvig** | ıfık | **m** | **Yves** |
| **Yvo** | ıvo | **m** | **Yves** |
| **Yvon** | ıvô | **m** | **Yves** |
| **Yvonnick** | ıvonik | **m** | **Yves** |
| **Yvona** | ıvona | **f** | **Yves** |
| **Zacaria** | zakarja | **m** | **Zacharie** |
| **Zacharie** | zakarı | **m** | **Zacharie** |
| **Zaig** | zajk | **f** | **Loe** |

Imprimé en France par Normandie Roto Impression s.a.s., Lonrai (61)
I.S.B.N. : 978-2-7373-5260-7 - Dépôt légal : mars 2011
N° d éditeur : 6364.01.05.03.11 - N° d'impression : 110660
www.editionsouestfrance.fr